Arnim Basche

Vollblutzucht und Galopprennsport

BLV Verlagsgesellschaft
München Bern Wien

Bildquellenverzeichnis

Album des deutschen Rennsports, Köln 1954, Seite 169 (1)
All Sport Photographic Ltd./P. Greenland, Morden, Seite 207
APRH P. Bertrand et Fils, Chantilly, Seite 102 (unten)
E. Baumann Pressefoto, Ludwigsburg, Seite 2, 81, 120 (unten), 187, 188/189, 190
Bavaria/H. Schäfer, Gauting, Seite 64 (unten)
F. Ch. de Beaulieu »Der klassische Sport«, Berlin 1942, Seite 82 (oben), 121 (3)
F. Ch. de Beaulieu »Vollblut«, München 1967, Seite 19, 22, 46 (oben), 82 (unten), 101
T. A. Cook »A History of the English Turf«, London 1901, Seite 21 (2 unten), 39 (2), 40 (2), 43 (oben l.),
   44 (oben l.), 45 (oben), 167 (oben), 169 (4)
T. A. Cook »Eclipse & O'Kelly«, London 1907, Seite 20 (2), 41 (3), 42 (2), 169 (1)
M. Cox »Derby«, London 1974, Seite 43 (oben r.)
dpa, Düsseldorf, Seite 208
C. Düsterdieck »100 Jahre Derby«, Hamburg 1969, Seite 125 (oben l.)
E. M. Humphris »The Life of Fred Archer«, London 1923, Seite 169 (1)
Keystone, London, Seite 64 (oben)
Ingeborg von Killisch-Horn, München (aus Privatbesitz), Seite 119
R. Longrigg »The History of Horse Racing«, London 1972, Seite 43 (unten), 45 (unten), 83 (unten), 168, 169 (1)
W. Menzendorf, Berlin, Seite 84 (2), 102 (oben), 120 (oben), 122/123 (2), 124 (2), 125 (3), 126 (2), 143, 144/145,
   146, 147 (3), 148 (2), 150, 167 (unten), 169 (3), 170 (12)
V. Orchard »Tattersalis«, London 1953, Seite 83 (oben r.)
W. Shoemaker/D. Smith »The Shoe«, Chicago 1976, Seite 169 (1)
P. Willett »The Thoroughbred«, London 1970, Seite 21 (oben), 44 (2 oben r., unten), 46 (unten), 63, 83 (oben l.)

Die Illustrationen am Ende der Kapitel stellte freundlicherweise der bekannte Pferdemaler Klaus Philipp zur Verfügung.

Ich danke allen, die mich bei der Arbeit an diesem Buch unterstützt haben, indem sie mir entweder mündlich Auskunft erteilten oder Material zur Verfügung stellten. Letzteres trifft vor allem auf den Deutschen Sportverlag in Köln zu, dem daher mein besonderer Dank gilt.
                                                                  Arnim Basche

Alle Rechte der Vervielfältigung und Verbreitung einschließlich Film, Funk und Fernsehen sowie der Fotokopie und des auszugsweisen Nachdrucks vorbehalten

© BLV Verlagsgesellschaft mbH, München, 1978

Fotosatz: Gebr. Parcus KG, München
Druck: Augsburger Druck- und Verlagshaus GmbH,
Bindung: R. Oldenbourg, München

Printed in Germany · ISBN 3-405-11896-4

CIP-Kurztitelaufnahme der Deutschen Bibliothek

Basche, Arnim
Turf: Vollblutzucht u. Galopprennsport. –
1. Aufl. – München, Bern, Wien:
BLV Verlagsgesellschaft, 1978.
   ISBN 3-405-11896-4

Prolog

Das Wort Turf bedeutet grüner Rasen. Man kann es aber auch mit Rennplatz übersetzen. Oder mit Rennsport. Es ist eine angelsächsische Vokabel, die eine Reihe von artverwandten Begriffen kurz und bündig auf den gemeinsamen Nenner bringt. So gesehen ist Turf für den Eingeweihten identisch mit dem Testgelände des Vollblüters bzw. thoroughbred oder pur sang – um sowohl die deutsche als auch englische und französische Bezeichnung für ein Individuum zu benutzen, dessen Kreation nicht auf dem Programm der Schöpfungsgeschichte stand. Seine Entstehung war vielmehr das Werk des homo ludens, des spielenden Menschen.

Rossekundige Briten unterschiedlichen Standes schufen es vor etwa 250 Jahren dank selektiver Kreuzungen und eines Rennsystems, das in einmaliger Weise die Auslesefaktoren der Natur ersetzte. Das Endprodukt war ein Pferd, das in puncto Adel, Schnelligkeit und Leistungsvermögen unter seinesgleichen einmalig ist. Eben der Vollblüter, das thoroughbred oder pur sang. Welchen der drei Namen man auch wählt – jeder bezeichnet das gleiche: ein Pferd, dessen Vorfahren ohne fremde Blutzuführung ausnahmslos untereinander gepaart wurden und das seine Ahnen mütterlicher- wie väterlicherseits in lückenloser Kette von denjenigen Individuen herleiten kann, die im Jahre 1793 erstmals erschienenen Allgemeinen Englischen Gestütsbuch verzeichnet sind.

Der Ursprungsstamm dieses hippologischen Artikels »made in britain« war klein – und auch Mitte des vergangenen Jahrhunderts zählte man nicht mehr als ein paar tausend Vertreter der neuen Rasse. Nach 1850 aber vergrößerte sich die Zahl des Vollblüters dann geradezu explosionsartig. Das Rinnsal seines schon längere Zeit währenden Exodus schwoll zu einem gewaltigen Strom an, der unaufhaltsam den gesamten Erdball überspülte.

1977 gab es rund um den Globus fast 600 000 dieser Pferde. Denn was einst den spielerischen Launen von Lords und Squires entsprang, ist inzwischen das Hobby der ganzen Welt. Von ihm und seiner Geschichte sowie dem dazugehörigen Drum und Dran will »Turf« erzählen.

Inhaltsübersicht

1. Buch Es begann mit ›Eclipse‹

›Eclipse‹ Erster – der Rest nirgends 10
König Hieron und andere 12
Aufbruch 13
Die Protektion der Stuarts 15
Das glorreiche Triumvirat 25
A propos ›Eclipse‹ 28
Derby oder Bunbury: das war die Frage 32
Der Jockey Club und die Diktatoren des Turfs 35
Vierbeinige Berühmtheiten des 19. Jahrhunderts 47
Götterdämmerung 50

2. Buch Blut ist ein ganz besonderer Saft

Die Rennen als Zuchtauslese 54
Das Spiel der Gene 58
›Kincsem‹ – das ungarische Wunder 65
Formbuch und Pferde-Gotha 70
Der Schliff des Trainings 74
Die amerikanische Invasion und ihre Folgen 78
Den Pferden den Puls gefühlt 85

3. Buch Vollblut made in Germany

Eine Sternstunde der deutschen Vollblutzucht 90
Die Wiege stand in Mecklenburg 91
Es begann in Doberan 97
Hoppegarten und der Union-Klub 104
Das deutsche Derby 107
Erst der Totalisator macht es möglich 115
Wiederaufbau 116
Die Misere des deutschen Turfs 128

4. Buch Gestüte in Deutschland

Das Erbe der Scholle   134
Das Königlich Preußische Hauptgestüt: Graditz   136
Schwarz-blau-rot ist Trumpf: Schlenderhan   139
Der Siegeszug der Inländerrichtung: Waldfried   141
›Waldrun‹ und ›Neckar‹ machten es möglich: Ravensberg   152
Glanz und Gloria: Erlenhof   153
Eau de Cologne und Pferde: Röttgen   155
Der weite Weg zum Horner Moor: Zoppenbroich   158
Auf Erfolg programmiert: Fährhof   159

5. Buch 100 Pfund und 1 PS

The Monkey on a stick – Tod Sloan   162
Die Oldtimer   163
Chifney & Sons   165
Der Herkules im Taschenformat: Francis Buckle   171
Genie im Rennsattel: Fred Archer   174
Psychologe in Sachen Vollblut: Steve Donoghue   185
Der Wille zum Sieg: Gordon Richards   186
Der Eiskalte aus England: Lester Piggott   192
Der Wunderknabe des französischen Turfs: Yves St. Martin   195
Weltrekord im Sattel: Willie Shoemaker   198
»Otto-Otto« und die deutschen Jockeys   199
Aller Anfang ist schwer   210

6. Buch Der Sport zwischen den Flaggen

Über Stock und über Stein   214
Der Funken von St. Albans   215
Die Grand National: Fama und Fakten   217

Anhang ABC des Turfs

1. Buch

Es begann mit ›Eclipse‹

›Eclipse‹ Erster – der Rest nirgends

Jedes Jahrhundert hat seine Bedeutsamkeiten. Doch wohl keines ist so prall gefüllt mit Ereignissen aller Art wie das Achtzehnte. Mehr als je zuvor keimten, wuchsen und reiften in dieser Zeit Dinge, die die Welt verändern sollten. Auch für die Equiden – für das Geschlecht der pferdeartigen Tiere – wurde sie richtungsweisend. Denn im Verlauf jener Jahrzehnte entwickelte sich mit dem Vollblüter das Rennpferd par excellence. Das Ende seines Werdegangs signalisiert ein ganz bestimmtes Datum: der 1. April 1764. An diesem Tag nämlich wurde im Gestüt Windsor Great Park des Herzogs von Cumberland das bemerkenswerteste Pferd geboren, das jemals in der dämmrigen Stille einer Box gefohlt wurde – ›Eclipse‹, der erste perfekte Vertreter der neuen Rasse. Mit ihm hatten die Visionen von Generationen gläubiger Züchter endlich Gestalt angenommen! Ob der kleine Hengst bei seiner Geburt aber auch das Licht der Welt erblickte, wissen wir freilich nicht. Eine Sonnenfinsternis soll nämlich just zu diesem Zeitpunkt den Himmel verdunkelt haben. Die englische Bezeichnung des Naturereignisses stand dann auch Pate bei ›Eclipses‹ Namensgebung.

Bezüglich der Abstammung des späteren Wunderpferdes ergaben sich allerdings Zweifel. Denn seine Mutter ›Spiletta‹ wurde sowohl von ›Shakespeare‹ als auch von ›Marske‹ gedeckt. Welchem der beiden Hengste gebührt daher die Ehre, der Vater ›Eclipses‹ zu sein? Darüber hat es bis heute großes Rätselraten gegeben. ›Shakespeare‹ war wie sein möglicher Sohn fuchsfarben und ein erfolgreiches Rennpferd – ›Marske‹ dagegen braun und auf der Bahn mit Ausnahme seines Sieges im Jockey Club Plate von 1754 keine Größe. Nun – zweifelsfrei wird diese Frage jedenfalls nie mehr geklärt werden können. Den Zeitgenossen wollte man aber jegliches Kopfzerbrechen ersparen und setzte deswegen folgende Anzeige in den Rennkalender:

»›Marske‹ war der Vater des ›Eclipse‹, was ich durch meine Unterschrift hiermit bezeuge.«

gez. B. Smith, Studgroom

›Eclipse‹ entwickelte sich zu einem Pferd von legendärer Leistungsfähigkeit. Der Fuchs mit dem weiß gestiefelten rechten Hinterbein betrat erst im Alter von fünf Jahren die Rennbahn. Bereits vorher jedoch wurde gemunkelt, daß er von außergewöhnlicher Schnelligkeit und Ausdauer sei. Daher war man gespannt, wie die Generalprobe für das erste Rennen ausfallen würde. Als die Spione auf der Bildfläche erschienen – um sich zu überzeugen, ob es lohnend wäre, ein paar Pfund auf ›Eclipse‹ zu setzen –, war der Test jedoch schon vorbei. Zum Glück trafen sie eine alte Frau, die auf der Heide Reisig sammelte.

»Ja – sie habe ein Pferd gesehen. Ein riesiges Pferd mit einem weißen Hinterbein, das unglaublich schnell gewesen sei. Ein zweites habe es verfolgt – aber es hätte das erste wohl auch nicht eingeholt, wenn es bis zum Ende der Welt gelaufen wäre.«

In Jack Medleys Coffee House – wo die meisten der großen Wetter ihr Stammquartier hatten und fünf Pfund ebenso gesetzt werden konnten wie fünfhundert – gab es nach dieser Auskunft keinen Zweifel mehr, wie der Sieger des Rennens heißen würde. ›Eclipse‹ ging mit Odds, die 4:1 für ihn standen, an den Start der Prüfung, die in zwei Läufen ausgetragen wurde. Als er den ersten überlegen gewann, wettete Colonel O'Kelly – von dem wir später noch mehr hören werden –, daß er für den zweiten Lauf die Reihenfolge der einkommenden Pferde richtig voraussagen könne. Dazu aufgefordert, verkündete er: ›Eclipse‹ first – and the rest nowhere! ›Eclipse‹ Erster und der Rest nirgends!« Der Colonel war also sicher, daß das Feld vom Sieger mit etwa 200 Metern distanziert werden und daher nicht in die Placierung kommen würde. ›Eclipse‹ wurde dieser Einschätzung gerecht und gewann seinem späteren Besitzer eine hohe Wette. Er schlug das Feld auf der letzten Meile mit größerer Überlegenheit, als erforderlich gewesen wäre. Das geschah am 3. Mai 1769 in Epsom.

Auch in seinen späteren Rennen siegte ›Eclipse‹ nach Belieben. Jockey John Oakley – der einzige, der den mächtigen Hengst gut zu reiten imstande war – saß dabei fast, ohne sich zu rühren, auf dessen Rücken, und ließ ›Eclipse‹ laufen, wie er wollte. Andernfalls hätte der ihn möglicherweise über den Kopf hinweg aus dem Sattel katapultiert; denn während seiner gewaltigen Galoppade berührte er mit der Nase fast die Erde. ›Eclipse‹ gewann in der Zeit von nur anderthalb Jahren 18 der bedeutendsten Rennen, unter denen sich 11 King's Plates befanden. Siebenmal war freilich kein Gegner aufzutreiben, der bereit gewesen wäre, gegen ihn anzutreten. Auch die Besitzer eines Pferdes namens ›Goldfinder‹ winkten ab. Sie würden zu Goldverlierern werden, wenn sie das Match akzeptieren würden – erklärten sie. In solchen Fällen ging ›Eclipse‹ dann im Walkover, im Alleingang, über die Bahn. Seine Gewinnsumme von 2149 Guineas holte er sich auf Distanzen von ungefähr 6400 m und unter Gewichten bis zu 76 Kilo. Als er seine Karriere ungeschlagen beendete, war er ohne Zweifel das Gesprächsthema Nummer eins unter den damaligen Turffans.

Dabei soll noch einmal erwähnt werden, daß er, ohne jemals ernsthaft gefordert worden zu sein, alle Konkurrenten in Grund und Boden galoppiert hatte – gleichgültig über welche Strecken und unter welcher Last. Mr. C. J. Apperley – Gutsherr, Pferdezüchter, Jagdreiter und hippologischer Schriftsteller – bemerkte daher nicht zu Unrecht, daß erst mit seiner Geburt die Geschichte des Rennsports begann.

Sie begann natürlich schon früher. Als ›Eclipse‹ seine Gegner deklassierte, stand sie lediglich vor einem neuen Abschnitt. Die Entwicklung der Vollblutrasse war abgeschlossen, das Produkt in seinen wesentlichen Merkmalen geprägt und gefestigt. Das Ausleseverfahren der Rennen zur Ermittlung der besten Pferde wurde von Jahr zu Jahr besser organisiert und geriet immer mehr unter die Kontrolle des ständig an Einfluß gewinnenden Jockey Clubs. Zucht und Sport standen an der Schwelle eines neuen Zeitalters ihrer Historie und begannen den Weg in die Moderne. Die Strecke, die sie bis zu diesem Punkt zurückgelegt hatten, war allerdings ungleich länger als die, die noch vor ihnen stand.

König Hieron und andere

Wettspiele hoch zu Roß sind uralt. Es ist anzunehmen, daß ihr Ursprung in die Zeit der Dienstbarmachung des Pferdes als Reittier fällt. Wann das genau war, ist exakt nicht festzustellen. Jener historische Moment – der sowohl den Keim zu einer neuen Art Spiel als auch zum Aufbau und zur Vernichtung riesiger Reiche in sich barg – verliert sich im undurchdringlichen Nebel der Geschichte altzeitlicher Nomadenvölker. Aber irgendwann vor ungefähr vier- oder fünftausend Jahren wird sich irgendwo in den Steppen Asiens der Mensch auf den Rücken des Pferdes geschwungen haben – womit gleichzeitig der erste Schritt zum equestrischen Wettkampf getan war.

Von ihm kennen wir mittlerweile viele Formen und wissen auch, daß Pferderennen schon früh und bei vielen Völkern beliebt waren. Beispielsweise bei den Griechen. Nachdem diese sich bereits seit 680 v. Chr. an olympischen Wagenrennen erfreuen durften, standen bei der 33. Austragung der Spiele im Jahre 648 v. Chr. auch Pferderennen auf dem Programm.

Der griechische Dichter Pindar wird als Olympiareporter noch deutlicher. Er »nahm zur Hand das mächtig tönende dorische Saitenspiel und sang uns ein Lied zum Ruhme der Rennbahn, zum Ruhme des Renners, der den Sieg errang«. Unter seinen 14 olympischen Siegeschören befinden sich nicht weniger als 6, die solcherart die Gewinner von Pferderennen feiern. Unter anderem berichtet er von König Hieron, der 476 v. Chr. mit seinem Pferd ›Pherenikos‹ siegte. Um den begehrten Lorbeerkranz zu bekommen, mußte der rosseliebende Monarch – der selbst züchtete, trainierte und ritt – allerdings ein beträchtliches Stück Weges zurücklegen. Als Herrscher von Syrakus trennten ihn von Olympia nämlich nicht nur viele Kilometer Landes, sondern auch viele Meilen offener See.

Leider sind vom Training der damaligen Rennpferde keine detaillierten Angaben überliefert worden. Auch über die Höhe der getragenen Gewichte ist nichts bekannt. Allgemein wird jedoch angenommen, daß deren Festlegung zum Amt der Richter gehörte, die schwören mußten, Gerechtigkeit zu üben. Allerdings wissen wir, daß es unterschiedliche Distanzen für jüngere und ältere Pferde gab sowie Rennen, die ausschließlich Stuten vorbehalten waren. Da vor allem Sieger und Placierte dieser Prüfungen zur Zucht verwandt wurden, wundert es nicht, daß Abbildungen aus jener Zeit nicht selten ein Pferd zeigen, das im Typus dem heutigen Vollblüter recht ähnlich ist. Das gilt vor allem für einen Bronzetorso aus dem 2. Jh. v. Chr.

Die Rennen des antiken Griechenlands waren Sport in dessen klassischer Art. Diese Form aber ging mit dem zunehmenden Verfall dieses Zeitalters und mit der Zerstörung seiner Ideale allmählich verloren. Zuletzt spielte nur noch Prestige eine Rolle – und Geld. Wer es sich leisten konnte, engagierte gute Reiter und zahlte ihnen hohe Gehälter. Zur Gruppe dieser antiken Jockeys gehörte auch Hermogenes aus Xanthos. Bei drei Olympischen Spielen im 1. Jh. n. Chr. gewann er achtmal und bekam daraufhin den Beinamen

»Pferd« verliehen. Außerdem wird Hermogenes durch die Erfolge in einer so beliebten Sportart mit Sicherheit ordentlich verdient haben. Bereits damals war es nämlich üblich, olympisches Gold zu versilbern. Schon zu Solons Zeiten, also 600 v. Chr., bekam ein Olympiasieger 500 Drachmen. Nach heutigem Geld waren das zwar nur 375 Mark, aber man konnte sich davon fünfeinhalb Jahre ernähren. Der eine oder andere Olympiasieger hatte für den Rest seines Lebens sogar ausgesorgt, nachdem er als Erster den Zielpfosten passiert oder den Gegner in den Staub der Arena gestreckt hatte. Einigen Städten waren derartige Erfolge nämlich 5 Talente wert, was etwa 20 000 Mark entsprach.

Solches Gebaren stieß natürlich auf die Kritik manchen Zeitgenossens. Ein gewisser Dios Chrysotomos sagte dann auch unverblümt, was er von gewissen Athleten hielt: Das Geld wäre für diese erbärmlichen Gestalten die Veranlassung zum Kampf. Siegen würden mal die einen, mal die anderen – aber immer wären es die gleichen.

Die vorläufig letzte Kunde vom antiken Turf erreichte uns übrigens vor nicht allzulanger Zeit. Bei Ausgrabungen in der Nähe von Jericho hatte der israelische Architekt Edhud Netser eine zweitausend Jahre alte Rennbahn entdeckt. Es war dasselbe Hippodrom, auf dessen Lage bereits der jüdische Historiker Josephus in einem Bericht über den Tod des Königs Herodes hingewiesen hatte. Als Josephus den Bericht schrieb, lagen die Anfänge des modernen Turfs noch in gut einhalbtausendjähriger Zukunft. An sie wollen wir uns jetzt herantasten.

Aufbruch

Die erste Erwähnung über Rennen in England stammt aus der Zeit der römischen Besatzer. 210 n. Chr. sollen Araberhengste – die Kaiser Lucius Septimus Severus dorthin gebracht hatte – bei Wetherby in Yorkshire gegeneinander gelaufen sein. Rund fünf Jahrhunderte später muß dieser Sport in Britannien bereits so beliebt gewesen sein, daß die Kirche um das Seelenheil der Gläubigen bangte, die Pferderennen besuchten. Andernfalls hätte Erzbischof Cuthbert von Canterbury seine Gemeinde 747 anläßlich der Synode zu Abindon wohl kaum ermahnt, sich zu Himmelfahrt keinen Spielen und Kneipereien hinzugeben – oder gar Rennveranstaltungen beizuwohnen.

Nach und nach wurden die Nachrichten über diese Art von Vergnügen dann häufiger und ausführlicher. Der Mönch William Fitz-Stephen – der Mitte des 12. Jh. während der Regierungszeit Heinrich II. lebte – teilt uns mit, daß die Pferde, die auf dem Smithfielder Markt zum Verkauf standen, regelmäßig Rennen laufen würden, um ihre Eignung für allen möglichen Gebrauch nachzuweisen. Wahrscheinlich mußten sie es aber auch deshalb tun, um Zeugnis von ihrer Gesundheit abzulegen; denn ein scharfer Galopp offenbart, was im Schritt oft verborgen bleibt. Außerdem beschreibt der Mönch recht anschaulich den Start und das Finish eines solchen Matchs. Immer mehr näherten sich die Rennen nun dem reinen Selbstzweck. Pferde, die im schnellen Lauf anderen überlegen waren, wurden fast nur noch auf diese Weise genutzt. »Wetten, daß mein Brauner eher am Pfosten ist als Euer Schimmel? Eine Guinea? Gut!« So wird's gewesen sein.

Das erste richtige Rennen fand 1377 statt. Kontrahenten waren der Prince of Wales – der spätere Richard II. – und der Earl of Arundel. An und auf welchem Platz sie die Kräfte ihrer Pferde maßen, ist leider nicht bekannt. Es könnte Newmarket gewesen sein, wo es nach der Pest-Epidemie von 1226 immer häufiger zu rennsportlichen Wettbewerben kam.

Aber Prüfungen mit züchterischem Hintergrund, Tests zur bewußten Trennung von Gutem und Schlechtem waren das noch nicht. Der Blitz der Erkenntnis zündete erst später. Noch war die geniale Idee, die Rennen als Ersatz der Natur zur Selektion zu benutzen, nicht geboren. Erst als 1540 vor den Toren der Käsestadt Chester eine Rennbahn gebaut wurde, verloren die Wettläufe den Charakter des bloßen Rummelplatzvergnügens. Und als 1565 der englische Hippologe Thomas Blundeville eine Systematisierung und Veredelung der Zucht forderte, war der erste Schritt in Richtung Vollblut getan. Daß Blundevilles Vorhaben nur mit orientalischen Pferden zu verwirklichen war, verstand sich von selbst. Schon längst hatte man die Ausdauer und überlegene Schnelligkeit von Türken, Persern, Arabern, Berbern und deren Mischlingen erkannt. Das Blut der Wüste, dessen Kraft seit Jahrhunderten, ja seit Jahrtausenden über denkbar härteste Lebensbedingungen triumphiert hatte, sollte sich auch in diesem Fall bewähren. Es war schon seit langer Zeit über das ganze Land verbreitet, konzentrierte sich aber in den königlichen Gestüten und Marställen.

Von Heinrich VIII. beispielsweise wissen wir, daß er mehr als einmal orientalische Pferde von ausländischen Höfen geschenkt bekommen hatte. Unter anderem schickte ihm die Herzogin Catharina von Savoyen 1514 einige morgenländische Stuten. Ihr Gestüt in der Nähe von Turin galt damals als das für die Zucht von »Rennpferden« beste in Italien. Das Geschenk Catharinas an Heinrich ist übrigens urkundlich belegt.

Später erhielt der Britenkönig vom Habsburger Karl V. ein Präsent von 25 spanischen Pferden, die neben anderen Qualitäten auch gute Größe hatten. Gerade das war im Hinblick auf ihre Verwendung zur Zucht von Rennern – die bei Entfaltung großer Schnelligkeit gleichzeitig schwere Lasten tragen mußten – sehr wichtig. Übrigens hatte Heinrich VIII. bereits 1535 ein Gesetz erlassen, das alle Pferde von der Zucht ausschloß, die nicht über eine gewisse Höhe verfügten. Schon damals also wurde der Boden für die Veredlungen bereitet, von denen 150 Jahre später die entscheidenden Impulse ausgehen sollten.

Auch Blaubarts Tochter Elizabeth I. widmete dem Rennsport und der Pferdezucht ihre Aufmerksamkeit. Nach Federico Tesio lud 1575 der Lordstallmeister Ihrer Majestät, den Signore Prospero d'Osma aus Neapel, nach England ein. D'Osma galt als eine Koryphäe auf hippologischem Gebiet und sollte Elizabeths Gestüte Hampton Court, Malmesbury,

Eltham und Tutbury – die durch Unfähigkeit der Angestellten heruntergewirtschaftet waren – wieder auf die Höhe bringen. Das tat Prospero d'Osma denn auch. Außerdem fertigte er über seine Arbeit in feiner, zierlicher Handschrift einen Bericht in italienischer Sprache an. Elegant in Leder gebunden kam das aus dem Jahre 1576 datierte Manuskript in die Bibliothek des Lordstallmeisters Graf Leicester. Im Laufe der Zeit ging es verloren, tauchte dann aber auf dem Karren eines Pariser Buchhändlers wieder auf. Von dort gelangte es in sein Ursprungsland zurück und wurde 1927 auf einer öffentlichen Auktion in London für 115 Pfund versteigert. Bei dieser Gelegenheit kam es in die Hände des Amerikaners Alfred Maclay aus New York, der mit ihm eine Rarität seltenster Art erwarb.

In seinem Bericht gibt Prospero d'Osma der Nachwelt einige interessante Informationen. So finden wir in ihm die Namen aller Zuchtstuten der königlichen Gestüte – sie hießen entweder ›Savoy‹ oder ›Brilladoro‹ – und sämtliche Hengste, mit denen diese gepaart wurden. Offensichtlich waren das die Nachkommen derjenigen Pferde, die einst durch die Herzogin von Savoyen an Heinrich VIII. gesandt worden waren. Ohne Zweifel hoben Prospero d'Osmas Wirken und Thomas Blundevilles Veredlungstheorien die Qualität der einheimischen Pferde. Aber Vollblüter waren sie deshalb noch lange nicht.

Die Protektion der Stuarts

Bevor die Rennen nicht als unbestechlicher Leistungs- und Auslesefaktor, als unerläßliches Hilfsmittel der Zucht erkannt waren – solange beide also keine Partner waren –, blieben alle Bestrebungen, eine Rasse von schönen, windschnellen Individuen zu schaffen, Stückwerk. Die Symptome einer Liaison ließen nun allerdings nicht mehr lange auf sich warten. Als der Stuartkönig James I. – der von 1603 bis 1625 auf dem britischen Thron saß – den Pferderennen seinen offiziellen Segen gab, wirkte das auf sie wie ein warmer Regen. Oder anders ausgedrückt: es wurden ihrer immer mehr. Vom Training der Pferde kann man nun lesen und auch, daß die Matches zwischen Gentlemen – ein Match ist ein Rennen, in dem nur zwei Pferde laufen – immer häufiger öffentlich ausgetragen wurden. Damit jeder etwas davon hatte und auch der kleine Mann ein paar Penny oder Schilling wetten konnte. Längst drehte sich nämlich das Rad, das in späteren Zeiten mit riesiger Schwungkraft den Pferdesport am Leben halten sollte. Denn die Wettsucht der Engländer war und ist eine der großen Triebkräfte dieses Sports.

Aus jener Zeit stammt auch die Kunde vom ersten vergebenen Rennpreis. Ein goldenes Glöckchen soll es gewesen sein, das irgendwo in Surrey oder Yorkshire einem glücklichen Sieger überreicht wurde.

James I. selbst zeigte keine Vorliebe für Rennen, obwohl er Pferde hielt, kaufte und züchtete. Bei letzterer Tätigkeit spielte vor allem der ›Markham Arabian‹ eine Rolle, den der König für 500 Guineas erstanden haben soll. Die Höhe der Summe wurde jedoch bezweifelt, denn Seine Majestät war Schotte – und die halten ihr Geld bekanntlich zusammen. Warum sollte James für ein unbekanntes Pferd auch einen so hohen Preis zahlen? Durch eine Rechnung vom 20. Dezember 1616, die erst in unserem Jahrhundert gefunden wurde, kam die Wahrheit dann ans Licht: »Gezahlt an Mr. Markham 154 Pfund für das arabische Pferd«, hieß es in ihr.

James I. widmete sich vor allem der Jagd. Die übte er vorzugsweise rund um Newmarket aus – einem kleinen Marktflecken nordöstlich von London –, wo er auf der Heide mit dem Habicht Federwild oder Hasen beizte. Die häufige Präsenz des Monarchen in jener Gegend war sowohl für die Entwicklung der Vollblutzucht und des Galopprennsports als auch für die des kleinen Ortes von größter Bedeutung. Denn da James bei seinen Jagdausflügen stets von einer großen Schar adliger Höflinge begleitet wurde – die keinesfalls alle den königlichen Neigungen frönten, sondern auf dem idealen Gelände Pferderennen jeder anderen Betätigung vorzogen –, setzten in jenen Tagen die Aktivitäten ein, die Newmarket für alle Zeiten zum Mekka des englischen Turfs machen sollten.

Auch James' Nachfolger Charles I. hielt seine königliche Hand über die Rennen und unterstützte sie. Das gleiche taten Noblemen wie die Earls von Winchester, Ormonde und Derby, der Marquis von Hamilton und vor allem des Herrschers Intimus George Villiers, der Herzog von Buckingham. Unter Charles' Ägide fanden in Newmarket ab 1627 regelmäßig Frühjahrs- und Herbstmeetings statt – und 1634 wurde auf der dortigen Bahn der erste Gold Cup vergeben. Es ist durchaus möglich, daß er eine Stiftung des großzügigen Königs war. Pferderennen kamen so sehr in Mode, daß ein Sir Edward Harwood lamentierte, im ganzen Reich gäbe es nicht mehr als 2000 Tiere, die zu Rennzwecken zu gebrauchen wären. Das änderte sich so schnell auch nicht. Dafür aber wurde die Qualität der Rösser besser. Charles I. konnte dieser Entwicklung zum Schluß nur noch wenig beisteuern. Der Bürgerkrieg, das Parlament und Mr. Cromwell hielten ihn nämlich in Atem und bereiteten ihm eine Menge Ärger – was so weit ging, daß er 1649 enthauptet wurde.

Als strenger Puritaner fand Oliver Cromwell an der Kurzweil der Rennen natürlich keinen Gefallen. Daher wurden sie 1654 verboten. Mit der Begründung, sie würden von den Royalisten zum Komplott gegen das herrschende System benutzt. An einer guten Pferdezucht war dem klugen und weitsichtigen Staatsmann jedoch sehr gelegen. Obwohl die marodierende Soldateska viel gutes Material verschleppt hatte, die Royal Studs – Königliche Gestüte – durch den Krieg verwüstet und deren Insassen in alle Winde verstreut waren, sammelte man schließlich doch noch eine Herde von 140 Stück, unter denen sich 38 wertvolle Stuten befanden. Der Lordprotektor selbst importierte Zuchttiere aus Italien und dem mittleren Osten. Aus Frankreich kam der Hengst ›White Turk‹, dessen Name in einem der ältesten englischen Pedigrees verzeichnet ist und der als Urahne von so hervorragenden

Pferden wie ›Bend Or‹, ›Robert the Devil‹, ›The Bard‹ und ›Minting‹ gilt, die reichlich 200 Jahre später die Turfwelt begeisterten.

In jenen Tagen wurde die Zeit reif zur endgültigen Kreation des Vollbluts. Schon zeichneten sich am Horizont der Zucht die verschwommenen Konturen einer neuen Rasse ab. Als Oliver Cromwell 1658 starb und Charles II. 1660 in das Erbe seiner Väter eingesetzt wurde, begann die hundertjährige Entwicklung, in der das heutige Rennpferd geformt wurde. Der Boden dafür war bestens bereitet.

Bereits Cäsar rühmte die Schnelligkeit, Härte und Ausdauer der einheimischen Pferde, als er 55 v. Chr. zum erstenmal in England landete. Lucius Septimus Severus' Araberhengste – die leistungsstarken Pferde der Normannen, die Britannien im 11. Jh. eroberten –, hippologische Geschenke aus dem Morgenland, eigene Importe und Mitbringsel der seefahrenden Engländer aus allen möglichen orientalischen Ländern schufen im Laufe der Jahrhunderte durch Vermischung mit dem vorhandenen »Urpferd« Produkte, deren Rennfähigkeit über eine lange Periode mehr oder weniger unbewußt getestet worden war. Diesen Rohling zu einem formvollendeten Gebilde zu schleifen, das dennoch allen Belastungen standhielt, war die letzte, noch ausstehende Aufgabe. Mit ihr begann die eigentliche Zucht des Vollblutpferdes. Dabei fand der Anfang dieser Entwicklung in einer Zeit großer politischer Umwälzungen statt. Denn fast im gleichen Moment machte sich England durch die Machtfestigung des Parlaments auf den Weg zur modernen Demokratie.

Abgesehen von einigen Gemälden ist vor allem den Büchern und Schriften des zeitgenössischen Hippologen Gervase Markham zu entnehmen, welcher Art das Material war, an das nun letzte Hand gelegt wurde. Markham ist in seinen Aussagen recht präzis. Präziser jedenfalls als viele Abbildungen.

»Das englische Pferd des 17. Jh. ist von hoher Statur und großzügigen, schwungvollen Proportionen. Obwohl sein langer Kopf nicht so fein wie der des Orientalen ist, gleicht er diesem doch in seiner Wohlgestalt. Alle Glieder sind groß, schlank, klar und exzellent angeordnet. Was seine Ausdauer betrifft, so leistet er genausoviel und mehr, als ich jemals bei einem Ausländer bemerkt habe. Und so frage ich: welche Nation hat ein Pferd hervorgebracht, das dem englischen an Schnelligkeit überlegen ist?«

Trotzdem war Markham der Meinung, daß die arabischen Hengste zur Zucht am besten zu gebrauchen wären, und falls nicht verfügbar, die Berber – also Pferde aus Libyen, Algerien, Tunesien und Marokko.

Wie sein Vater war auch Charles II. ein großer Freund und Förderer des Turfs. Rennen und Zucht waren seine Protegés. Die Impulse, die beide kraft seines Beispieles und Einflusses bekamen, waren von unschätzbarem Wert. Während seiner lebenslustigen Ära, die das strenge Regime der Puritaner ablöste, wurden bereits auf 12 Plätzen regelmäßig Rennveranstaltungen durchgeführt. Dazu gehörte auch das nur wenige Meilen südlich von London gelegene Epsom, wo noch heute das englische Derby entschieden wird. Auch die zu gewinnenden Preise wurden in der Zeit Charles II. immer wertvoller. Der König selbst stiftete die sog. King's Plates – silberne Platten im Wert von 100 Guineas. Die Rennen, in denen sie vergeben wurden, waren die Vorläufer der heutigen Großen Preise und klassischen Prüfungen. Hinter ihnen stand die klare Absicht, die Zucht zur Produktion eines großen, kräftigen Pferdes zu motivieren. Der Anreiz wirkte. Aber sehr lange konnte das Angebot die Nachfrage nicht decken. Die englischen Züchter produzierten nämlich nicht munter drauflos, sondern selektierten jetzt äußerst sorgfältig. Sie verwandten in ihren Gestüten oder Höfen nur das Beste. Und das war nicht nur damals rar. Lange Zeit war daher im Grundstock der Vollblutzucht quantitativ keine Verbesserung spürbar. Deshalb wundert es nicht, daß die wirklich guten Pferde bei jeder sich bietenden Gelegenheit eingesetzt wurden. Abgesehen davon mußten sie dann auch noch Strecken von mehreren Meilen – in den King's Plates waren vier vorgeschrieben – zwei-, drei- oder sogar viermal hintereinander laufen und dabei Lasten bis zu 76 Kilo tragen. Mit anderen Worten: sie wurden regelrecht ausgequetscht. Ohne Zweifel sonderte man so aber am besten die Spreu vom Weizen.

Als der Amerikaner John Baylor 1761 nach England kam, um einen Zuchthengst zu kaufen, konzentrierte sich sein Augenmerk vor allem auf Pferde, die in King's Plates liefen. »Plater haben die richtigen Qualitäten und vor allem die passende Größe für unsere kleinen virginischen Stuten«, meinte er. Doch zurück zu Charles II. und seiner Zeit.

Zum Mittelpunkt der Pferderennen, die nun auch züchterische Veranstaltungen waren, entwickelte sich jetzt immer mehr der kleine Suffolk-Ort Newmarket. Wir erinnern uns, daß schon James I. gern dort weilte. Das tat auch Charles II. Er wandelte das inzwischen halbzerfallene Jagdhaus seines Großvaters in einen kleinen Palast um und hielt dort mehrmals im Jahr für längere Zeit Hof. Direkt daneben hatte seine Geliebte Nell Gwynn ihr Domizil. Damit sie schneller und vor allem unbeobachtet zu ihrem königlichen Liebhaber gelangen konnte, waren beide Gebäude durch einen unterirdischen Gang miteinander verbunden. Nell Gwynn teilte nicht nur das Bett Charles II., sondern auch seine Passion für Pferde und war in Newmarket regelmäßige Besucherin der Rennen. Zur Erinnerung an die zierliche Mätresse Seiner Majestät werden dort noch heute die Nell Gwynn Stakes gelaufen.

Charles II. war firm in allen Dingen der Horsemanship. Er ließ nicht nur Pferde unter seinem Namen starten, sondern ritt diese auf der Bahn oft auch selbst. Dabei soll er mehr als ein Rennen gewonnen haben. Sein Stallmeister James D'Arcy war angewiesen, ihm für derartige Zwecke pro Jahr 12 besonders gute Hengste für den Preis von 800 Pfund zu beschaffen. Der König liebte aber auch das müßige Herumbummeln im Gelände, wobei er meistens auf dem Rücken seines Lieblingspferdes ›Old Rowley‹ saß. Bald nannte man den Reiter ebenso – und auch diese Tatsache ging bis in unsere Tage nicht verloren. Auf der Rowley-Meile der Rennbahn von Newmarket werden noch heute jedes Jahr zwei bedeutende klassische Rennen ausgetragen: die 1000 Guineas und die 2000 Guineas.

Die Anwesenheit des Herrschers und des Hofes verschafften Newmarket natürlich Prestige und hoben das kleine Nest weit über die anderen Rennplätze des Reiches hinaus. Bald war es das Zentrum des britischen Turfs.

›Eclipse‹ (nach einem Ölgemälde von George Stubbs)

›Marske‹

›Eclipse‹ in voller Aktion

Arabischer Import um 1700 zur Veredelung des damals vorhandenen Rennpferdes

Heinrich VIII.

Elizabeth I.

›Darley Arabian‹

Wenn Charles II. seine Interessen in Newmarket nicht selbst wahrnehmen konnte, beauftragte er zur Wahrung derselben Tregonwell Frampton. Der war mit Sicherheit die schillerndste Figur der damaligen Rennszene und ein übel beleumundeter, gerissener Bursche. Da er von Jugend an mit Pferde- und Hunderennen sowie Hahnenkämpfen zu tun gehabt hatte, war ihm in diesem mitunter sehr undurchsichtigen Metier nichts fremd. Keiner konnte ihm ein X für ein U vormachen. Der fanatische Frauenhasser wettete ungeheure Summen und schreckte dabei vor keiner noch so verabscheuungswürdigen Handlung zurück, um Erfolg zu haben. Eines Tages ließ er den Hengst ›Dragon‹, sein bestes Pferd, in einem Match für 1000 Pfund gegen eine Stute laufen. Als ›Dragon‹ das erste Rennen leicht gewann, wollte der Verlierer zum zweiten nicht mehr antreten – bot aber einen Einsatz von 2000 Pfund, wenn ein Wallach den Kampf gegen seine Stute aufnehmen würde. Daraufhin ließ Frampton ›Dragon‹ an Ort und Stelle kastrieren und schickte das vor Schmerz und Schock gepeinigte Tier auf das Geläuf. ›Dragon‹ gewann auch dieses Mal, um anschließend tot umzufallen. Sein skrupelloser Besitzer aber kassierte 2000 Pfund. Ob diese Geschichte nun wahr ist oder nicht, fest steht, daß es auch Tregonwell Framptons Erfahrung und Organisationsgeschick zu verdanken war, daß Newmarket die Nummer Eins der englischen Rennplätze wurde. Seine Lage war freilich auch ideal, denn sowohl vom Süden – hauptsächlich von London aus – als auch vom Norden – wo sich in Yorkshire die Zucht konzentrierte – war es gut zu erreichen. Tregonwell Frampton aber diente als rennsportliches Faktotum mit dem Titel »Keeper of the Running Horses« – als Manager und Trainer der Pferde also – neben Charles II. auch noch vier anderen britischen Monarchen: William III. und Queen Anne sowie den ersten beiden Georges.

Wie man sieht, war das Interesse, das die englischen Herrscher dem Galopprennsport entgegenbrachten, seit jeher sehr groß. Daran hat sich bis heute nichts geändert. In unseren Tagen ist es Königin Elizabeth II., die eine Tradition fortsetzt, deren Wurzeln praktisch bis zur Stunde Null der Turfgeschichte reichen. Wegen ihrer Erfolge auf dem grünen Rasen wurde die Queen 1977 – als sie ihr fünfundzwanzigjähriges Thronjubiläum feierte – übrigens zu Englands »Besitzerin des Jahres« gewählt.

Die Zucht machte in der 2. Hälfte des 17. Jahrhunderts immer größere Anstrengungen, um erstklassiges Material aus dem Orient zu erhalten. Durch den regen Verkehr zwischen den europäischen Höfen und die umfangreichen Handelsbeziehungen zu vielen Ländern waren derartige Bemühungen erfolgreicher als in früheren Zeiten. Außerdem ergab sich durch Tanger – das aufgrund der Hochzeit zwischen Charles II. und Katharina von Braganza 1662 in den Besitz der englischen Krone überging – eine direkte Bezugsquelle. Allerdings gelangten nur wenig erstklassige Hengste nach England. Bereits damals schon trennten sich Scheiks, Beys oder wer auch immer nur äußerst selten von einem kostbaren Blutträger. Im Allgemeinen Englischen Gestütsbuch sind 103 orientalische Hengste als Gründer der Vollblutrasse verzeichnet – in William Picks Turfregister dagegen ungefähr 160. Eine genaue Zahl ist deswegen nicht zu nennen, weil die Pferde fast immer den Namen

A List of his Majesty's Plates run for in the present Year 1757.

Number of Plates, &c.	Places Names where run for.	When run for	Names of the Winning Horses.	Horses, &c. Ages.	Weights.	Heats.	Counties.
1st p. 3	Newmarket	14th April	Forester	6 Years old	12 stone	4 Mile Heats	Cambridgeshire
2d p. 3	Newmarket	15th Ditto	Mary Tartar	5 Years old	10 stone	1, 4 Mile Heat	Ditto
3d p. 17	Guilford	31st May	Careless	6 Years old	12 stone	4 Mile Heats	Surry
4th p. 22	Winchester	14th June	Careless	6 Years old	12 stone	4 Mile Heats	Hampshire
5th p. 24	N. Castle upon Tyne	20th June	Wildair	5 Years old	10 stone	3 Mile Heats	Northumberland
6th p. 32	Ipswich	5th July	Trifle	4 Years old	9 stone	2 M. & 1q. H.	Suffolk
7th p. 33	Nottingham	5th July	Prince	6 Years old	12 stone	4 Mile Heats	Nottinghamshire
8th p. 34	Salisbury	6th July	Careless	6 Years old	12 stone	4 Mile Heats	Wiltshire
9th p. 35	Burford	12th July	Spider	5 Years old	9 stone	3 Mile Heats	Oxfordshire
10th p. 43	Canterbury	26th July	Careless	6 Years old	12 stone	4 Mile Heats	Kent
11th p. 51	Lewes	12th August	Careless	6 Years old	12 stone	4 Mile Heats	Sussex
12th p. 51	Edinburgh	17th August	Bay Mare		W. for A Hunters.		Scotland
13th p. 51	Edinburgh	18th August	Grey Horse				Scotland
14th p. 52	Black-Hambleton	20th August	Chesnut Mare	5 Years old	10 stone	1, 4 Mile Heat	Yorkshire
15th p. 53	York	22d August	Prince	6 Years old	12 stone	4 Mile Heats	Yorkshire
16th p. 60	Lincoln	6th Sept.	Careless	6 Years old	12 stone	4 Mile Heats	Lincolnshire
17th p. 62	Litchfield	6th Sept.	Spider	5 Years old	10 stone	2 Mile Heats	Staffordshire
18th p. 76	Newmarket	6th October	Careless	6 Years old	12 stone	4 Mile Heats	Cambridgeshire

IRELAND.

1st p. 84	Curragh	26th April	Black Horse	4 Yrs old M.			
2d p. 84	Curragh	29th April	Babram	5 Years old			
3d p. 91	Curragh	14th Sept.	Munster Lass		12 stone		
4th p. 91	Curragh	16th Sept.		5 Yrs old M.	10 stone		

Siegerliste aller im Jahre 1757 in England und Irland gelaufenen King's Plates ihrer Besitzer trugen und nach einem Verkauf mit jeweils neuer Bezeichnung in die Zuchtbücher aufgenommen wurden. Falls die Besitzverhältnisse rückwirkend also nicht mehr restlos geklärt werden konnten, ist es wahrscheinlich, daß ein und derselbe Hengst doppelten oder dreifachen Eingang in die Register fand. Immerhin glaubt man genau zu wissen, daß 50% der männlichen Vollblutahnen Araber und je 25% Türken bzw. Berber gewesen sind.

Die unsterbliche Ehre, als Stammväter der Vollblutrasse zu gelten, wurde aber nur drei von ihnen zuteil. Des Trios Erscheinen auf der Bühne der Vollblutzucht vollzog sich in einem Zeitraum von 40 Jahren. ›Byerley Turk‹ traf etwa 1689 in England ein, ›Darley Arabian‹ 1704 und ›Godolphin Arabian‹ 1729. Die Reise in das Land ihrer schicksalhaften Bestimmung gleicht dabei mitunter einer Odyssee nahezu homerischen Ausmaßes.

Das glorreiche Triumvirat

Als die Türken unter ihrem Großwesir Kara Mustafa 1683 Wien belagerten, gehörte neben dem bis dato unbekannten Prinz Eugen von Savoyen – dem späteren Feldmarschall des Heiligen Römischen Reiches Deutscher Nation und berühmtesten Schlachtenlenkers seiner Zeit – auch ein Captain Byerley zum Entsatzheer, das die Muselmänner schließlich von den Mauern der hartbedrängten Stadt vertrieb. Dabei erbeutete der englische Offizier aus dem Tross eines Paschas ein wunderbares, braunes Pferd. Unter dem Namen ›Byerley Turk‹ trug der Hengst seinen Besitzer viele Jahre, und nicht zuletzt wurde er auch im irischen Feldzug von William III. in der Schlacht von Boyne geritten. Danach begann die Gestütslaufbahn des Türken – der eigentlich ein Araber war. Im Middridge Grange und Goldsborough Hall Stud deckte er nur wenige, aber gut gezogene Stuten, deren Töchter einen immensen Einfluß auf die Vollblutzucht nahmen und eine Reihe von berühmten Familien gründeten. Mit ›Jigg‹ zeugte er einen Hengst, auf den so hervorragende Pferde wie ›The Tetrarch‹ und ›Tourbillon‹ zurückgehen, die immerhin in unserem Jahrhundert liefen.

Am stärksten ist ›Darley Arabian‹ in den Pedigrees, den Ahnentafeln, aller Galopprennpferde der Welt vertreten. Er war der gewaltigste Zuchthengst aller Zeiten. Seine Tätigkeit als Vererber begann vor fast 275 Jahren – doch noch heute zeigt sein Blut unverminderte Lebenskraft. ›Empery‹ – der 1976 das englische Derby gewann – ist einer der jüngsten seiner Nachkommen in *direkter* Linie! ›Darley Arabians‹ äußeres Bild stand seiner Zeugungskraft in nichts nach. Er war von exquisiter Schönheit und höchstem arabischen Standard. Diesen Eindruck vermitteln auch die Bilder, die unter anderem J. Wootton und J. Sartorius von ihm malten.

Der Hengst wurde von Thomas Darley erworben – dem britischen Konsul im syrischen Aleppo. In einem Brief an seinen Bruder Richard vom 21. Dezember 1703 beschrieb er seinen Kauf und fügte hinzu, daß das Pferd sowohl mütterlicher- wie väterlicherseits von bester arabischer Rasse wäre. Er, Thomas, befürchte nur, daß er den Hengst aufgrund der Kriegszeiten nicht werde verschiffen können, hoffe aber, das mit Hilfe eines guten Freundes doch noch bewerkstelligen zu können. Als ›Darley Arabian‹ in England ankam, zeigte sich Thomas' Bruder Richard von dem Pferd sehr angetan und meinte, daß man ihm wohl kaum allzuviel Abneigung entgegenbringen würde. Mit dem Wissen um die phantastische Vererbungskraft des braunen Hengstes sei es der Nachwelt gestattet, über dieses typisch britische Understatement zu lächeln. Als ›Darley Arabian‹ im hohen Alter von 30 Jahren in Aldby, dem Yorkshirer Familienbesitz der Darleys, starb, hatte der dritte der Vollblutstammväter seine rassebildende Tätigkeit gerade erst aufgenommen. Vorher machte er Geschichten – dann Geschichte. Hippologische natürlich.

›Godolphin Arabian‹ hieß ursprünglich ›Sham‹ und war ein Geschenk des Beys von Tunis an König Ludwig XV. von Frankreich. Als er mit drei anderen Pferden in Paris anlangte, war er von den Strapazen der langen und entbehrungsreichen Reise derart mitgenommen, daß die französischen Höflinge bei seinem Anblick in Hohngelächter ausbrachen. Man glaubte angesichts dieser Schindmähre nicht an die vornehme Herkunft und den Stammbaum, den das Pferd in einem schön gestickten Beutel um den Hals trug. Daher wurde es an einen Wasserverkäufer abgegeben, dessen Karren es ziehen mußte. Bei dieser Tätigkeit wurde es von Edward Coke erblickt. Ob er nun seherische Gaben besaß oder nur das traditionelle Gespür seines Volkes für edle Pferde, sei dahingestellt. Jedenfalls bemerkte er, daß es sich um kein gewöhnliches Tier handelte, kaufte ›Sham‹ für 15 Louisdor und brachte ihn nach England. Dort gelangte der Hengst zunächst in die Hände eines Londoner Kaffeesieders und nach einiger Zeit in den Besitz des Earl of Godolphin, in dessen Gestüt Gogmagog er aufgestellt wurde. Seine dortige Stellung war allerdings beschämend: es war nämlich die eines Probierhengstes. Aber Allah half. Als eines Tages der Hauptbeschäler ›Hobglobin‹ nicht zu bewegen war, die Stute ›Roxana‹ zu decken, sprang ›Sham‹ ein – und aus dieser Paarung ging ›Lath‹ hervor, eines der berühmtesten Rennpferde jener Zeit.

Das klingt romantisch, nicht wahr? Leider ist die hübsche Story nicht ganz richtig. Daß ›Sham‹ ein Geschenk für König Ludwig war, stimmt. Warum er als solches jedoch nicht akzeptiert wurde und ob er tatsächlich einen Wasserkarren zog, ist nicht nachprüfbar. Und auch unerheblich. Mit Sicherheit kann man nur annehmen, daß er nicht den Vorstellungen entsprach, die man von einem Pferd hatte. In einer Zeit, in der in Frankreich alle Personen von Stand den Lehren der großen Reitmeister Antoine de Pluvinel, Robichon de la Guérinière und denen des Herzogs von Newcastle nacheiferten, wünschte man sich zu diesem Zweck pompöse, ausdrucksvolle Pferde. Pferde, die etwas darstellten und etwas hermachten. Der häßliche Orientale war allenfalls ein Zerrbild derartiger Vorstellungen. Die Briten waren jedoch nicht so oberflächlich. Sie blickten tiefer und handelten nach dem Prinzip

»handsome is what handsome does« – schön ist, was etwas leistet. Kurzum: der Kontinent ritt und die Engländer züchteten.

Was an ›Shams‹ Geschichte nicht stimmt, ist die Reihenfolge seiner Aufenthaltsorte in England, die Sache mit ›Hobglobin‹ und seine Stellung als Probierhengst – die sofort nachdenklich machen müßte. Denn es ist nicht einzusehen, daß ein wertvoller Orientale dazu benutzt wird, die Liebesbereitschaft von Stuten zu testen. Jeder Eselhengst hätte das genausogut gekonnt.

Aber beginnen wir von vorn. Nachdem Mr. Coke ›Sham‹ gekauft hatte, stellte er ihn in seinem eigenen Gestüt in Derbyshire auf. Dort deckte dieser 1731 ›Roxana‹, die ein Jahr später ›Lath‹ fohlte. Von ›Hobglobin‹ war überhaupt noch nicht die Rede. Als Edward Coke 1733 starb, vermachte er den Hengst dem Londoner Kaffeehausbesitzer Roger Williams, der im Nebenberuf eine Vollblutagentur unterhielt. Williams sandte das Pferd sofort nach Cambridgeshire in das Gestüt des Earl of Godolphin. ›Hobglobin‹ tauchte dort erst 1738 auf – vier Jahre nach ›Roxanas‹ Tod. ›Sham‹ – der nun ›Goldophin Arabian‹ hieß – überlebte die Stute bei weitem. Er starb 29jährig am Weihnachtstag 1753. Das alles geht klipp und klar aus den lückenlos erhaltenen Gestütsbüchern Edward Cokes und der Familie Godolphin hervor. So werden aus Legenden Tatsachen.

Aber da tauchen schon wieder Zweifel auf. Die rassische Identität des großen Hengstes ist nämlich keineswegs geklärt. Die einen sagen, er wäre ein Jilfan-Araber aus dem Yemen – die anderen sehen in ihm einen Berber. Beide Seiten haben gute Argumente für die Richtigkeit ihrer Behauptungen. Ob aber Berber oder Araber: ›Godolphin‹ hatte jedenfalls Klasse genug, um in der Vollblutzucht bis in unsere Tage unverwischbare Spuren zu hinterlassen.

Nicht ein Mitglied des glorreichen Triumvirats lief Rennen. Auch die meisten anderen Hengste aus der Gründerzeit der Vollblutzucht taten das nicht. Und so erhebt sich die Frage, warum man sie mit viel Mühe und oft für viel Geld einführte. Die Antwort kann nur lauten, daß die klugen Engländer genau um die Kraft ihres Blutes wußten, das in Jahrhunderten selektiver Zucht in den Wüsten und Steppen des Orients zu solcher Vollendung gereift war. Durch die um 1250 entstandene Handschrift El Naseri wissen wir, daß es dort schon lange vor der Zeit Mohammeds Pferderennen sowie mündlich bzw. schriftlich überlieferte Geschlechtsregister gab, die den Nachweis der reinen Abstammung dokumentierten.

Nur diese Pferde, und unter ihnen vor allem die Araber, waren in der Lage, die vorhandene Bastardrasse – in deren Adern alle möglichen Blutströme pulsierten – noch einmal zu veredeln und an das sorgfältig angestrebte Ziel zu bringen. Dieses Wissen und die Pferde selbst gehörten zu den wichtigsten Waffen im Zeughaus der britischen Züchter. Die anderen waren die Rennen.

Wie die Zahl der Hengste war auch die der Stuten im Grundstock der Vollblutzucht relativ gering. Logischerweise mußte sie im Verhältnis zu den männlichen Individuen jedoch größer sein. Zu den 3 Stammvätern gesellen sich daher nach Lady Wentworth 43 Stammmütter. Daß 50 sog. Royal Mares, königliche Stuten – die Charles II. eingeführt haben soll – die weiblichen Gründer des Vollbluts gewesen wären, ist den Recherchen C. M. Priors zufolge falsch. Und J. B. Robertson weist nach, daß in der etwa hundertjährigen Periode, die das neue Pferd im eigentlichen Sinne prägte, nur ein paar orientalische Stuten importiert wurden. Fremdes Blut wurde der Rasse in dieser Zeit nahezu ausschließlich durch Hengste zugeführt.

Es wurde bereits zugesagt, daß die Rennen zu diesem Zeitpunkt schon aus dem Blickwinkel der Zucht betrachtet wurden. Nach wie vor wußte man nichts von den Mendelschen Gesetzen. Aber instinktiv folgte man dem Diktat der Natur – die nur den Stärksten im Daseinskampf überleben und sich fortpflanzen läßt – und nahm nur jene Pferde ins Gestüt, die sich auf der Bahn durch hervorragende Leistungen bewährt hatten. Mehr als zu jeder anderen Zeit waren die Rennen Prüfsteine. Während heute gesiebt wird, wurde damals gemahlen. Was den Druck dieser unbarmherzigen Prozedur nicht aushielt, hatte keine Chance, zur Nachzucht verwendet zu werden. Das erbarmungslose Ausleseverfahren der Rennen schliff alles ab, was unbrauchbar und nicht zweckentsprechend war. Bis zum Schluß nur der harte Kern übrig blieb – den die Schönheit der Schale freilich nicht verrät.

Die Prüfungen auf dem Rasen verschlissen die Pferde geschlechterweise. Auf die Dauer überlebten nur die Nachkommen des ›Darley Arabian‹, ›Byerley Turk‹ und ›Goldophin Arabian‹. Die drei Stempelhengste gründeten die ›Eclipse‹-Familie, den ›Herod‹-Stamm und die ›Matchem‹-Linie. Als 1764 ›Eclipse‹ geboren wurde, war die Vollblutrasse fertig und der Ur-Ur-Enkel von ›Darley Arabian‹ ihr erster idealer Vertreter. Nach seiner Geburt hörte die Einkreuzung orientalischen Blutes übrigens bald auf, da sie keine Resultatsverbesserung mehr brachte.

A propos ›Eclipse‹

Als Besitzer des Wunderpferdes trat im Laufe der Zeit ein Trio unterschiedlichster Herkunft und gegensätzlichster Wirkungskreise auf. In den Adern des ersten Mannes floß das blaueste Blut Englands, der zweite handelte mit Fleisch, und der dritte war ein irischer Abenteurer.

Der Herzog William Augustus von Cumberland war der dritte Sohn des regierenden Königs George II. und der größte Züchter seiner Zeit. Wer Pferde wie ›Eclipse‹ und ›Herod‹ zieht, hat ein Anrecht auf dieses Prädikat. Auch als tapferer Soldat machte sich der Duke einen Namen. Allerdings hatte er in der Kriegskunst weniger Fortüne. So verlor er 1745 als Befehlshaber der britischen Armee die Schlacht von Fonteney – eine der mörderischsten des 18. Jh. – durch strategische und taktische Schnitzer. Auch die Tatsache, daß die englische

Infanterie dort zum erstenmal eine Probe ihrer fürchterlichen Qualitäten gab, half ihm nicht aus der Patsche. Zwar warf er später bei Culloden einen Stuartaufstand gegen seinen Vater nieder, wurde aber 1757 auf deutscher Walstatt in der Bataille von Hastenbeck erneut geschlagen. Fortan blieb der Marschallstab im Tornister. Möglicherweise geschah das zum Segen der Vollblutzucht. Denn statt Schlachtpläne zu wälzen, konnte sich der Herzog nun im vollen Umfang seinen pferdesportlichen Ambitionen widmen. Die epochemachenden Folgen seiner Anstrengungen in den friedlichen Gefilden des Gestütswesens erlebte er jedoch nicht mehr. William Augustus, Duke of Cumberland, starb am 31. Oktober 1765 im Alter von erst 44 Jahren an einem Gehirnschlag. Das war der erste Mann.

Der Fleisch- und Viehhändler William Wildman aus Leadenhall war ein tüchtiger und gutsituierter Kaufmann mit sportlichen Interessen. Er züchtete in Surrey Vollblüter und ließ sie auf den verschiedensten Plätzen des Landes laufen. In den Besitz von ›Eclipse‹ gelangte er durch den Formfehler einer geschäftlichen Transaktion.

Der Hengst wurde nach dem Tod des Herzogs von Cumberland in Plaistow versteigert und war schon verkauft, als Wildman auf der Auktion erschien. Mit dem Hinweis, daß diese früher begonnen habe als angekündigt, erreichte er, daß alle bereits zugeschlagenen Pferde ein zweites Mal unter den Hammer kamen. Auf diese Weise wurde er für die Summe von 75 Guineas – was damals ein ordentlicher Batzen Geld war – Eigentümer von ›Eclipse‹. Wir wissen bereits, daß William Wildman dem Hengst Zeit zur Reife ließ und ihn erst als Fünfjährigen auf die Bahn brachte. Er hätte das auch eher tun können; denn schon lange durften auch jüngere Pferde Rennen laufen. Zunächst zeigte sich das spätere Wunderpferd jedoch so temperamentvoll und ungebärdig, daß man bereits daran dachte, ihn zum Wallach zu machen. Man stelle sich angesichts der überragenden Zuchtleistungen von ›Eclipse‹ vor, was in einem solchen Fall passiert wäre. Mit seinem Eingriff hätte der Veterinär oder Hufschmied – das waren damals Berufe, die oft in Personalunion ausgeübt wurden – gleichsam den potentesten Zweig der Vollblutzucht lahmgelegt. Wo hätte der Weg dann hingeführt? Zum Glück blieb ›Eclipse‹ Hengst. Dieses Verdienst kommt einem Menschen zu, dessen Namen wir nicht kennen, der aber ein starker Reiter gewesen sein soll. Er ritt ›Eclipse‹ bei der Ausführung seiner Geschäfte und soll ihn zum Teil sogar nachts benutzt haben, wenn er der Wilddieberei nachging. Aber so wurde das Pferd wenigstens mürbe. Das war der zweite Mann und sein unbekannter Helfer.

Colonel O'Kelly trat bei ›Eclipses‹ erstem Start auf den Plan. Zu diesem Zeitpunkt war er bereits gutsituiert und besaß am Rand der Rennbahn von Epsom ein Anwesen mit Ställen und Gestütsanlagen. Auf seinem Grund befand sich auch der Platz, auf dem die Pferde für die jeweiligen Prüfungen gesattelt wurden und wo man wetten konnte. Dennis O'Kelly war Ire, stammte aus gutem, aber armem Haus und kam schon als junger Mann nach London. Dort kämpfte sich der breitschultrige Tatmensch mit bulldoggenhafter Zähigkeit nach oben. Nichts konnte ihn aufhalten. Er begann als Träger einer Sänfte in den Straßen der Hauptstadt, trieb sich danach in den Amüsierviertel herum, landete kurz darauf im Gefängnis – um nach seiner Entlassung dort weiterzumachen, wo er aufgehört hatte. Doch jetzt florierten seine Geschäfte. Er unterhielt einen Spielsaal und soll auch durch das Gewerbe seiner Lebensgefährtin Charlotte Hayes zu Geld gekommen sein. Und dann begegnete er ›Eclipse‹. Als er ihn zum erstenmal laufen sah, tat er den berühmt gewordenen Ausspruch »›Eclipse‹ first and the rest nowhere«. Das war 1769. Bevor das Jahr 1770 zu Ende war, hatte Dennis O'Kelly den Hengst für 1750 Guineas gekauft – nachdem er zuvor mit William Wildman eine Zeitlang halbe-halbe gemacht hatte. Als der Colonel am 28. Dezember 1787 knapp siebzigjährig starb, war er nicht nur der bedeutendste Züchter Englands, sondern auch der erfolgreichste Besitzer des Landes. Denn in den meisten der großen Prüfungen siegten Pferde, deren Jockey seinen scharlachroten Dress mit der schwarzen Kappe trugen. Unter anderem gewann er mit ›Young Eclipse‹ und ›Sergeant‹ zweimal das gerade erst geschaffene Derby. Den Coup seines Lebens aber hatte der irische Spieler mit ›Eclipse‹ gemacht, der ihm auf der Bahn und im Gestüt runde 30 000 Pfund einbrachte. Das war der dritte Mann.

Seine besten Rennleistungen zeigte ›Eclipse‹ gegen ›Bucephalus‹, ›Tortoise‹ und ›Bellario‹. Ersterer war das einzige Pferd, das jemals seine Gurte erreichte. An jenem Tag, man schrieb den 17. April 1770, fand in Newmarket ein phantastisches Match statt. Beide Gegner trugen 54 Kilo und lieferten sich über die Hälfte der Distanz einen erbitterten Fight. ›Eclipse‹ gewann zum Schluß überlegen und ohne eine Spur von Ermüdung zu zeigen – ›Bucephalus'‹ Siegeswille aber war aufgrund der enormen Anstrengung für alle Zeiten gebrochen. Dabei hatte man ihm zugetraut, ›Eclipses‹ Grenzen aufzuzeigen. Denn noch nie standen die Wetten für jenen so kurz: 6:4. ›Tortoise‹ und ›Bellario‹ schließlich schlug das phänomenale Pferd am 23. August des gleichen Jahres in York. Bereits auf dem halben Weg der 4 Meilen langen Strecke hatte es die erstklassigen Konkurrenten hinter sich gelassen und erreichte den Zielpfosten wie gewohnt als Erster. Im Oktober lief ›Eclipse‹ in Nottingham das letzte Rennen. Damit hatte er in seiner anderthalbjährigen triumphalen Karriere etwa 100 Kilometer auf dem Rasenoval zurückgelegt – und ungefähr 2240 auf harten, staubigen Landstraßen.

Damals wurden die Pferde ja noch nicht in Transporter verfrachtet und vom Stall zum Rennplatz gefahren. Jede Bahn und jedes Meeting mußte in meilenlangen Märschen per pedes erreicht werden. Dabei wurden täglich bis zu 35 Kilometer absolviert. Erst im 19. Jahrhundert fuhr man die Pferde mit einem vierspännigen Wagen namens Caravan zu ihrem Einsatzort. Die Idee zu dieser Art von Transport stammt von einem gewissen John Doe. Der Londoner Kutschenbauer Herring konstruierte und baute dann das erste jener aufsehenerregenden Vehikel, die eine neue Ära im Management von Rennpferden einleiteten.

Der St. Leger-Sieger ›Elis‹ kam 1836 als erster Vollblüter in den Genuß solchen Komforts. Als er nach Doncaster kutschiert wurde, legte der Caravan in 11 Stunden und 35 Minuten 153 Kilometer zurück. Dazu hätten ›Eclipse‹ & Co. fünf Tage gebraucht.

Nach Beendigung seiner Laufbahn wurde ›Eclipse‹ im O'Kellyschen Clay Hill Gestüt in Epsom aufgestellt. Dort deckte er das erste Jahr für die damals gewaltige Summe von 50 Guineas pro Stute. Danach wurde die Taxe gesenkt und betrug unterschiedlich mal 20, 25 und 30 Guineas – was immer noch ein hoher Preis war. Ihn für die Dienste von ›Eclipse‹ zu zahlen, war freilich keine schlechte Kapitalanlage. Der Hengst war nämlich auch als Vererber ein Gigant und zeugte Sieger auf Sieger. 344 seiner Sprößlinge – die sich durch Schnelligkeit, Temperament und Frühreife auszeichneten – gewannen in 23 Jahren 862 Rennen und verdienten dabei 158 047 Pfund. Gemessen an den Zahlen heutiger Championvererber ist das natürlich wenig. Aber man darf nicht vergessen, daß die Rennpreise damals nur den Bruchteil des Wertes der heutigen Dotierungen hatten. Daher war auch diese Leistung von ›Eclipse‹ bis dato einmalig.

Der beste seiner Nachkommen war ein Hengst mit dem skurrilen Namen ›Pot-8-Os‹. Offensichtlich sollte er ursprünglich Potatoes heißen – was allerdings auch seltsam anmutet; denn das bedeutet Kartoffeln. Jedenfalls machte irgendein des Schreibens nicht sonderlich mächtiger Gestütshelfer des Earl of Abington aus dem angegebenen Namen das zuerst genannte Wortungetüm. ›Pot-8-Os‹ aber wurde wie sein Vater nie geschlagen und gewann 34 Rennen. Er blieb bis zum zehnten Lebensjahr im Training und trat dann eine glänzende Gestütslaufbahn an. Zusammen mit dem Halbbruder ›King Fergus‹ führte er die Linie seines Erzeugers weiter. Mit dem Erfolg, daß ›Eclipse‹ heute in 90% der Stammtafeln von Vollblütern erscheint.

›Eclipse‹ starb am Abend des 27. Februars 1789 in Cannon Park – dem Landsitz der O'Kellys in Middlesex – an den Folgen einer Kolik. Nach seinem Tod fand eine regelrechte Trauerfeier statt, bei der Kuchen und Ale gereicht wurden. Der Kadaver des Pferdes wurde von dem aus Lyon emigrierten Franzosen Charles Vial de St. Bel – dem bekanntesten Tierarzt der Zeit – seziert und vermessen. Über die Ergebnisse dieser Arbeit verfaßte der Veterinär eine Abhandlung. Ihr ist zu entnehmen, daß das Herz von ›Eclipse‹ das Gewicht von 6,35 kg hatte. Darüber war man in hohem Maße erstaunt. Allerdings wußte man damals noch nicht, daß der ständige schnelle Lauf über lange Strecken bei jedem Individuum eine Vergrößerung der Gefäße und des Herzmuskels bewirkt. Daher haben Vollblüter, wie menschliche Dauerleister auch, ein sog. »Sportlerherz« mit einem vom Trainingszustand und den Körperproportionen bestimmten durchschnittlichen Gewicht von 4 bis 5 kg. Daß Abweichungen von der Norm möglich sind, beweist nicht nur das Beispiel ›Eclipse‹. Das Herz des deutschen Rennpferdes ›Fels‹ – das 1906 das Derby gewann – wog sogar 7,5 kg.

Übrigens beanspruchen als Folge der Tätigkeit St. Bels inzwischen 6 komplette Skelette und 9 Hufe die Ehre, als Überreste des großen Unbezwingbaren aus dem 18. Jh. zu gelten.

Sein Bild ist uns jedoch in zweifelsfreier Echtheit überliefert worden. Daß ein Pferd wie ›Eclipse‹ den englischen Tiermalern den Pinsel in die Hand zwang, dürfte wohl verständlich sein. Was bei diesen Bemühungen herauskam, ist mitunter allerdings kläglich. Vor allem Francis Sartorius' Machwerke wirken naiv und hölzern. George Stubbs jedoch hat zauberhafte Bilder gemalt. Er entstammte zwar nicht wie Sartorius einer Familie von Künstlern – war dafür aber einer, jede Sekunde seines langen Lebens. Der spätere Präsident der Society of Art – der außerdem Mitglied der Royal Academy war – malte als erster frei nach der Natur. Um die Anatomie des Pferdes gründlich kennenzulernen, sezierte er unzählige ihrer Körper. Mit sicherer Hand fertigte er anatomische Skizzen an, die er zur richtigen Darstellung von Skelettaufbau und Muskulatur verwandte. Eines seiner schönsten Werke zeigt den gesattelten und auf Hochglanz polierten ›Eclipse‹ an der Hand von William Wildmans Söhnen. Der vierte im Bunde ist der Kaufmann selbst. George Stubbs' Genie und der Charme seiner Bilder sind noch heute gefragt. Dementsprechend hoch ist natürlich auch ihr Preis. Im größten Kunstauktionshaus der Welt, bei Sotheby's in London, wechselte 1976 ein Gemälde von ihm für 800 000 DM den Besitzer.

Als dessen Schöpfer 1806 hochgeehrt starb, waren die Rennen bereits organisierte Unterhaltung und nicht mehr modische Beschäftigung feiner Leute. Auch drei der fünf sog. klassischen Prüfungen gab es schon. Das sind Rennen, in denen nur dreijährige Pferde laufen dürfen, die alle das gleiche Gewicht tragen müssen. Dabei schleppen die Stuten allerdings weniger, wenn sie auf männliche Konkurrenz treffen. Die Distanzen der Classics sind unterschiedlich und betragen 1600, 2400 und 2800 m. Das erste Rennen, das jemals ausgetragen wurde, war das St. Leger. 1776 hob es sein gleichnamiger Gründer aus der Taufe. Heute wird das längste der klassischen Rennen jedes Jahr als letzte der Prüfungen gelaufen, die von allen Besitzern am meisten begehrt sind und unter gleichen Bedingungen den Jahrgangsbesten ermitteln sollen. 1779 wurden die Oaks gegründet – in denen nur Stuten starten dürfen –, und ein Jahr später erlebte das Derby seine Premiere, das bedeutendste der klassischen Rennen – das seinen Namen dem Wurf einer Münze verdankt.

Derby oder Bunbury: das war die Frage

General Burgoyne – der im amerikanischen Unabhängigkeitskrieg Oberbefehlshaber der englischen Truppen war und 1777 bei Saratoga kapitulierte – besaß in der Nähe von Epsom ein Landhaus, das The Oaks hieß und Turfgeschichte machte. Erst stand es bei der Namensgebung des schon zitierten Stutenrennens Pate – dann wurde kurze Zeit später in seinen Mauern die Gründung des Derbys beschlossen. Zu diesem Zeitpunkt war bereits der XII. Earl of Derby – ein lebenslustiger junger Mann und Neffe General Burgoynes – Besitzer von The Oaks. Eines Tages im Spätherbst des Jahres 1779 diskutierte man dort anläßlich einer Dinnerparty über das bestehende Rennsystem.

In jenen Jahren wurden die meisten Prüfungen über 3200 Meter entschieden. Mehr und mehr aber traten Rennen in Erscheinung, die die Schnelligkeit und den Speed der Pferde fördern sollten. Vor allem im Norden Englands war das der Fall. Strecken von mehreren Meilen eigneten sich dafür jedoch nicht, weil kein Pferd sie im Höchsttempo durchlaufen konnte bzw. dabei zu sehr ausgelaugt wurde. Also mußten entweder die Distanzen verkürzt oder neue Rennen geschaffen werden. Letzteres war ja bereits 1776 durch die Gründung des St. Legers und sechs Monate zuvor mit der ersten Austragung der Oaks zur vollsten Zufriedenheit aller geschehen.

Daher beschloß die Gesellschaft im Derbyschen Landhaus, im folgenden Jahr ein weiteres Rennen über eine kürzere Strecke laufen zu lassen. In ihm sollten Hengste und Stuten startberechtigt sein. Als seine Namensgeber wurden der Earl of Derby und Sir Bunbury ausersehen. Danach entschied eine hochgeworfene Münze zugunsten des Gastgebers. Damit war ein Wort geboren, das im Laufe der Zeit nicht nur im Rennsport Verwendung fand; denn man bedient sich seiner überall dort, wo es um etwas Besonderes, nicht Alltägliches geht. Sir Bunbury aber gewann – sozusagen als Ausgleich für die entgangene Namensgebung – am 4. Mai 1780 mit seinem Pferd ›Diomed‹ in Epsom das erste Derby.

36 Vollblüter waren von ihren Besitzern für die Prüfung gemeldet worden, aber nur 9 liefen. ›Diomed‹ war nach Wetten, die 6:4 für ihn standen, Favorit. Es ging um 1780 Guineas, die sich der kraftvolle Fuchshengst des Sir Bunbury gegen Colonel O'Kellys ›Budrow‹ und den ›Eclipse‹-Sohn ›Spitfire‹ holte. ›Diomed‹ wurde bei dieser Gelegenheit von Sam Arnull geritten, der aus einer berühmten Jockeyfamilie stammte und später das Derby drei weitere Male gewann. Sein Bruder John war in ihm gar fünfmal erfolgreich und sein Neffe William siegte dreimal. Das Gründungsderby wurde übrigens über 1600 Meter gelaufen. 1784 führte man die inzwischen »klassische« Distanz von 2400 Meter ein.

›Diomed‹ litt anschließend unter verschiedenen Wehwehchen – ein Los, das er mit vielen Derbysiegern teilte. Zwar gewann er 1781 als Vierjähriger zwei Rennen, konnte jedoch im folgenden Jahr wegen Lahmheit überhaupt nicht aufgeboten werden. Erst als Sechsjähriger erschien ›Diomed‹ wieder auf der Bahn. Viel Erfolg hatte er dabei jedoch nicht. Denn nur in Guildford gewann er ein King's Plate. Auch das war einer Reihe von Pferden beschieden, die, wie er, im Derby triumphierten. Bei seinem letzten Start in Lewes – wo er übrigens die sechste Saisonniederlage hinnehmen mußte – brach er schließlich nieder und wurde daraufhin in die Zucht genommen. Er deckte in Sir Bunburys Gestüt Great Barton, brachte dort aber nichts Rechtes zustande. Immerhin ist er über seine Tochter ›Young Giantess‹ für ›Eleanor‹ verantwortlich, die 1801 als erste Stute das Derby und die Oaks gewann – ein Kunststück, das nach ihr nur noch drei Vollblutladies fertigbrachten.

Als ›Diomeds‹ Gestütsgeschäfte in England immer schlechter liefen, verkaufte ihn Sir Bunbury für 50 Guineas an den Amerikaner John Hoomes aus Bowling Green in Virginia. Der wiederum veräußerte ihn für 1000 Pfund an Colonel Miles Selden. Weatherby's hatten den Colonel vor dem Kauf gewarnt: ›Diomed‹ hätte in England ausgezeichnete Stuten gehabt und trotzdem kein gutes Pferd gezeugt. In diesem Alter müßte ein Hengst seine Qualitäten längst bewiesen haben. Aber dann wäre er sicher nicht nach Amerika gegangen – hieß es.

Doch siehe da – in Miles Seldens virginischem Gestüt Tree Hill wurde der inzwischen 21jährige Derbysieger auf seine alten Tage zu einem der gefragtesten Vererber und gründete eine der bedeutendsten amerikanischen Pferde-Dynastien. Als ›Diomed‹ 1808 im Alter von 31 Jahren starb, sprach man in Amerikas Vollblutzucht von einer nationalen Katastrophe.

Es wurde zuvor von fünf klassischen Rennen gesprochen. Nun – die 2000 und die 1000 Guineas wurden erst 1809 bzw. 1814 zum erstenmal ausgetragen. Aber halten wir uns noch ein wenig beim Derby auf – oder vielmehr bei der Familie desjenigen, der dem Rennen den Namen gab. Obwohl die züchterischen und rennsportlichen Betätigungen des XII. Earl of Derby erst relativ spät begannen – sein Gestüt in Knowsley gründete er um 1776 –, bewies er dabei auf Anhieb eine glückliche Hand. So gewann die selbstgezogene ›Bridget‹ die ersten Oaks und bereits 1787 war Sir Peter Teazle im Derby erfolgreich. Es dauerte sehr lange, bis die schwarze Bluse der Familie wieder in ihrem ureigenen Rennen triumphierte: genau 137 Jahre. Insgesamt gewannen die Derbys viermal das Rennen, das ihren Namen trägt.

Im 19. Jahrhundert war den Turfunternehmungen des Geschlechts unterschiedlicher, ja geringer Erfolg beschieden. Zwischen 1868 und 1893 wurden von ihm überhaupt keine Vollblüter gezüchtet. Erst in unserem Zeitalter sprach man wieder von seinen Pferden. Innerhalb weniger Jahrzehnte avancierten die Gestüte der Derbys nicht nur zu den bedeutendsten Englands, sondern nahmen durch ihre Hengste, deren Söhne und Enkel auch einen immensen Einfluß auf die Vollblutzucht der gesamten Welt. Allenfalls die Vererber mit dem Blut von Pferden des Aga Khan könnten ihn mittlerweile überboten haben. Der beste Sproß der Derbyschen Zucht war ›Hyperion‹. Der 1930 geborene Sohn des Triple Crown-Siegers ›Gainsborough‹ war klein von Statur, aber ein Riese auf der Bahn und im Gestüt. Als Rennpferd erreichte er seine besten Leistungen als Dreijähriger. In diesem Alter gewann er unter anderem das Derby und das St. Leger. Im Gestüt war er bis 1954 sechsmal Champion der Vaterpferde und nach ›St. Simon‹ der erfolgreichste Vererber aller Zeiten.

Heute züchten die Nachkommen des XII. Earl of Derby in Prescot, im Nordwesten Englands. Dort besitzt Lord John Edward, der achtzehnte Träger des Namens, das Woodland Stud, wo auch ›Hyperion‹ wirkte. Der jetzige Chef des Hauses ist allerdings nicht der Meinung, daß der Wurf der Münze und seine Folgen das größte Ereignis in der Geschichte der Familie gewesen sei. Er weist stolz darauf hin, daß seine Vorfahren als Politiker großen Einfluß auf die Geschicke Großbritanniens hatten, daß ein Ahn Premierminister in drei Regierungsperioden war und ein anderer als Anhänger Charles I. geköpft wurde. Als vornehmer und traditionsbewußter Engländer gehört Lord John Edward natürlich auch einem, vielleicht sogar mehreren Clubs an. Für unsere Belange ist jedoch nur der interessant, von dem seit seiner Gründung jene Impulse ausgingen, die die Rennen schließlich in ein geordnetes System münden ließen. Das war der Jockey Club.

Der Jockey Club und die Diktatoren des Turfs

Sein Name ist irreführend. Denn er ist keine Vereinigung von Jockeys oder bietet diesen die Möglichkeit zum zwanglosen Beieinandersein. Er führt vielmehr die Besitzer und Züchter von Vollblütern in seinem Register und ist die oberste Rennsportbehörde Englands. Wann er gegründet wurde, ist weder auf den Tag noch auf das Jahr genau anzugeben. In einem Metier, das auch durch die fast lückenlose und akribische Aufzeichnung aller wichtigen und unwichtigen Fakten besticht, ist das einigermaßen merkwürdig. Man vermutet, daß der Jockey Club sich 1751 bildete. Im Rennkalender jenes Jahres wurde für 1752 nämlich eine Prüfung ausgeschrieben, in der Pferde laufen sollten, die seinen Mitgliedern gehörten. Wer das im einzelnen war, ist nicht mehr festzustellen. Auch aus der Tatsache, daß diese Personen bald Land in Newmarket erwarben und dort bauten, ergibt sich kein Anhaltspunkt hinsichtlich des Gründungskomitees. Jedoch ist unschwer zu erraten, daß es sich bei ihnen um seriöse und einflußreiche Personen gehandelt haben muß, die solches zum Wohl ihres Sports taten. Der immer umfangreicher werdende Rennbetrieb brauchte zur Vermeidung ungesunder Auswüchse, die hier und da schon auftraten, dringend klar definierte Regeln – vor allem aber jemand, der über ihre Einhaltung wachte. Beide Funktionen übernahm der Jockey Club. Das geschah zwar nicht von heute auf morgen, aber sein Einfluß wurde bald immer stärker spürbar. Wer geglaubt hatte, der Club wäre ein vornehmer Zirkel trinkfreudiger Männer, sah sich schnell getäuscht.

1758 publizierte Reginald Heber – der damalige Herausgeber des Rennkalenders, den es in dieser Form bereits seit 1727 gab – die erste bedeutende Order des Clubs. In ihr wurde das offizielle Einwiegen der Jockeys verlangt. 1762 ließen 19 Mitglieder ihre Rennfarben in sein Register eintragen. Neben solchen, denen aufgrund ihrer Herkunft nur die Anrede »Mister« gebührte, befanden sich auch sechs Herzöge, vier Earls, ein Lord und Seine Königliche Hoheit, der Duke of Cumberland. Dessen Farbe war übrigens purpurrot, die des Herzogs von Grafton hellblau, Mr. Vernons und Mr. Shaftos weiß bzw. rosa. Daß sich Bürgerliche unter die ersten Aristokraten des Landes mischen durften, beweist, daß zumindest damals zwischen den Aufnahmestatuten des Jockey Clubs für Standesdünkel und Snobismus kein Platz war.

1770 wurde mit Sir Charles Bunbury, Lord Bolingbroke und Mr. Shafto ein Gremium gebildet, dessen Aufgabe die Durchsetzung aller rennsportlichen Belange sowie die Klärung oder Schlichtung von Streitfällen war. Bei der Ausübung ihres sicher oft schwierigen und heiklen Amtes konnten die Herren auf eindeutig abgefaßte Statuten verweisen. 1772 wurden zwei weitere wichtige Posten besetzt, die von da an offiziellen Charakter hatten: John Hilton wurde zum Richter und Samuel Betts zum Starter ernannt.

Allerdings übte der Jockey Club seine Funktionen zunächst nur in Newmarket aus. Erst nach einiger Zeit wurden die dort praktizierten Bräuche als vorbildlich erkannt und ihr Einfluß im gesamten Rennsport Englands spürbar.

Der als Besitzer des ersten Derbysiegers schon bekannte und eben noch genannte Sir Charles Bunbury wurde als lebenslänglicher Präsident des Jockey Clubs der erste Diktator des Turfs. Der reiche, hypochondrisch veranlagte Mann – der sich stets einbildete, krank zu sein – hatte für nichts anderes Interesse als für den Rennsport. Er war sein ein und alles. Für ihn lebte er. Möglicherweise war auch das ein Grund, weshalb seine bildhübsche Frau mit Lord Gordon durchbrannte. Das totale Engagement für das Vollblutpferd, die absolute Integrität und die von allen neidlos anerkannte Sachkenntnis Sir Bunburys aber gaben dem Jockey Club die moralische Autorität, sich als Legislative und Exekutive nicht nur zu behaupten, sondern darüber hinaus auch noch ständig mächtiger zu werden. Die Courage seines Präsidenten ging so weit, daß er den Prince of Wales und späteren König George IV. 1791 anläßlich eines sehr zweifelhaften Rennausganges nahelegte, künftig auf die Dienste seines Stalljockeys Sam Chifney zu verzichten – andernfalls kein Gentleman jemals wieder ein Pferd gegen ihn laufen lassen würde. Als der Prinz sich jede Einmischung in seine Angelegenheiten verbat und zu seinem Jockey stand – den er von jeder Schuld frei glaubte –, nahm es der Club in Kauf, daß Seine Königliche Hoheit Newmarket in Zukunft möglicherweise nicht mehr mit seiner Gegenwart beehren würde. Tatsächlich ward der hohe Herr aus dem Buckingham-Palast dann auch nie mehr an dem Ort gesehen, den seine Vorgänger durch ihre Protektion zur Hauptstadt des Turfs gemacht hatten. Im Laufe der Zeit wurde sie auch zur Residenz des Jockey Clubs. Immer mehr Land kaufte dieser in und um Newmarket. Bald war er Besitzer der Rennbahn und großer Flächen des Trainingsareals. 1882 schließlich gehörte ihm alles. Bis heute hat sich daran nichts geändert.

Von Newmarket aus wurde das rapide wachsende Vollblutimperium regiert. Hier wurden die Gesetze gemacht, die es zu seinem Wohlergehen brauchte. Sie waren nötig, denn in der 2. Hälfte des 18. Jh. stieg die Zahl der englischen Rennbahnen auf über 90 an. In der Saison reihte sich ein Meeting an das andere. 1762 beispielsweise wurden auf 66 Kursen 261 Rennen um eine Börse von insgesamt 61 440 Pfund ausgetragen. Die Geldpreise waren 1740 offiziell eingeführt worden, nachdem das Parlament beschlossen hatte, fortan keine Prüfung mehr unter 50 Pfund Sterling Wert laufen zu lassen. Gestartet wurden Pferde aller Altersklassen. Schon seit 1712 gab es Rennen für Fünfjährige. 1727 sah man erstmals Vierjährige auf der Bahn, 1756 Dreijährige, und ab 1776 durften auch Zweijährige starten. Dabei betrugen die Gewichte für letztere durchschnittlich 51,5 kg. Die Nachkommen von ›Eclipse‹ und des von Sir Bunbury gezüchteten, großartigen ›Herod‹-Sohnes ›Highflyer‹ mußten allerdings etwa anderthalb Kilogramm zusätzlich schleppen und sozusagen für die Klasse ihrer Erzeuger büßen.

1791 schließlich wurde in Ascot – das unter der Regierung von Queen Anne achtzig Jahre zuvor seine Pforten geöffnet hatte – mit den Oatland Stakes das erste Handicap gelaufen. Das ist ein Rennen, in dem die Pferde unterschiedliche Gewichte tragen, die sich aus ihren Erfolgen ableiten und dergestalt festgesetzt sind, daß Chancengleichheit für alle besteht. So müßten nach der Theorie des Handicaps alle Teilnehmer einer Prüfung Kopf an

Kopf einkommen und die Ziellinie in totem Rennen passieren. In der Praxis ist das natürlich nicht möglich. Die Leistung eines Vollblüters wird immer von seinem jeweiligen Trainingszustand und Biorhythmus sowie von der Beschaffenheit der Bahn, des Bodens und der Fertigkeit des Jockeys beeinflußt. Aber gerade das erhöht den Reiz des Wettens und daher standen die Handicaps bald hoch in der Gunst des Publikums.

In Ascot mußte 1791 übrigens jeder der 19 teilnehmenden Besitzer einen Einsatz von 100 Guineas zahlen. Die Pferde trugen Gewichte zwischen 33 und 61 Kilo. Interessant ist, daß die Höchstlasten heutiger Handicaps mit denen der damaligen Zeit nahezu identisch sind. Andererseits beträgt das niedrigste Gewicht unserer Tage 47 kg.

Aus der Vielzahl der unterschiedlichsten Rennen kann man ersehen, welche Arbeit dem Jockey Club allein aus diesem Teil des Metiers erwuchs. Außerdem verlangte das Wettgeschäft nach seiner starken Hand. Denn immer wieder kam es zu Betrügereien und Unkorrektheiten. Auch die Menschen, die während bedeutender Meetings zu vielen Tausenden auf die Bahnen strömten, mußten unter Kontrolle gebracht werden. Mehr als einmal passierte es nämlich, daß sie in ihrer Disziplinlosigkeit und Unkenntnis den ordentlichen Ablauf der Rennen störten oder dem im Finish begriffenen Feld den Weg zum Ziel versperrten. Die Männer um Sir Bunbury waren daher um ihre Aufgabe keineswegs zu beneiden. Aber als der erste Präsident des Jockey Clubs 1821 starb, hinterließ er relativ geordnete Verhältnisse. Sein Nachfolger wurde Lord George Bentinck. Unter der Ägide des großartigen Administrators wurde die Vorstellung der Pferde im Führring und deren Numerierung eingeführt. Außerdem war er der Initiator des Flaggenstarts. In seiner Zeit stieg die Zahl der englischen Rennplätze auf 111 an. 1849 – ein Jahr nach Lord Bentincks Tod – fanden pro Jahr etwa 1500 Matches, Stakes oder Handicaps statt, an denen sich ungefähr 1300 Vollblüter beteiligten. Auch das Volumen der Zucht hatte sich vergrößert. 200 Hengste und 1100 Stuten lieferten jetzt einen jährlichen Nachwuchs von 850 Fohlen. Daher wurde schon bald der Ruf nach einem Mann laut, der allein für die gewichtsmäßige Erfassung des Leistungsvermögens der Pferde zuständig sein sollte, und zwar als offizieller Vertreter des Jockey Clubs. Mit anderen Worten: man suchte jemand für den Job des Handicappers – von dem einmal gesagt wurde, er sei so undankbar wie der des Henkers. Längst gab es den Mann, der als einziger dafür in Frage kam. Der aber sagte 1850, als er sein berühmtgewordenes Buch »Laws and Practice of Horse Racing« – zu deutsch »Gesetze und Praxis der Pferderennen« – publiziert hatte, daß es keine Person gäbe, die so geschickt, kenntnisreich, ehrlich und unabhängig sei, um als Handicapper zu fungieren. Und wenn doch, würde sie ein derart schwieriges Amt wohl kaum übernehmen wollen. Nirgendwo sei es leichter als hier, Fehler zu finden, und der honorigste Gentleman könne dabei von jedem Zeitungsschmierer zum Hampelmann gemacht werden. Fünf Jahre später scheute er auch dieses Risiko nicht mehr und übernahm die schwere Aufgabe, das zerbrechliche Schiff »Handicap« durch Scylla und Carybdis von öffentlicher Kritik, Besitzerunmut und Publikumsemotionen zu steuern. Es war Admiral Rous, den man später wie seine Vorgänger als Diktator des Turfs bezeichnete.

Henry John Rous, der zweite Sohn des Earl of Stradbroke, war dafür geboren, Befehle zu erteilen und Verantwortung zu tragen. Schon während seiner Dienstzeit in der Royal Navy hatte er dazu reichlich Gelegenheit. Dort empfing er bereits als Vierzehnjähriger in der Schlacht von Trafalgar die Feuertaufe. Damals diente er als Fähnrich auf der Victory und war Zeuge, wie Admiral Nelson am 21. Oktober 1805 die spanisch-französische Flotte vernichtete. Es war der letzte Sieg des legendären britischen Seehelden, denn Nelson wurde während der Kampfhandlungen an Deck seines Flaggschiffes tödlich verwundet. Rous – der später noch manches blutige Gefecht mitmachte und als Commodore seiner Fregatten in den ostindischen Gewässern ebenso kreuzte wie vor der Küste Labradors – quittierte 1837 den Dienst, um sich danach ausschließlich dem Rennsport zu widmen. Als dessen erster offizieller Handicapper oder Ausgleicher – um das deutsche Wort zu benutzen, das seine Bedeutung besser erklärt – brachte er es zu einer Meisterschaft, die nie zuvor erreicht worden war. Stundenlang beobachtete er die Pferde beim Training, sah nahezu jedes Rennen und registrierte die geringste Kleinigkeit, die ihm bei seiner Arbeit helfen konnte. Deren Ergebnis war eine Altersgewichtsskala, die auch heute noch Gültigkeit hat – wenn man von geringen Änderungen einmal absieht. Admiral Rous galt bald als wandelndes Regelbuch der Branche und genoß als ihr unbestechlicher Sachwalter höchstes Ansehen.

Dem Wetten gegenüber hatte er eine differenzierte Ansicht. Einerseits betrachtete er es als einen wichtigen und integrierten Teil des Rennsports – dem er aufgrund seiner spezifischen Kenntnisse der Materie selbst nachging –, andererseits verurteilte er diejenigen, die daraus ein Geschäft machten, obwohl sie es gar nicht nötig hatten. Als Sir Joseph Hawley 1859 durch den Derbysieg seines Pferdes ›Musjid‹ völlig korrekt und legal 75 000 Pfund gewonnen hatte und Henry Chaplin 1867 bei gleicher Gelegenheit als Besitzer von ›Hermit‹ sogar 115 000 Pfund verdiente, fand der Admiral das gar nicht gentlemanlike. Aber er war mitverantwortlich für den Reiz, der von Rennen ausging, die jedes mitlaufende Pferd aufgrund ausgeglichener Chancen gewinnen konnte – weil er als Gewichtemacher dafür die Voraussetzungen schuf. Wenn dann noch Cracks mit dem Nimbus des Außergewöhnlichen an den Ablauf gebracht wurden, kam das der Wirkung einer aufputschenden Droge gleich.

Vollblüter solcher Ausstrahlungskraft waren ›Bay Middleton‹, ein Riese mit kaum zu bändigendem Temperament – oder ›Crucifix‹, sein weibliches Pendant. Der Hengst gewann 1836 das Derby – worauf sich ein Honourable Berkeley Craven erschoß, weil er zu hoch gewettet und dabei verloren hatte. Die Stute war 1840 das beste dreijährige Pferd und holte sich die 2000 und 1000 Guineas sowie die Oaks. Im gleichen Jahr sah man mit ›Little Wonder‹ übrigens den kleinsten Derbysieger, der jemals in Epsom lief.

Die Liste der Pferde, die sich im vergangenen Jahrhundert durch brillante oder besonders eindrucksvolle Leistungen einen Namen machten, ist natürlich lang. Thomas Henry Taunton zählt in seinem 1888 erschienenen vierbändigen Werk »Portraits of Celebrated Racehorses« nicht weniger als 307 solcher Koryphäen auf. Sie auch hier alle zu nennen, ist unmöglich. Aber einige der Turfidole zwischen 1800 und 1900 sollen doch erwähnt werden.

Charles II.

Match auf der Heide von Newmarket

›Byerley Turk‹

›Godolphin Arabian‹

Seine Königliche Hoheit, der Herzog von Cumberland *Colonel O'Kelly*

Rennszene aus dem frühen 18. Jahrhundert

›Eclipses‹ Skelett

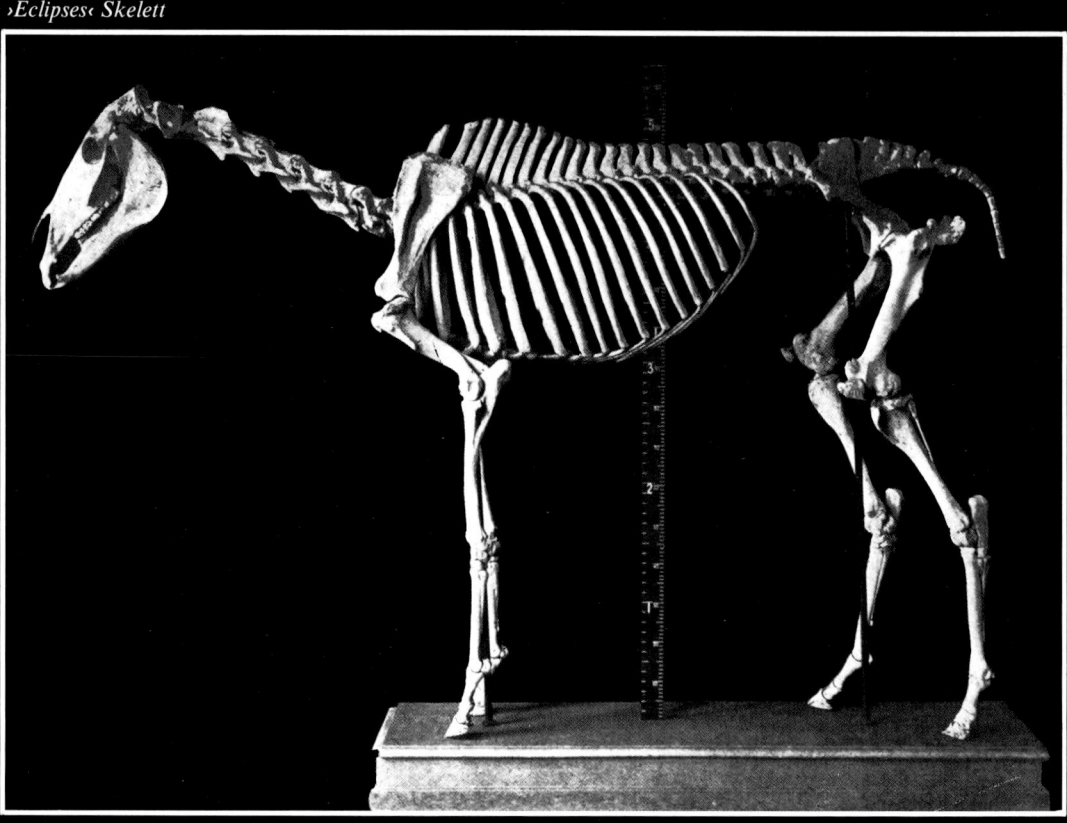

Geometrical Drawing representing the exact proportions of the late famous Eclipse.

Darstellung der anatomischen Messungen, die Charles Vial de St. Bel am Kadaver von ›Eclipse‹ vornahm

Colonel Anthony St. Leger,
der Gründer des gleichnamigen Rennens

Earl of Derby,
der Namensgeber des berühmtesten Rennens des Turfs

Szene an der »betting post«, dem Wettpfosten – Karikatur aus der Frühzeit des Rennsports

Sir Charles Bunbury    *Lord George Bentinck*    *Admiral Rous*

›Diomed‹, der Sieger des ersten Derbys

Zielankunft in den Oatland Stakes, die 1791 als erstes Handicap des Turfs ausgetragen wurden

›Elis‹ und sein Transporter. Rechts im Bild sieht man John Doe, den Erfinder dieser Art der Rennpferdebeförderung

Zieleinlauf zwischen ›The Flying Dutchman‹ und ›Voltigeur‹ im berühmtesten Match des vorigen Jahrhunderts, das am 13. Mai 1851 in York stattfand

Szene aus einem Epsom Derby des 19. Jahrhunderts

Vierbeinige Berühmtheiten des 19. Jahrhunderts

Im Jahr 1847 wurde in Mr. Stephensons Gestüt ein Hengst geboren, der als Jährling aussah wie ein Dutzendpferd. Trotzdem wollte ihn Lord Zetland kaufen. Aber Mr. Tattersall, der gewiefte Auktionator, riet ihm davon ab. »Schicken Sie ihn zurück. Aus dem wird doch nichts«, sagte er – und irrte sich gewaltig. Denn ›Voltigeur‹, so hieß der mickrige Jährling, wurde auf Drängen von Lord Zetlands Trainer nun einem Test unterzogen, den er gewann. Seine Lordschaft traute ihren Augen nicht. Daher wurde der Hengst am nächsten Tag erneut geprüft. Wieder siegte er. Und da Lord Zetland sehr, sehr kritisch und immer noch skeptisch war, mußte ›Voltigeur‹ vierzehn Tage später zum dritten Mal antreten. Als er seine Gegner auch bei dieser Gelegenheit schlug, wurde man sich handelseinig. Mr. Stephenson wird das sicher gereut haben. Denn ›Voltigeur‹ gewann 1850 das Derby sowie das St. Leger und galt neben dem ein Jahr älteren ›The Flying Dutchman‹ – der zwölf Monate früher zu den gleichen klassischen Ehren gekommen war – als das beste Pferd seiner Zeit. Aber welcher der beiden Hengste war der bessere? Daß ›Voltigeur‹ den »Fliegenden Holländer« im Doncaster Cup bereits einmal geschlagen hatte, ließ niemand gelten. Man wußte, daß Jockey Charles Marlow in jenem Rennen sturzbetrunken war und ›The Flying Dutchman‹ unter Mißachtung der Order und ohne vernünftige Überlegung geritten hatte. Was lag also näher, als beide Pferde in einem Match gegeneinander laufen zu lassen? Als das im Frühling 1851 tatsächlich zustande kam, konnte die Bahn von York die herbeiströmenden Menschen kaum fassen. Unter ihnen befand sich auch der Maler J. F. Herring. Ihm hat es die Nachwelt zu verdanken, daß das Rennen des Jahrhunderts auch im Bild überliefert worden ist. Es zeigt die beiden Kontrahenten vor der Kulisse einer schier unübersehbaren Menschenmenge bereits am Ziel der 3200 Meter langen Strecke, das ›The Flying Dutchman‹ mit einer Länge Vorsprung passiert. Diesesmal lieferte Charles Marlow im Sattel des Fünfjährigen eine Glanzleistung und gewann den spektakulären Vergleichskampf eindeutig zugunsten seines Pferdes. Eindeutig auch deshalb, weil ›The Flying Dutchman‹ das von Admiral Rous festgesetzte, seinem Alter entsprechende Gewicht von 54,5 kg trug – der ein Jahr jüngere Gegner jedoch nur 50,75 kg.

Bereits zehn Jahre vor dem großen Fight hatte eine eisenharte Stute namens ›Catharina‹ ihre achtjährige Karriere beendet. Sie lief in sage und schreibe 174 Rennen, von denen sie 79 gewann. Siege im Derby, berühmten Matches oder den diversen Gold Cups mögen ehrenvoller sein – die Herkulesleistung von ›Catharina‹ aber verdient schlichtweg Bewunderung, auch oder gerade weil sie zeigt, aus welchem Holz der Vollblüter geschnitzt ist.

1853 holte sich der dreijährige ›West Australian‹ dann als erstes von bisher 15 Pferden – ›Nijinsky‹ war 1970 das letzte – die Dreifache Krone. Das heißt, daß er in den 2000 Guineas, im Derby sowie dem St. Leger siegte und auf den klassischen Distanzen von 1600, 2400 und 2800 Metern sein Allroundkönnen bewies. Schon 1865 aber gebührte ihm diese Ehre nicht mehr allein, weil sich in jenem Jahr ein zweites Pferd in die Siegerliste der Triple Crown eintrug. Es war ›Gladiateur‹, der wegen Lahmheit die halbe Zeit nicht trainiert werden konnte. Im Vollbesitz seiner Kräfte aber lehrte er jedem Gegner das Fürchten. Für die Engländer war das shocking – denn ›Gladiateur‹ stammte aus Frankreich und lief in den Farben des Count de Lagrange. Noch nie zuvor hatte ein Ausländer im Mutterland des Galopprennsports in einer Prüfung von Rang und Namen gesiegt. Daß ›Gladiateur‹ gleich mehrere gewann – er war außerdem noch in Goodwood erfolgreich und fertigte 1866 im Ascot Gold Cup die Oaks-Siegerin ›Regalia‹ mit 40 Längen ab –, war für die Briten eine nationale Demütigung. Die Franzosen aber lachten sich ins Fäustchen und bezeichneten ›Gladiateur‹ als den »Rächer von Waterloo«. Heute steht dessen lebensgroße Bronzestatue auf der Rennbahn von Longchamp, wo er unter anderem im Grand Prix de Paris siegte.

Elf Jahre nach ›Gladiateurs‹ Auftritten in den Classics von Newmarket, Epsom und Doncaster traf die Engländer ein neuer Schock. Wieder wurde das Derby die Beute eines Pferdes nichtbritischer Nationalität. Diesesmal handelte es sich um den Ungarn ›Kisber‹. Zwar war der Hengst der Brüder Baltazzi rein englisch gezogen, aber er vertrat eben nicht die Landesfarben. Und so etwas schmerzt natürlich. Zwei Jahre, bevor seine berühmte Landsmännin ›Kincsem‹ – über die im nächsten Buch berichtet wird – den Goodwood Cup gewann, wird es den Schöpfern der Vollblutrasse wahrscheinlich gedämmert haben, daß derartige Niederlagen hin und wieder wohl nicht zu vermeiden sein würden. Aber schließlich waren sie selbst schuld daran; denn die Waffen dazu hatten die Ausländer von ihnen erhalten. Nun – in der 2. Hälfte des 19. Jh. – waren das für die Engländer Bagatellen. Viele Jahrzehnte später aber sahen sie sich dem Ansturm französischer und amerikanischer Cracks kaum mehr gewachsen. Zunächst jedoch züchteten sie selbst noch ein paar Pferde, um die sie die ganze Welt beneidete. Eines davon war ›St. Simon‹.

Der Hengst stammte aus der Zucht des Prinzen Batthyany. Als dieser Ende April 1883 auf der Rennbahn von Newmarket einem Herzanfall erlag, wurden seine Pferde kurz darauf verkauft, und der zu diesem Zeitpunkt zweijährige ›St. Simon‹ kam dabei für 1600 Guineas in den Besitz des Herzogs von Portland. Obwohl das erste Training enttäuschend verlief, weil er in ungelenker Aktion wie ein Karnickel über den Kurs hoppelte, zeigte sich schon bald, welches Kaliber die Neuerwerbung vertrat. Der prachtvolle Schwarzbraune gewann alle Rennen, in denen er aufgeboten wurde, mit lächerlicher Leichtigkeit. Oft gab er erstklassigen Pferden viele Kilos – und distanzierte sie doch bis zu 20 Längen. Ob die Strecke kurz oder lang war, spielte dabei keine Rolle. ›St. Simon‹ konnte alles. Auf Sprintdistanzen – die er in äußerstem Tempo »durchflog« – dominierte er ebenso wie in Rennen über 4000 Meter. In solchen Prüfungen legte er meistens eine scharfe Pace vor und ließ die Gegner zum Schluß durch seinen fabelhaften Speed förmlich stehen. Er war das Nonplusultra eines Vollblüters und in jeder Beziehung besser als ›Eclipse‹ – der bis dahin als das größte aller Rennpferde gegolten hatte. ›St. Simon‹ siegte insgesamt zehnmal, unter anderem in den Gold Cups von Ascot, Epsom, Goodwood und Newcastle – aber in keinem klassischen Rennen. Ohne Zweifel hätte das phänomenale Pferd auch die dreifache Krone des Jahres

1884 gewonnen. Damals jedoch war es üblich, daß mit dem Tod des Besitzers alle Nennungen erloschen, die dieser abgegeben hatte. Die unfaire Regel – die der Jockey Club erst 1929 außer Kraft setzte – brachte den Hengst mit Sicherheit um weitere Meriten. Es ist aber auch möglich, daß Prinz Batthyany ihn für die Classics gar nicht vorgesehen hatte. ›St. Simons‹ Mutter ›St. Angela‹ war bei dessen Geburt nämlich schon recht alt – 17 oder 18 Jahre –, so daß man ihr nicht mehr zutraute, ein Pferd mit besonderen Fähigkeiten bringen zu können. Außerdem war sie auf der Rennbahn eine Niete.

Väterlicherseits geht ›St. Simon‹ über ›Galopin‹ – Derbysieger von 1875 –, ›Vedette‹, ›Voltigeur‹, ›Voltaire‹, ›Blacklock‹, ›Whitelock‹, ›Hambletonian‹ und ›King Fergus‹ auf ›Eclipse‹ zurück – und von diesem in weiterer direkter Linie auf ›Darley Arabian‹. Die gewaltige Vererbungskraft dessen Geschlechts ist bekannt. Aber ›St. Simon‹ stellt alles in den Schatten, was von den männlichen Vertretern der Dynastie an derartigen Leistungen jemals erbracht worden ist. Nachdem er 1886 seine Gestütskarriere aufgenommen hatte, verdiente er dem Herzog von Portland aufgrund seiner Tätigkeit als Deckhengst die ungeheure Summe von 5 Millionen Goldmark. Seine Taxe betrug zunächst 50 Guineas, steigerte sich jedoch innerhalb von 13 Jahren auf den für damals enorm hohen und bis dahin nie geforderten Betrag von 500 Guineas. ›St. Simon‹ übertraf seinen großen Urahn ›Eclipse‹ also auch in dieser Hinsicht. Als neunmaliger Beschälerchampion zeugte er 554 Nachkommen, die 571 Rennen und 554 460 Pfund gewannen. 10 seiner Söhne und Töchter – von denen vor allem ›Persimmon‹, der Triple Crown-Sieger ›Diamond Jubilee‹, ›Memoir‹ und ›La Fleche‹ zu nennen sind – waren in 17 klassischen Rennen erfolgreich. Derartige Zahlen sind in der Vollblutzucht bis auf den heutigen Tag ohne Beispiel.

Zum Schluß soll noch von einer Macke ›St. Simons‹ die Rede sein. Der Hengst konnte im Stall mitunter schwierig werden, und der Herzog von Portland berichtet in seinen rennsportlichen Memoiren, daß er dort nur vor einem aufgespannten Regenschirm oder einem auf den Spazierstock gesteckten Hut Respekt gezeigt habe. Er sei dann mucksmäuschenstill stehengeblieben, um sich in aller Ruhe betrachten zu lassen. Ohne Beachtung dieser Vorsichtsmaßnahme aber hätte er außer seinem Pfleger Lambourne jeden aus seiner Box befördert.

Spätestens seit ›St. Simons‹ Tagen begann das Geschlecht der Vollblutzucht immer feinmaschiger zu werden. Auch international; denn was einst den spielerischen Launen von Lords und Squires entsprang, ist inzwischen längst ein Hobby der ganzen Welt. Deren Konkurrenz ist im Geburtsland der Vollblutzucht und des Galopprennsports mittlerweile so stark geworden, daß nach dem Zweiten Weltkrieg bis einschließlich 1977 allein 52 der 160 klassischen Rennen von Pferden gewonnen wurden, die nicht der britischen Zucht entstammten. Dieses Verhältnis von Siegen und Niederlagen kam in etwa auch im Zeitraum der zwölf Monate von 1977 zustande. Allerdings umgekehrt. Denn damals gingen von 100 der bedeutendsten englischen Prüfungen nur 38½ an einheimische Vollblüter. Das Ende dieser Entwicklung ist momentan noch nicht in Sicht – obwohl man den Folgen ihres Anfangs schon längst Widerstand entgegengesetzt hat.

Götterdämmerung

Als die Britische Insel um die Jahrhundertwende von einer Invasion amerikanischer Rennstallbesitzer, Trainer und Jockeys überschwemmt wurde, kamen in deren Gefolge auch viele Vollblüter aus den USA nach England. Jahr für Jahr verkauften Tattersalls viele Jährlinge aus Übersee zu vorteilhaft niedrigen Preisen, und bereits 1909 zählte man in der englischen Zucht 180 Stuten, die in Kentucky, Virginia, Maryland oder Kalifornien gefohlt worden waren. Da die Engländer glaubten, daß diese Fremdlinge ihre Gestüte mit schlechtem Blut infiltrieren würden, erließen sie 1913 den sog. »Jersey Act«. Ihm zufolge durften sich nur diejenigen Pferde als Vollblüter bezeichnen, die ihre Abstammung mütterlicher- wie väterlicherseits lückenlos von den im ersten Band des Allgemeinen Gestütsbuchs verzeichneten Individuen herleiten konnten. Aber eben diesen Nachweis vermochten viele amerikanische Pferde nicht zu erbringen, denn das General Stud Book wurde 1793 das erste Mal herausgegeben und betreibt Ahnenforschung bis zur Zeit der drei Stammväter. Jedenfalls schaffte man sich auf diese Weise die »lästigen Ausländer« vom Hals – trennte sich aber gleichzeitig von einer Zuchtrichtung, die Pferde von überlegener Grundschnelligkeit hervorbringen sollte. Mit anderen Worten: die Quelle des Fortschritts wurde vorsätzlich verschüttet. Aber damals glaubte man eben noch, daß die eigenen Gestüte fremdes Blut zur Auffrischung nicht nötig hätten. Als diese Auffassung viele Jahre später korrigiert und 1949 auch die selbstmörderische Politik des »Jersey Act« aufgegeben wurde, war es fast zu spät. Englands wundervolle Blutlinien waren erschöpft. Nicht weil sie von der ganzen Welt mit Erfolg angezapft worden waren, sondern weil man im Vertrauen auf deren Stärke versäumt hatte, rechtzeitig für eine Transfusion zu sorgen. Außerdem beharrten die englischen Züchter zu lange auf berühmten Familien. Ungeachtet der Tatsache, daß die Erfolge derselben längst passé waren, ignorierten sie zugunsten vornehmen Adels mangelnde Gesundheit, Fehler in der Konstitution und sehr oft sogar das Unvermögen, Rennleistung zu bringen. Das betrifft vor allem einige der kommerziellen Züchter – also jene, die nur Pferde für die Auktionen produzieren und selbst keinen Rennstall unterhalten. Sie sahen ihr Hauptinteresse ausschließlich darin, gutgemachte Jährlinge für möglichst viel Geld an den Mann zu bringen.

Dem katastrophalen Beschluß von Lord Jersey und seiner Kommission die alleinige Schuld an der Misere zu geben, hieße die Dinge allerdings einseitig sehen. Hinzu kam, daß nach dem Zweiten Weltkrieg einige der großen Privatgestüte – wie die der Derbys, Astors und Roseberrys – ihren einst eminent starken Einfluß auf die Vollblutzucht des Landes aus den verschiedensten Gründen nach und nach einbüßten. Sie hatten während ihrer Blütezeit die Zielrichtung bestimmt, die dann vorübergehend aus dem Visier verloren wurde. Denn während immer noch der speedbegabte Steher – der seinen Leistungszenit im Alter von drei Jahren erreichen und als Vierjähriger halten sollte – der Idealvorstellung eines Vollblüters entsprach, wurden die Bahnen von zu vielen Pferden bevölkert, die bereits in der ersten

Saison das Maximum an Rennvermögen zeigten. Das heißt, daß man aus rein kommerziellen Gründen auf Frühreife züchtete -- weil das im Objekt Pferd angelegte Geld sich so schnell wie möglich amortisieren sollte.

Zu dieser Tatsache gesellte sich ein Rennsystem, das Dreijährigen nicht genügend Prüfungen von 1600 bis 2000 Metern anbot und hinsichtlich des Vergleichs mit älteren Konkurrenten über noch weitere Strecken ebenfalls im argen lag.

Last not least aber war an den schweren Heimniederlagen der Engländer in nicht geringem Maße deren unvernünftiges Exportgebahren mit dem besten Blut des Landes schuld. Schon in den dreißiger Jahren gingen erstklassige Hengste und Stuten ins Ausland. Im Zuge dieser Transaktionen wurden unter anderem die Derbysieger ›Blenheim‹ und ›Mahmoud‹ sowie der Triple-Crown-Gewinner ›Bahram‹ über den großen Teich geschickt und lieferten – wenn man von letzterem einmal absieht – einen wesentlichen Beitrag zur weiteren Erstarkung der amerikanischen Vollblutzucht. Nach dem Krieg folgte ihnen ein Hengst wie ›Nasrullah‹, der in den USA eine der mächtigsten Pferdedynastien gründete. Als vorläufig letztes dieser markantesten Beispiele ist ›Vaguely Noble‹ zu nennen. Der von dem Engländer Lionel Holliday in Irland gezogene Hengst wurde 1967 auf den December Sales innerhalb von nur 132 Sekunden für 1,4 Millionen DM versteigert. 1968 gewann er für seinen neuen Besitzer, den Hollywood-Arzt Robert Franklyn – einem Spezialisten für plastische Chirurgie – den Prix de l'Arc de Triomphe und begann danach als Syndikatshengst von 20 Millionen Mark Wert auf der Gainesway Farm von Kentucky seine Tätigkeit als Vererber. Für ›Vaguely Nobles‹ Dienste müssen die Züchter pro Stute mindestens 60 000 Dollar zahlen. Das ist unerhört viel Geld – aber noch lange nicht das Spitzengehalt eines Deckhengstes. Denn für die Bemühungen des auf der Claiborne Farm wirkenden ›Secretariat‹ wurden zunächst sogar 120 000 Dollar verlangt. Allerdings blieb das ehemalige Turfidol der USA – das die amerikanischen Rennbahnbesucher weiland in einen Veitstanz der Begeisterung versetzte – den Beweis dieser hohen Einschätzung bisher schuldig.

›Vaguely Noble‹ dagegen nicht. Der dem Mannesstamm des ›Darley Arabian‹ angehörige Hengst hatte in dieser Hinsicht geradezu spektakuläre Erfolge. Im Moment ist er zusammen mit dem 70 000 Dollar teuren Kanadier ›Northern Dancer‹ unbestritten die Nr. 1 unter den Erzeugern von klassischen Siegern. Zu den besten seiner Kinder zählen ›Dahlia‹, ›Empery‹ und ›Exceller‹. ›Dahlia‹ ist mit 1 535 443 Dollar Gewinnsumme die erfolgreichste Stute aller Zeiten, ›Empery‹ holte sich 1976 das Epsom Derby, ›Exceller‹ gewann im gleichen Jahr den Grand Prix de Paris sowie das französische St. Leger und war 1977 im Grand Prix de Saint-Cloud, Coronation Cup und Canadian International erfolgreich.

Als Folge des eben Geschilderten sahnten in den fünfziger Jahren zunächst die Franzosen auf den englischen Rennbahnen gehörig ab – danach waren es hauptsächlich Yankee-Vollblüter, die den Briten empfindliche Schlappen beibrachten. Und nicht nur ihnen. Auch Frankreich stöhnt seit geraumer Zeit unter dem Würgegriff, mit dem die amerikanische Zucht die Ehrenvollsten und Bestdotierten seiner Rennen umklammert.

Zu Englands Ehrenrettung muß jedoch gesagt werden, daß der Anreiz zum Export von Spitzenpferden aufgrund des niedrigen Preislevels seiner Rennen, der Auszehrung des Pfundes infolge der immer schwindsüchtiger werdenden englischen Wirtschaft und des für harte Währungen günstigen Umrechnungskurses größer war als die Ermunterung zum Import. Gleichzeitig aber wurde dabei ein gutes Stück britischer Mentalität sichtbar: ihr Krämergeist nämlich.

Immerhin hat man den Ernst der Lage erkannt und versucht, ihrer Herr zu werden. Unter anderem tätigen finanziell potente Leute Vollblutkäufe in den USA, und die Zeiten, in denen rund um Newmarket gute Hengste wohlfeil waren, scheinen ebenfalls vorbei zu sein.

So behielt man den Amerikaner ›Mill Reef‹, der sich 1971 in Derby und Prix de l'Arc de Triomphe als phantastisches Rennpferd auszeichnete, ebenso im Lande wie den Engländer ›Grundy‹, der 1975 in Epsom erfolgreich war und anschließend in den King George and Queen Elizabeth Stakes gegen den vierjährigen ›Bustino‹ das Rennen des Jahrhunderts lief. Über die Länge von fast 400 Metern lieferten sich die beiden Kontrahenten ein Kopf-an-Kopf-Finish, das bei der nach Tausenden zählenden Zuschauermenge einen Begeisterungsschrei entfachte, der in solcher Intensität wohl noch nie über die fast 175 Jahre alte Bahn von Ascot donnerte. ›Grundy‹, der ›Bustino‹ schließlich niederrang und sicher gewann, deckt heute zusammen mit ›Mill Reef‹ im englischen Nationalgestüt in Newmarket.

Dort wurde im Sommer 1977 auch der Supersteher ›Sagaro‹ aufgestellt, der dreimal hintereinander den Ascot Gold Cup gewann und auf der 4000-m-Distanz Turfgeschichte machte.

Vielleicht können die drei Hengste zusammen mit anderen Koryphäen ihres Fachs mithelfen, das verlorene Terrain zurückzuerobern. Das allerdings wird – sofern es überhaupt gelingt – lange dauern. In der Vollblutzucht geht nichts von heute auf morgen. Hier muß in größen Zeiträumen gedacht und geplant werden. Für diesen Zweck stehen etwa 10 000 Stuten zur Verfügung. Das Potential der Pferde in Training betrug 1976 5589 – die Summe der gelaufenen Prüfungen 2887. Im Gegensatz zum vorigen Jahrhundert gab es in diesen Bereichen also eine gewaltige Steigerung. Die Anzahl der Bahnen ging allerdings auf 62 zurück. Nach wie vor können auf diesen Kursen Vollblüter aus aller Herren Länder starten. Denn die Engländer halten ihre Rennen für Pferde jeder Nationalität offen und erwägen trotz der prekären Situation in dieser Hinsicht keinerlei Sanktionen. Man muß es ihnen sehr hoch anrechnen, daß sie die großen Erfolge der amerikanischen Zucht als Herausforderung verstehen und sich dieser stellen. Nur so meinen sie den eigenen Standard halten und womöglich verbessern zu können. Aber ganz gleich, ob das gelingt oder nicht: ihnen gebührt für alle Zeit das unsterbliche Verdienst, »der Welt mit dem Vollblutpferd eines der bemerkenswertesten Geschenke gemacht zu haben« – um Peter Willet zu zitieren. Daß sie die Gebrauchsanleitung gleich mitgeliefert haben, war fair – rückte sie jedoch zum Kreis der Erfinder, denen ihr eigenes Machwerk über den Kopf wuchs.

2. Buch

Blut ist ein ganz besonderer Saft

Die Rennen als Zuchtauslese

»Wie wollen Sie's denn haben? Bar, per Scheck oder sollen wir es aufs Konto überweisen«, fragte die Stimme.

»Gevven Se mir ene Scheck«, antwortete der Mann im typischen Kölner Dialekt mit zittriger Stimme. Der pensionierte Buchhalter Jakob Schmitz hatte in den letzten fünfzig Jahren fast jede Veranstaltung auf der Bahn seiner Heimatstadt besucht – ein so hoher Gewinn wie heute war ihm beim Tippen allerdings noch nie geglückt. Schmitz hatte die Dreierwette eines Rennens getroffen, bei dem die Form der Pferde Kopf stand. Die Quote war entsprechend: 57168 DM. »Mensch, han ich en Schwein«, dachte er.

Der mögliche Wettgewinn ist der Pepp im Angebot, das der Galopprennsport uns allen schon seit eh und je macht. Außerdem bietet er Erholung und Entspannung von den oft belastenden täglichen Pflichten. So angenehm und wertvoll das alles aber auch sein mag – Galopprennen dienen in erster Linie der Zuchtauslese des Vollblüters.

Warum muß eine Zuchtauslese betrieben werden? Weil das Rennpferd seit mehr als 250 Jahren – über etwa 35 Generationen hinweg – ausnahmslos mit Angehörigen seiner eigenen Rasse gepaart wurde. Die Vollblutzucht ist also eine Inzucht größten Ausmaßes. Degenerationserscheinungen können daher nicht ausbleiben. Da jede Rasse aber vor allem gesund erhalten werden muß, um lebensfähig zu bleiben, sollen die Rennen die Spreu vom Weizen sondern. Sie haben die Rolle der Natur übernommen, die vor der Domestizierung des Pferdes durch Schneestürme und Steppenbrände, Dürren und Überschwemmungen, Raubtiere und Kämpfe untereinander dafür sorgte, daß sich nur die stärksten Tiere fortpflanzen konnten.

Jetzt werden kranke oder krankhaft veranlagte Individuen durch die Rennen ausgemerzt. Nach Veterinärrat Dr. Wilhelm Schäper sind sie Gesundheitsprüfungen, die nirgendwo in der Tierzucht schärfer und einwandfreier durchgeführt werden. In der Tat sind nur vollkommen gesunde Pferde den Anforderungen gewachsen, die die Rennen und das dafür notwendige Training an Herz und Lunge, Muskeln und Sehnen, Bänder, Knochen und Gelenke stellen. Nur wer diesen Test übersteht und sich dabei bewährt, wird in die Zucht genommen und darf im Gestüt einer neuen Generation von Vollblütern das Leben geben. Denn Leistung heißt der Götze, dem hier geopfert wird.

Die schlauen Engländer hatten früh erkannt, daß das die einzige Art war, um eine dieser Maxime entsprechende, neue Pferderasse zu schaffen. Sie wußten oder ahnten, daß es mit der Zuführung edlen orientalischen Blutes allein nicht getan war – sondern daß die Rennen die entscheidenden Erkenntnisse und den letzten Schliff bringen mußten.

Man braucht also nur den besten Hengst mit der besten Stute Hochzeit machen zu lassen, um ein Ausnahmepferd zu bekommen? Wenn es so einfach wäre, könnten Vollblüter möglicherweise schon fliegen. In Wirklichkeit ist die Lösung der Aufgabe Derbysieger plus Derbysiegerin gleich X. X kann alles mögliche sein. Nein – so simpel läßt die Natur sich nicht manipulieren. Tatsächlich entsprechen nur 20% der Fähigkeiten eines Pferdes mütterlichen oder väterlichen Erbanlagen. 80% seiner Eigenschaften werden durch Umwelteinflüsse entwickelt – durch die Aufzucht, durch das Training und durch die Rennen.

Senator Federico Tesio – der berühmte und geniale italienische Züchter – hat einmal gesagt, daß der Vollblüter ein Tier zum Experimentieren sei. Diese Feststellung des Weisen aus Dormello ist der eigentliche Leitsatz der Vollblutzucht. Natürlich kennt man bewährte Kombinationen und wendet sie auch an. Trotzdem steht im Hintergrund immer die Unbekannte X. Sie gilt es stets aufs neue, in möglichst potenzierter Form, zu finden. Aber die Nachkommen überragender Eltern sind nur sehr, sehr selten besser als ihre Erzeuger.

Der englische Hippologe Peter Burrell hat ermittelt, daß nur 1,5% der Produkte ausgesprochener Klassepferde das Derby oder andere bedeutende Rennen gewinnen.

Wie sehr rationale Überlegungen und Manipulationen von der Natur über den Haufen geworfen werden können, lehrt eine ganze Reihe von Beispielen, unter anderem das von ›Signorinetta‹. Es gehört zu den Ausnahmen – ist aber wahr.

Um das Jahr 1880 verlegte der neapolitanische Edelmann Ginistrelli sein Vollblutgestüt von Italien nach England, wo er bald einen aufsehenerregenden Erfolg hatte. Denn ›Star of Portici‹ – eine seiner Mutterstuten – brachte nach der Bedeckung durch den berühmten ›St. Simon‹ ein Fohlen, das Cavaliere Ginistrelli ›Signorina‹ nannte. Die Stute entwickelte sich zu einem Spitzenpferd und gewann in drei Rennzeiten mehr als 20 000 Pfund – was damals eine Menge Geld war. In der Zucht schien sie allerdings zu versagen. Aber Ginistrelli hatte Geduld mit ihr. Und siehe da – im Alter von dreizehn Jahren fohlte sie ›Signorino‹, der zunächst ein erstklassiges Rennpferd und später ein gefragter Hengst wurde. Nun war der Bann gebrochen und ›Signorina‹ sollte als nächsten Partner ›Cyllene‹ erhalten, der seine Vererbungskraft durch die Zeugung von vier Derbysiegern bewiesen hatte. Aus dem beabsichtigten Rendezvous wurde jedoch nichts, da die Stute auf dem Weg zu ihm ›Chaleureux‹ begegnete – einem Hengst, den die Züchter wegen seines unmodernen Stammbaumes und seiner mittelmäßigen Rennleistungen ignorierten. Als ›Chaleureux‹ ›Signorina‹ sah, war er sofort leidenschaftlich verliebt. Und da sein Interesse auf unverhohlenes Wohlwollen stieß, half weder Zerren noch Zureden – beide Pferde waren nicht von der Stelle zu bringen. Ginistrelli – der ein wenig exzentrisch war – glaubte die Situation zu erkennen. »Sie lieben sich«, rief er. »Das soll eine Liebesheirat werden!«

Elf Monate später schenkte ›Signorina‹ einem Stutfohlen das Leben, das den Namen ›Signorinetta‹ erhielt. Die Fachleute – die überzeugt waren, daß Ginistrelli verrückt sei – spotteten offen über das Kind der Liebe. Aber ›Signorinetta‹ wuchs heran und wurde eine der besten Stuten aller Zeiten. Obwohl sie als Zweijährige in sechs Rennen nur einmal siegte und kaum zu großen Hoffnungen berechtigte, gewann sie 1908 zur grenzenlosen Überraschung aller Experten das Derby und die Oaks – die innerhalb von nur drei Tagen auf den Epsom Downs gelaufen werden. In diesem überaus seltenen Double des Turfs waren zuvor ›Eleanor‹ 1801 und ›Blink Bonny‹ 1857 erfolgreich gewesen. In unserem Jahrhundert holte es sich außer ›Signorinetta‹ nur noch ›Fifinella‹, die 1916 gewann.

Ob Cavaliere Ginistrelli bei der Paarung zwischen ›Signorina‹ und ›Chaleureux‹ einer augenblicklichen Laune folgte – oder ob er bewußt ein Experiment wagte, ist nicht nachprüfbar. Durch seinen Entschluß, der »Liebe« freien Lauf zu lassen und Pedigree-Kombinationen zu mißachten, erhielt er jedenfalls ein außergewöhnliches Rennpferd.

Aber auch dem eben Geschilderten völlig entgegengesetzte Umstände können zu erfreulichen Ergebnissen führen. Das wiederum zeigt die Geschichte von ›Schwarzgold‹ – die viele als das bisher beste deutsche Rennpferd bezeichnen. Ihre Zeugung war nämlich ein Akt absoluter Notzucht.

›Schwarzgold‹ – wie das klingt! Das Wort schimmert wie eine geheimnisvolle Legierung. Welcher kostbare Schatz verbirgt sich hinter diesem Namen? Um das herauszufinden, muß man in den Annalen des deutschen Galopprennsports einige Jahrzehnte zurückblättern.

In der Deckhalle des Königlich Preußischen Hauptgestüts Graditz herrschte an einem Frühjahrstag des Jahres 1936 Ratlosigkeit. Man war mit seinem Latein fast am Ende. Graf Sponeck – einer der brillantesten deutschen Hippologen und damals Gestütsleiter von Schlenderhan – meinte resignierend: »Na ja – da müssen wir die Stute eben wieder mit nach Hause nehmen.« Was war passiert?

Die Schlenderhanerin ›Schwarzliesel‹ sollte gedeckt werden und war damit nicht einverstanden. Sie hatte noch kein Fohlen gehabt und reagierte auf den Probierhengst Leuthen – der ihre Leidenschaft testen sollte – mit der Zickigkeit der hypersensiblen Jungfrau. Sie stand nicht, wie man sagt. Auf gut deutsch heißt das, daß sie den männlichen Partner nicht annahm. Was sollte man da tun? Wenn ›Schwarzliesel‹ sich jetzt schon so abweisend gebärdete, wie würde sie sich dann erst beim eigentlichen Deckakt benehmen? Dabei war sie offensichtlich rossig – also zur Liebe bereit. In all dem Trubel und Durcheinander behielt nur einer die Ruhe: der alte Stutmeister Hinrichs – ein dreimal Gesalbter, wenn es um Pferde ging. Nur ihm ist es zu verdanken, daß es trotz ›Schwarzliesels‹ Widerspenstigkeit zu der geplanten Hochzeit kam. Von Freiwilligkeit seitens der beiden Partner konnte dabei freilich nicht die Rede sein. Die Stute bekam nämlich ein so schweres Beruhigungsmittel, daß ihre nachfolgende Duldsamkeit einer Betäubung gleichkam. Dem Bräutigam mußte seine Pflicht gar mit der Bullpeitsche klargemacht werden. Es war ›Alchimist‹ – der Derbysieger von 1933 und beste Vollblüter, den Graditz je züchtete –, der sich mit dem gesunden Instinkt des intelligenten Tieres gegen die unnatürliche Situation gewehrt und seine Dienste zunächst versagt hatte.

Der Verlauf dieser Dinge wurde dem Autor von Landstallmeister a. D. Alfons Schultze-Dieckhoff erzählt – dem ehemaligen Geschäftsführer des Deutschen Olympiade Komitees für Reiterei, der damals in Graditz Praktikant war.

Es grenzte an Notzucht, was an jenem Frühjahrstag des Jahres 1936 im Königlich Preußischen Hauptgestüt passierte. Aber am 27. März 1937 brachte ›Schwarzliesel‹ in Italien – wohin sie zur erneuten Bedeckung geschickt worden war – ein dunkelbraunes Stutfohlen zur Welt, dem man den Namen ›Schwarzgold‹ gab. Es entwickelte sich zu einem wahren Galoppierwunder und siegte 1940 mit 10 Längen Vorsprung im deutschen Derby. Nie zuvor und nie danach wurde das Rennen hierzulande mit ähnlicher Überlegenheit gewonnen. Gerhard Streit, der die Stute meistens ritt, war immer der Meinung, daß ›Schwarzgold‹ ein Ausnahmepferd ganz seltener Art war.

»Kein Konkurrent hatte gegen sie eine Chance. Mit ihrem unwahrscheinlichen Antritt und ihrer raumgreifenden Aktion legte sie gleich nach dem Start Längen zwischen sich und die Gegner. Fast immer konnte ich schon viele Meter vor dem Zielpfosten die Hände runter setzen und das Rennen im Handgalopp beenden.«

Gerhard Streits Meinung wird von vielen Experten unterstützt. Sie sind ebenfalls der Ansicht, daß ›Schwarzgold‹ das beste Rennpferd war, das jemals die deutsche Vollblutzucht vertrat. Auch ›Nereide‹ – in 10 Rennen ungeschlagen und 1936 Derbysiegerin – war eine Wunderstute. Ebenso streiten ›Oleander‹ und ›Ticino‹ um den Ruf des besten aller deutschen Galopprennpferde. Die Augenzeugen aber berichten, daß kein Vollblüter die Konkurrenz je so überlegen, so königlich, so unangreifbar und unnachahmlich distanzierte wie ›Schwarzgold‹.

Ungeschlagen war die Schlenderhanerin freilich nicht. Von den 11 Rennen, die sie bestritt, verlor sie 3. Dabei mußte sie sich in zwei Fällen als Jahrgangsdebütantin Gegnern beugen, die mehr Kondition besaßen. Form schlägt Klasse – sagt eine alte Turfweisheit. Sie bewahrheitete sich wohl niemals besser als im Falle der ›Schwarzgold‹.

In der Zucht war die Wunderstute, die 1950 wegen einer unheilbaren Krankheit eingeschläfert werden mußte, eine Niete. Sie brachte nur zwei lebende Fohlen: ›Schwarze Perle‹ und ›Schwarzblaurot‹. Beide hatten auf der Bahn keine nennenswerten Erfolge. Durch ›Schwarzblaurot‹ blieb die Linie der ›Schwarzgold‹ in Schlenderhan jedoch erhalten. Allerdings war sie von 1940 bis 1964 praktisch erloschen, weil ihr weder ein nützliches, geschweige denn ein Rennpferd von guter oder gar herausragender Klasse entsproß. Daher wollte man in der züchterischen Konzeption schon auf sie verzichten. Es war gut, daß man das nicht tat. Unter der Asche der Mißerfolge glomm nämlich immer noch ein winziger Funke – der eines Tages unter dem belebenden Hauch neuer Blutzuführung zur Flamme wurde. Der Mythos des roten Saftes feierte Auferstehung. Denn 1964 gewann ›Sabera‹ den Preis der Diana – womit endlich auch wieder ein Pferd der Schlenderhaner S-Linie in einer klassischen Prüfung gesiegt hatte. 1969 tat es ›Schönbrunn‹ ›Sabera‹ gleich, nachdem sie zuvor schon in dem Rennen erfolgreich war, das heute den Namen der berühmten Ahnin trägt. Als ›Schönbrunn‹ dann 1970 in den Farben von Daniel Wildenstein den Grand Prix de Deauville gewann, war die lange Zeit so erfolglose Familie der ›Schwarzgold‹ wieder endgültig »in«. Im übrigen legten für sie auch so gute Hengste wie ›Sarto‹, ›Shogun‹, ›Schiwago‹, ›Swazi‹ und ›Stuyvesant‹ – der Derbysieger von 1976 – Ehre ein. Kein Mitglied des Clans aber erreichte nur im entferntesten die Klasse der großen Stammutter.

Was beweisen die Beispiele von ›Signorinetta‹ und ›Schwarzgold‹? Daß Sympathie, Zuneigung oder gar Liebe zwischen den Partnern auf die spätere Leistungsfähigkeit der Nachkommen keinen Einfluß haben. Der Akt der Zeugung wird von anderen Geistern begleitet. Vor allem von solchen, die sich menschlicher Berechnung bisher entzogen haben. Und das sind die der Genetik. Daher kann es vorkommen, daß auch ein mittelmäßiger Hengst mit einer erstklassigen Stute ein Pferd von Qualität zeugt. Vor allem dann, wenn das weibliche Erbgut in jenem geheimnisvollen Vorgang, der dem Deckakt folgt, die dominierende Rolle spielt. Oder wenn die positiven Anlagen der Eltern sich dabei in genau richtiger Mischung vereinigen, beziehungsweise die längst verschüttet geglaubten Eigenschaften von Urahnen wieder auftauchen. In diesem Prozeß ist alles möglich. Er liegt jenseits unserer Einflußnahme – aber gerade deswegen suchen die Züchter nach einer Manipulationsmöglichkeit wie einst die Alchimisten nach dem Stein der Weisen.

Das Spiel der Gene

Mitte des vergangenen Jahrhunderts lebte im Augustinerkloster von Brünn ein Mönch, der sich neben seinen seelsorgerischen Pflichten und der Arbeit als Lehrer am dortigen Gymnasium einer seltsamen Beschäftigung widmete. In einer Ecke des Klostergartens baute er Erbsen an, deren Blüten er mit Hilfe eines feinen Pinsels selbst bestäubte. Es war Gregor Mendel, der im Verlauf dieser Kreuzungsversuche auf ein paar Quadratmetern Boden die Grundregeln der Vererbungsgesetze entdeckte. Von seinen 1866 veröffentlichten Erkenntnissen nahm die Wissenschaft zunächst jedoch keine Notiz. Erst 1900 wurden sie von den Forschern Correns, Tschermak und de Vries wiederentdeckt und als »Mendelsche Gesetze« in der ganzen Welt bekannt. Ihre Genialität besteht in der exakt nachgewiesenen Erkenntnis, daß bestimmte Eigenschaften und Merkmale von Individuen auf Erbanlagen beruhen.

Geahnt hatte man das freilich schon früher. Beispielsweise machte Settegast 1860 in seiner »Tierzucht« auf die Individualpotenz mancher Zuchttiere aufmerksam – also auf deren Fähigkeit, sich durchschlagend zu vererben. Demzufolge waren die Pferdezüchter ihrer Zeit weit voraus. Denn die Klärung dieses Phänomens lieferte erst der Mendelismus.

Die zweite große Tat der Vererbungsforschung gelang Francis Galton, einem Vetter Darwins. Sein Gesetz über die Verteilung der Erbmasse besagt, daß sie je zur Hälfte von den Eltern, zu je einem Viertel von den Großeltern, zu je einem Achtel von den Urgroßeltern etc. stammt. Allerdings sind das nur Durchschnittswerte, denn von Fall zu Fall kommen erhebliche Abweichungen vor.

Die Erbanlagen oder Gene sind an die Chromosomen gebunden und hinsichtlich der zu vererbenden Merkmale in doppelter Ausführung vorhanden. Bei der Ausbildung der Geschlechtszellen werden die Merkmalspaare dann getrennt bzw. halbiert – bei der Befruchtung jedoch wieder zusammengefügt, damit die für jede Tierart vom Schöpfer festgelegte Chromosomenzahl erhalten bleibt. Das Pferd hat sechzig, dreißig vom Vater und dreißig von der Mutter. Bei dieser Spaltung ist es jedoch vom Zufall abhängig, wie sich die Erbanlagen verteilen. Berechnungen ergaben, daß die Chromosomen in den reifen Geschlechtszellen des Pferdes 262 144 Kombinationsmöglichkeiten haben – in den befruchteten Eizellen dagegen viele Millionen. Daher ist der perfekte Vollblüter genetisch gesehen ein Zufallstreffer. Oder eine Laune der Natur. Stehvermögen, Speed, Kampfwille und Frühreife, harte Konstitution, gutes Temperament sowie die Eignung für jede Distanz und jeden Boden – all das kommt durch eine Kombination von Genen zustande. Für sie können neben Vater und Mutter alle möglichen Ahnen verantwortlich sein. Beispielsweise gibt es Vollblüter, die in ihren Merkmalen den arabischen Vorfahren »ähneln«. Denn Erbanlagen sind über Generationen hinweg wirksam – oder schlummern, um sich plötzlich wieder bemerkbar zu machen. Blut kommt wieder, sagt man in der Vollblutzucht. Es geht nicht verloren, sondern wird weitergereicht – unsichtbar und geheimnisvoll.

Ein hervorragendes Beispiel für seine Durchsetzungskraft gibt uns ›Landgraf‹, der Derbysieger von 1917. Sein Sohn ›Ferro‹ gewann das berühmteste Rennen des Turfs 1926, dessen Sohn ›Athanasius‹ 1934 und dessen Sohn ›Ticino‹ 1942. Die Kinder und Kindeskinder des Letztgenannten waren dann sage und schreibe elfmal im Derby erfolgreich!

Läßt sich dieses Wiederkommen beeinflussen? Oder anders ausgedrückt: kann man die gewünschten Eigenschaften sozusagen »herausmendeln«? Ein unfehlbares Rezept dafür gibt es nicht. Und das ist gut. Denn nach dem Motto »man nehme...« würde das Spiel mit der schöpferischen Phantasie seinen speziellen Reiz verlieren. Trotzdem hat es nicht an Versuchen gefehlt, Systeme auszuklügeln.

Als der australische Schafzüchter Bruce Lowe 1895 im Anschluß an die von den Deutschen H. Goos und J. D. Frentzel geleisteten Forschungen eine Arbeit herausgab, in der er die 43 Familien des Vollblutgeschlechts in signifikante Gruppen eingeteilt hatte, glaubte man, dem Geheimnis auf der Spur zu sein. Lowes nach zwanzigjährigen Studien entstandenes Werk unter dem Titel »Breeding race horses by the figure system« – das später von dem in England lebenden Polen Bobinski verbessert und erweitert wurde – vermochte jedoch ebensowenig ein unfehlbares Rezept für die Zucht von Rennpferden zu geben wie die Methoden von Vuillier, Varola, Taber oder Llewellyn. Das letzte Wort hatte und hat immer die Praxis. Allerdings kommt dem Mann vom fünften Kontinent das Verdienst zu, die über die ganze Welt verteilten Bestände der Vollblutrasse in einer wahren Herkulesarbeit nach ihren mütterlichen Ursprungsfamilien geordnet zu haben.

Bei der Zucht des Rennpferdes macht der Mensch es sich aber auch schwer. Den Typ des Fliegers und des Stehers – das schnelle und das ausdauernde Pferd also – kann er ohne allzu große Mühe züchten. Das genügt ihm jedoch nicht. Er will den speedbegabten Dauerleister hervorbringen, der die klassische 2400-m-Strecke im Sprint zurücklegt. Doch dabei sind seinen Bemühungen Grenzen gesetzt – aus Gründen, die wir kennen. Um zum Ziel zu kommen, gibt es nur eines: Bewährtes mit Bewährtem zu paaren. Und zu hoffen, daß die Leistungen der Eltern sich bei den Kindern wiederholen. Vor allem die Hengste müssen ihre Renntauglichkeit bewiesen haben und auf der Bahn ausreichend geprüft worden sein. Bei den Stuten kann man nach Graf Georg Lehndorff – dem ehemaligen preußischen Oberlandstallmeister – in dieser Hinsicht Ausnahmen zulassen, wenn Gesundheit und Rennleistung wenigstens bei den Verwandten in genügendem Maß vorhanden waren. Außerdem sollte bei ihnen Wert auf weiblichen und mütterlichen Ausdruck gelegt werden. Garantie für den Erfolg bieten jedoch auch diese Grundregeln nicht. Aber es gibt keine besseren Voraussetzungen, um zu guten Vollblütern zu kommen. Im übrigen bedienten sich dieses an und für sich logischen Verfahrens deren Schöpfer ja bereits seit eh und je. Dazu schrieb C. J. Apperley in seinem 1838 erschienenen Buch »Das Rennpferd«:

»Noch vor Kurzem waren die Engländer allgemein der Ansicht, daß, um ein Rennpferd von der höchsten Vollkommenheit zu zeugen, die Stute wichtiger sei als der Hengst, und wir wissen, daß dieses die Ansicht des verstorbenen Grafen von Grosvenor war, wenn auch nicht des glücklichsten, doch wenigstens desjenigen Gestütebesitzers, der die meisten Pferde von reiner Race aufzog, die England jemals besaß. Die Richtigkeit dieser Voraussetzung wurde jedoch nicht durch die Erfahrung der letzten 50 Jahre bestätigt, und jetzt legt man viel mehr Gewicht auf den Hengst als auf die Stute. Das Register der Rennbahnen (Racing Calendar) beweiset in der That, daß es sich so verhält. Trotz der bedeutenden Anzahl von Stuten reiner Race, und die an und für sich vortrefflich sind, welche man jährlich belegen läßt, gebären nur diejenigen, die von unsern besten Hengsten bedeckt werden, gewinnende Pferde. Die einzige Art, diese Erscheinung zu erklären, ist, anzuerkennen, daß jene Hengste die Fähigkeit besitzen, ihren Sprößlingen die äußere und innere Formation mitzutheilen, welche durchaus erforderlich ist, um ausgezeichnete Rennpferde aus ihnen zu machen; oder wenn man auf dem Worte Blut besteht, so muß man sagen, daß es einen gewissen angebornen, aber nicht übernatürlichen, gewissen Pferden und nicht andern eigenthümlichen Vorzug gibt, welcher, wenn ihm nichts entgegenstehendes von Seiten der Stute begegnet, eine glückliche Vereinigung gestattet. Dann wird fast immer ein Rennpferd von der höchsten Vollkommenheit erzeugt werden. Man sagt im Englischen »if the cross nicks«, d. h. wenn die Mischung des Blutes, der Formen etc. ist, wie sie sein muß. Es ist hiernach einleuchtend, daß die Eigenthümer von Gestüten für Rennpferde nie Anstand nehmen dürfen, den Preis eines Zuchthengstes von ausgezeichneter Art, sollte er auch viel theurer sein, als ein anderer von untergeordneten Eigenschaften, zu bezahlen, um so mehr, da sie immer einen solchen für jede Art von Stuten finden können. Die Besitzer von Gestüten, besonders jener für die Zucht von Rennpferden, darf ich ohne Zweifel nicht gegen den Fehler warnen, den sie begehen würden, wenn sie die Stuten von zu schwacher Constitution kauften, oder ihre Mutterpferde durch schlecht constituirte Zuchthengste bedecken ließen.«

Um ein Rennpferd »von höchster Vollkommenheit zu erzeugen«, scheute man sich auch nicht, Verwandte miteinander zu kreuzen – was bekanntlich Inzucht genannt wird. In der

Frühzeit der Vollblutzucht schreckte man allerdings auch vor dem Inzest nicht zurück. Vor der Mutter-Sohn-Paarung etwa. Das zeigt unter anderem das Pedigree des 1715 geborenen ›Flying Childers‹ – der vor dem Auftreten von ›Eclipse‹ als das beste Rennpferd des 18. Jh. galt. Seine Urgroßmutter stammt von der ›Old Morocco Mare‹ und deren Sprößling ›Spanker‹. Da ›Spanker‹ aber auch ›Flying Childers‹ Großvater zeugte, hat man es hier mit einem besonders krassen Beispiel von Inzestzucht zu tun.

Kreuzungen mit so nahe verwandten Individuen können natürlich katastrophale Folgen haben. Weil sich ja nicht nur die positiven Eigenschaften vererben, sondern auch die negativen. Im vorliegenden Fall scheint jedoch alles gut gegangen zu sein. Die Nachkommen von ›Spanker‹ & Co. waren absolut gesund, hielten den Belastungen eines harten Trainings stand und stellten darüber hinaus mit ›Flying Childers‹ noch ein Pferd, das den damaligen Turffans in puncto Galoppierfähigkeit wie ein Fabelwesen vorgekommen sein muß. Allerdings konnte der »fliegende« ›Childers‹ seine enormen Fähigkeiten nicht vererben. Bruder ›Bartlett's Childers‹ war dagegen ein überragender Deckhengst und mitverantwortlich, daß die bei seinem Vater ›Darley Arabian‹ entsprungene Quelle zum mächtigsten aller Vollblutströme wurde – obwohl er nie eine Bahn betrat und kein Rennkalender von ihm Kunde gibt.

Daß die Qualitäten von rechten Geschwistern so unterschiedlich wie Tag und Nacht sein können, mag damals Verwunderung und Kopfschütteln hervorgerufen haben. Denn vom Lottospiel mit den Genen wußten die Gentlemen ja noch nichts. Jedenfalls hatte das System, die als überlegen erkannten Abkömmlinge orientalischen Blutes untereinander zu paaren, für die Lords und Squires jener Tage nichts Abschreckendes. Mit ihren Kampfhähnen machten sie es ja schon seit eh und je genauso. In Anbetracht der schlechten Verkehrsverhältnisse blieb ihnen wohl auch nichts anderes übrig, als das wenige Gute im eigenen Gestüt oder in nächster Nachbarschaft so intensiv wie möglich zu nutzen.

Auch im Zusammenhang mit der Inzucht soll Mr. Apperley zu Wort kommen:

»Man hat sich viel damit beschäftigt, die Wirkungen einer nahen Verwandtschaft in der Fortpflanzung der Pferde, oder dessen, was man »breeding in and in« nennt, zu untersuchen, ein System, welches in Beziehung auf das Hornvieh vollkommen gelang und auch guten Erfolg in dem Gestüt des Lords Egremont, von ›Flying Childers‹ ab, hatte. Mehrere von unsern besten Rennpferden sind die Abkömmlinge naher Verwandten, und es sollte auch allerdings natürlich erscheinen, daß gleiche Thiere ihres Gleichen erzeugen, und daß, wenn man bei einem Bruder und einer Schwester schöne Formen und eine ausgezeichnete Organisation findet, dieselben Eigenschaften durch eine solche incestuöse Begattung fortgepflanzt werden müssen. In einem Werk: »Bemerkungen über die Erzeugung der Rennpferde«, welches vor einigen Jahren durch Herrn Nicolas Hankey Smith herausgegeben wurde, äußerte der Verfasser, der sich lange unter den Arabern aufhielt, die Ansicht, daß die Fohlen, deren Eltern sehr nahe unter sich verwandt waren, mehr Blut im Kopf haben, besser gebildet sind, und weniger Mühe, als andere, bei ihrer Abrichtung erfordern; aber er fügt hinzu, daß, wenn die incestuösen Verbindungen durch 3 bis 4 Generationen forgesetzt würden, das Tier endlich entartet. Indem jedoch der Verfasser eine sehr nahe Verwandtschaft verlangt, besteht er nicht darauf, daß die Eltern eines Pferdes nothwendig Bruder und Schwester seien, oder daß eine Stute durch ihren eigenen Vater oder Sohn belegt werden müssen, sondern daß man nach der ersten Kreuzung zum ursprünglichen Blut zurückkehren müsse. Die Abkömmlinge von ›Maria‹, einer Lieblingsstute des Königs Georg des IV., gaben kürzlich einen Beweis von der guten Wirkung naher Verwandtschaft bei den Pferden. Durch die berühmten Zuchthengste ›Rubens‹ und ›Soothsayer‹ belegt, gebar diese Mutterstute nur Pferde ohne Werth; aber die, welche sie von ›Waterloo‹ und von ›Rainbow‹, dem Enkel von ›Sir Peter Teazle‹ hatte, und die folglich viel von ihrem eigenen Blut erbten, konnten sich mit Erfolg auf den Rennbahnen zeigen.«

Auch im 20. Jahrhundert sind durch Inzucht große Erfolge erzielt worden. In Deutschland gilt das Gestüt Waldfried als Musterbeispiel für dieses Verfahren, das die Fixierung der angestrebten Eigenschaften infolge Einengung der Erbfaktoren durch Ahnenverlust sicherer erreichen läßt. Das heißt, daß man mit typischen Merkmalsträgern züchtet – auch wenn diese nahe miteinander verwandt sind – und alles ausklammert, was die Festlegung der gewünschten Eigenschaften schwieriger machen könnte. Aber was bedeutet Ahnenverlust? Ein Pferd hat in der Elterngeneration zwei Vorfahren, in der Großelterngeneration vier, in der Urgroßelterngeneration acht usw. Wenn die Großmütter jedoch Schwestern sind, besteht die nächste Generation nicht aus acht, sondern nur aus sechs Pferden. Der Ahnenverlust beträgt also zwei, wodurch die Verschiedenartigkeit der Erbfaktoren verringert wird. Waldfried nahm enge und engste Verwandtschaftspaarungen vor – achtete dabei aber streng auf die Gesundheit der Tiere. Pferde, die sich in den Zerreißproben der Rennen nicht bewährten beziehungsweise Konstitutionsschäden oder Temperamentsfehler zeigten, wurden nicht ins Gestüt genommen. Denn Nachsichtigkeit in dieser Beziehung kann unter Umständen den Ruin der gesamten Zucht verursachen.

Gesundheit und erwiesene Rennfähigkeit der Pferde sind das A und O der Vollblutzucht. Eine Eigenschaft wie Schönheit spielt keine Rolle. Obwohl man sie als Dreingabe natürlich nicht verschmäht. Colonel Jean-Joseph Vuillier – der langjährige erfolgreiche Gestütsleiter des Aga Khan – sagte einmal: »Ein gut gezogenes gesundes Individuum, das auf der Rennbahn etwas geleistet hat, kann man ruhig zur Zucht verwenden. Außer, es wäre eine Ziege oder eine Giraffe.«

Obwohl die große Mehrheit der Züchter nach diesen Kriterien handelt, entwickeln sich von hundert Fohlen in der Regel nur ein bis zwei zu einem Crack. Die Natur läßt sich eben nicht in ein Schema pressen und schlägt dem Menschen trotz dessen listigster Überrumpelungsversuche ein Schnippchen nach dem anderen.

Die Probe aufs Exempel liefert uns in diesem Fall das 1869 gegründete Gestüt Schlenderhan. In mehr als 100jähriger, großangelegter züchterischer Betätigung zog es bis einschließlich 1977 1669 Fohlen. Von ihnen entwickelten sich bei Anlegung strengster Maßstäbe nur etwa zwei Dutzend zu Spitzenpferden.

›St. Simon‹

›Grundy‹

›Secretariat‹

Bisher war nur vom mysteriösen und unberechenbaren Spiel der Gene die Rede. Wie schon festgestellt, spielt aber auch die Umwelt bei der Prägung des Vollblüters eine gewaltige Rolle. Sie kann die genetische Ausdrucksform entstellen und als wichtiger Faktor den Rückgang zur Mittelmäßigkeit verursachen. Dabei wirkt sie unter Umständen bereits im Mutterleib auf das Keimplasma. Spätestens nach der Geburt aber beginnt das Trommelfeuer ihrer diversen Einflüsse.

Auch die Art und die Bedingungen der Aufzucht und des Trainings sowie die Rennen machen Pferde: sehr gute, gute, mittelmäßige und schlechte. Meistens jedoch Vertreter der beiden letztgenannten Gütegruppen. Unter dem rauhen Zugriff der Umwelteinflüsse ist schon manches erstklassig gezogene und veranlagte Individuum zum Versager geworden. Andererseits können sich unter ihrer Fuchtel »graue Mäuse« zu großen Siegern entwickeln. Das ist zwar nicht die Regel, kommt aber vor. Geschehnisse dieser Art liefern dann mitunter den Stoff, aus dem Legenden entstehen. Denn Unvorhergesehenes, Unerwartetes, gepaart mit »wunderbarem« Verlauf sind ein guter Nährboden für derartige Geschichten. Auch einem der besten Rennpferde aller Zeiten – vielleicht dem besten der Turfgeschichte überhaupt – hatte man seine phänomenalen Leistungen zunächst nicht zugetraut: der Ungarin ›Kincsem‹.

›Kincsem‹ – das ungarische Wunder

›Kincsems‹ Züchter war Ernst von Blaskovich, der sich schon im Alter von 20 Jahren in großem Stil der Vollblutzucht widmete. Dabei pflegte er Pferde, die er nicht behalten wollte, en gros zu verkaufen. 1875 bot er sieben Jährlinge an – fünf Hengste und zwei Stuten –, für die er 7000 Florint forderte. Als erster Interessent erschien Baron Alex Orzcy, der nicht zögerte, dieses Angebot zu akzeptieren. Allerdings wollte er ›Kincsem‹ und die andere Stute aus dem Lot aussortiert haben. Er war der Meinung, die beiden sähen zu gewöhnlich aus. Daher blieb das spätere Wunderpferd im Gestüt von Tapioszentmarton.

Der Name Orzcy aber wurde etwa 40 Jahre später doch noch berühmt. Und zwar durch die Autorin des Buches »The Scarlet Pimpernel« – das höchst spannend die Taten und Abenteuer eines englischen Adligen beschreibt, der zur Zeit der französischen Revolution von der Guillotine bedrohte Aristokraten aus Frankreich schmuggelt. Zu Ruhm hätte die Familie allerdings schon früher kommen können. Dann nämlich, wenn Baron Alex die seiner Meinung nach mickrig aussehende Stute nicht verschmäht hätte. Denn das Aschenputtel mauserte sich zu einem prächtigen Pferd und gewann alle 54 Rennen, in denen es aufgeboten wurde.

›Kincsem‹ wurde am 17. März 1874 im ungarischen Nationalgestüt Kisber geboren und soll dem Vernehmen nach das Produkt eines Mißverständnisses oder einer Verlegenheitslösung gewesen sein. Als Partner ihrer Mutter ›Waternymph‹ war nämlich ursprünglich der Hengst ›Buccaneer‹ vorgesehen – ein hervorragender Vererber, den die Engländer schon bald nach seiner Veräußerung an die Ungarn zum Vierfachen des Verkaufspreises zurückhaben wollten. Statt dessen aber wurde die Stute ›Cambuscan‹ zugeführt, der zwar kein großes Rennen gewonnen hatte, aber trotzdem über sehr gute Galoppierfähigkeiten verfügt haben soll.

An einem sonnigen Herbsttag erschien dann bei Trainer Robert Hesp in Göd – das zwischen Budapest und Vac an der Donau liegt – ein Pferdehirt aus Tapioszentmarton, der eine langbeinige, magere Dunkelfuchs-Stute an der Hand führte. Deren außergewöhnliche Fähigkeiten kamen unter Hesps Fürsorge sehr bald zum Vorschein. Noch vor dem Saisonbeginn schrieb der Wiener »Sport« in seinen Stallwanderungen:

»Die Fuchsstute von Cambuscan aus der ›Waternymph‹ ist ein echtes Rennpferd. Sie ist über und über voll Quality! Lang und trocken, tief und kräftig, steht auf einwandfreiem, korrektem Fundament und zeigt sich in den schnellen Arbeiten vorzüglich. Wir glauben uns nicht zu täuschen, wenn wir behaupten, daß sie auf der Rennbahn eine hervorragende Rolle spielen wird.«

Daß diese so außergewöhnlich und einmalig sein würde, konnte aber auch der Berichterstatter nicht ahnen. Denn ›Kincsems‹ Karriere glich einem einzigen Triumphzug. Erstaunlicherweise hatte sie ihren ersten öffentlichen Auftritt nicht in Ungarn, sondern in Deutschland. Am 21. Juni 1876 gab sie in Berlin-Hoppegarten ihr Debüt, das sie überlegen gewann. Von dort ging es über Hannover, Hamburg, Doberan und Frankfurt nach Baden-Baden, wo sie im Zukunftsrennen laufen sollte. Als die kleine Expedition in Iffezheim eintraf, war ›Kincsem‹ trotz der langen Reise nicht zum Trinken zu bewegen. Sofort wurden die Stallburschen in alle Himmelsrichtungen geschickt, um Wasser zu holen. Sie brachten es aus sämtlichen Brunnen der Gegend – und später sogar aus dem Rhein. Aber ›Kincsem‹ trank nicht. Am Abend bekam sie Mohrrüben, von denen sie sehr viele fraß. Im Laufe des nächsten Tages entdeckte man in einem Bauernhof einen alten zerfallenen, schon seit Jahren nicht mehr gebrauchten Brunnen. Er wurde saubergemacht und ›Kincsem‹, die mehr als 48 Stunden nichts getrunken hatte, ließ keinen Tropfen im Holzeimer. Natürlich wollten alle wissen, warum der Stute gerade dieses Wasser geschmeckt hatte. Daraufhin meinte ihr Pfleger Franzl – dessen Nachnamen kein Mensch kannte –, daß es genau denselben Pfützen-Geschmack habe wie das Wasser in Göd. Der Brunnen ist übrigens bis heute nicht versiegt und trägt zur Erinnerung an diese Episode den Namen »Kincsem-Quelle«.

Nachdem ›Kincsem‹ das Zukunftsrennen mit Leichtigkeit gewonnen hatte, bekam sie vier Wochen Ruhe. Danach startete sie in Oedenburg und anschließend in Pest. Dabei hätte ihr die Leichtsinnigkeit des englischen Jockeys Michael Madden fast den Ruhm der Unschlagbarkeit geraubt. Beim Start ließ er die Stute nämlich ruhig grasen und ritt dem

Feld erst hinterher, als es schon 70, 80 Meter entfernt war. Doch ›Kincsem‹ siegte bei einer Distanz von nur 950 m trotzdem. Danach lief sie noch in Wien und Prag, wo sie am 29. Oktober 1876 nach 10 Rennen ihre erste Saison beendete.

Als Dreijährige bestritt ›Kincsem‹ 17 Rennen und gewann unter anderem das Wiener Derby, das Budapester St. Leger und den Großen Preis von Baden. Vierjährig wurde sie 15mal aufgeboten und startete dabei erstmals in England. Nachdem sie dort im Goodwood Cup gesiegt hatte, gaben ihr die Briten den Namen »hungarian wonder«. Das nächste Rennen sollte in Deauville sein. Als ›Kincsem‹ nach der Kanalüberquerung in Boulogne ausgeladen wurde, stellte man bei der sonst so gelassenen, ja phlegmatischen Stute Unruhe und Nervosität fest. Begannen die Strapazen der unzähligen Kilometer in rüttelnden und stoßenden Waggons ihren Tribut zu fordern? War die Seereise auf schwankenden Planken dafür das auslösende Moment? Nichts von alledem. ›Kincsems‹ Katze war verschwunden! Als das Objekt ihrer fast innig zu nennenden Zuneigung am nächsten Tag gefunden wurde, stellte sich auch die Ruhe der Stute wieder ein. Nach dem Sieg im Großen Preis von Deauville wurde die Reise in Richtung Baden-Baden fortgesetzt. Beim zweiten Start im dortigen Grand Prix traf ›Kincsem‹ auf ›Prince Giles the First‹ des Grafen Henckel und mußte 7 kg mehr tragen als ihr ohnehin starker Gegner. Zuvor hatte es zehn Tage lang wie aus Kübeln gegossen. Auf dem tiefen Geläuf kam es zu einem heroischen Kampf, bei dem die Kontrahenten nach einem leichtsinnigen Ritt des überheblichen Michael Madden schließlich Kopf an Kopf über die Ziellinie galoppierten. Man hätte den Preis teilen können – aber Ernst von Blaskovich bestand auf einer sofortigen Wiederholung des Rennens. Beim erneuten Satteln beider Pferde herrschte auf der Bahn tiefe Stille. Als ›Kincsem‹ kurze Zeit später ›Prince Giles the First‹ mit sechs Längen schlug, wollte der Applaus allerdings kaum ein Ende nehmen.

In ihrer letzten Saison lief ›Kincsem‹ in 12 Rennen, unter denen sich wieder der Große Preis von Baden befand. Dieses Mal gewann sie mit einer knappen Länge gegen Fürst Hohenlohes ›Künstlerin‹. Drei Siege in der bis zur Gründung des Europa-Preises im Jahr 1963 bedeutendsten Prüfung des deutschen Galopprennsports kann außer ihr nur noch der Schlenderhaner ›Oleander‹ aufweisen.

Am 21. Oktober 1879 bestritt ›Kincsem‹ in Pest ihr letztes Rennen – was zu diesem Zeitpunkt freilich noch keiner ahnte. Ernst von Blaskovich wollte sie nämlich noch ein weiteres Jahr laufen lassen. Er war ein überzeugter Anhänger harter Auslese und wandte dieses Prinzip bei jedem seiner Pferde an. Aber ›Kincsem‹ machte ihm einen Strich durch die Rechnung. Im Frühjahr 1880 begann sie während des Trainings plötzlich zu lahmen und wurde kurz darauf in die Zucht genommen. Den Grund der Lahmheit erfuhr die Turfwelt allerdings erst 90 Jahre später. Nach gründlichen Untersuchungen an ›Kincsems‹ im Landwirtschaftsmuseum von Budapest aufgestelltem Skelett stellte Dr. Decsö Feher am rechten inneren Sprunggelenk eine Knochenauftreibung fest. Spat war es also, der die Karriere der großen Unschlagbaren beendete.

›Kincsems‹ via triumphalis führte kreuz und quer durch Mitteleuropa. Die Stute muß eine wahre Roßnatur gehabt haben – anderenfalls hätte sie nach den dabei ausgestandenen Anstrengungen nicht so außergewöhnliche Leistungen vollbringen können. Viele Pferde verlieren ihre Form ja allein durch die nervlichen Belastungen des Transports zur Rennbahn. ›Kincsem‹ jedoch schien das Reisen zu genießen. Sobald sie auf dem Verladebahnhof ihren Waggon entdeckte, soll sie gewiehert haben. Danach betrat sie ihn in aller Gemächlichkeit und legte sich schon nach wenigen Minuten hin. Allerdings tat sie das nicht, bevor ihre besten Freunde – die Katze und der Pfleger Franzl – ebenfalls eingestiegen waren. Ohne Zweifel hatte sie Allüren menschlicher Art. Als sie eines Tages kein Blumensträußchen an die Trense gesteckt bekam – was man normalerweise nie zu tun vergaß –, weigerte sie sich, abgesattelt zu werden. Erst als das Versäumnis nachgeholt wurde, fügte sich ›Kincsem‹ in den weiteren Verlauf der Dinge.

Das Äußere der Stute beschrieb der berühmte ungarische Reiter Ivan Szapary – ein Freund Ernst von Blaskovichs und Manager dessen Rennstalls – in einem Brief an die Redaktion einer Zeitung wie folgt:

»›Kincsem‹ war eine ungefähr 16 Faust große, lange, starke Stute, auf den ersten Blick nicht sehr gefällig, schon wegen ihrer schmutzigen Dunkelfuchs-Farbe und der hellen Beine. Außerdem war sie hinten höher als vorne. Aufgrund ihrer außerordentlichen Ruhe strahlt sie gar nicht die riesige Kraft aus, die in ihr wohnt. Wenn wir aber anfangen, sie zu analysieren, kann jeder Pferdekenner nur alle ihre Teile bewundern. Kopf und Hals sind gut, das Schulterblatt lang und liegt sehr schräg. Die Oberarme sind außerordentlich stark bemuskelt, die Beine unter den Knien kurz, die Fesseln gut, die Hufe hart. Sie hat sehr tiefe und gewölbte Rippen. Ihr Rücken ist lang und stark, und – was besonder schön ist – die Ellbogengelenke der Vorderbeine stehen ganz frei vom Brustkorb ab, was ihr die auffallend freie Bewegung gibt. Darum geht neben ihr jedes Pferd im schnellen Galopp einfach verloren, und darum sieht es auch im schnellsten Galopp so aus, als würde sie ganz ruhig laufen, während die anderen sich anstrengen und bemühen; und je mehr sie das tun, desto mehr bleiben sie hinter ihr zurück.«

Auch im Gestüt entwickelte sich die Wunderstute zu einem Volltreffer, obwohl ihre Laufbahn dort nur von relativ kurzer Dauer war. In sieben Jahren wurde sie Mutter von drei Töchtern und zwei Söhnen, die zusammen mit der eigenen Nachkommenschaft 41 klassische Rennen gewannen.

Beispiele dieser Art sucht man beim größten Teil der weiblichen Cracks allerdings vergeblich. Stuten, die der Spitzenklasse des »starken Geschlechts« an Galoppierfähigkeit gleichkommen oder sie hinsichtlich Ausdauer und Schnelligkeit sogar übertreffen, sind im Rennsport ohnehin die Ausnahme. Nur hin und wieder macht die Natur an einem Einzeltier das gut, was sie der Masse des »schwachen Geschlechts« versagt. Ein deutliches Plus in puncto Leistungsbereitschaft und Leistungsvermögen ist dann jedoch meistens mit einem Minus in Sachen Weiblichkeit verbunden. Grundbestandteil dieser Eigenschaft aber ist die

Mütterlichkeit, die für den Erfolg in der Zucht so eminent wichtig ist. Außerdem glaubt man, daß auf der Rennbahn »ausgequetschte« Stuten dem Fohlen nicht genügend Kraft mitgeben können. Für die ersten ein oder zwei Gestütsjahre mag das in der Regel zutreffen. Danach sollte sich die strapazierte Physis aber wieder erholt haben.

Auch ›Kincsem‹ blieb nach ›Verneuil‹ zunächst güst – wurde also nicht tragend. Im folgenden Jahr aber fohlte sie ›Budagyöngye‹, die 1885 das Deutsche Derby gewann. Nach der Geburt ihres letzten Fohlens erkrankte sie an einer Lungenentzündung, zu der sich schließlich noch Darmkrämpfe gesellten. Daran ging sie an ihrem 13. Geburtstag am 17. März 1887 im Gestüt Kisber ein. Ihr Kadaver wurde in die Veterinärmedizinische Hochschule von Budapest gebracht und dort vermessen. Das Ergebnis dieser Arbeit veröffentlichten Professor Karoly Monostori und Bela Kovacsy in einem Buch, in dem sie die ermittelten Werte mit den Maßen von ›Eclipse‹, eines durchschnittlichen Vollblüters und eines guten Arabers verglichen. Aus den Angaben geht hervor, daß ›Kincsem‹ den Vergleich mit Längen gewann. Unter anderem hatte sie mit 192 cm den größten Brustumfang, mit 64 cm das längste Schulterblatt sowie die breitesten Unterarme und umfangreichsten Vorderfußwurzelgelenke. Die Autoren schrieben, daß die Mechanik dieses Pferdes eine seltene Vollkommenheit dargestellt habe und auch deren Triebkräfte – wie Nervensystem, Kreislauf und Atmungsapparat – auf der bei diesen Tieren höchsten Stufe standen.

Daß die Natur gerade ›Kincsem‹ zu einer so perfekten Rennmaschine gemacht hat, gab manchem Erbbiologen Rätsel auf. Über die Leistungsfähigkeit der Vorfahren ist diesem Geheimnis nicht beizukommen. Denn sie war alles andere als berauschend. Allerdings waren die Ahnen sehr gut gezogen. Beispielsweise vereinigten sowohl ›Newminster‹ als auch ›Cotswold‹ – die beiden Großväter – in ihren Pedigrees die besten Blutströme der Zeit. Und die haben sich – aus welchen unergründlichen Tiefen sie auch gekommen sein mögen – in ›Kincsems‹ Fall zum idealen Verhältnis gemischt.

Blut ist der Saft, der Wunder schafft! Darauf bauen alle Züchter. Um die unverwüstliche und geheimnisvolle Kraft des roten Stoffes bestmöglich zu nutzen, stehen ihnen zwei der imposantesten Informationsquellen der Welt zur Verfügung: der Rennkalender, der es erlaubt, die Leistungen der Pferde zu kontrollieren – und das Gestütsbuch, das die Möglichkeit gibt, deren vollständige Pedigrees über ungefähr 275 Jahre zurückzuverfolgen.

Formbuch und Pferde-Gotha

Der erste Rennkalender wurde 1727, das erste Gestütsbuch 1791 herausgegeben. Aber schon lange vorher hatte man alles Wissenswerte über außergewöhnliche Pferde niedergeschrieben und aktenkundig gemacht. Beispielsweise ist der Lebensweg des schon erwähnten ›Flying Childers‹ nahezu bis ins Detail bekannt. Sein Steckbrief liest sich in der Kurzfassung wie folgt:

»›Flying Childers‹ – braun, vier weiße Füße, Blesse auf Nasenrücken und Oberlippe. Von ›Darley Arabian‹ aus der ›Betty Leeds‹. Gezogen 1715 von Mr. Leonard Childers in Carr House bei Doncaster. Später an den Herzog von Devonshire verkauft. Stockmaß 145 cm. Stand über wenig Boden, war langgliedrig und kurzen Rumpfes. Mußte als junges Pferd Postwagen zwischen Hull und Doncaster ziehen. Wurde später das beste Rennpferd seiner Zeit. Hatte mehr Speed als Stehvermögen. Soll die Meile in einer Minute gelaufen sein. Bestritt fünf Rennen, die er alle gewann. Brachte die beste Leistung im Mai 1722 gegen ›Fox‹, der unter anderem in drei King's Plates und einem Match um 2000 Guineas gesiegt hatte. ›Fox‹ trug 6,35 kg weniger und wurde trotzdem mit etwa 400 Meter Abstand geschlagen. ›Flying Childers‹ starb 1741 nach einer unbedeutenden Gestütskarriere.«

Aufzeichnungen über Pferderennen gab es häufiger erstmals zur Zeit des Stuartkönigs Karl II., der von 1660 bis 1685 regierte. Die Matchbücher jener Tage gelten als die Vorläufer der erst viel später erschienenen Rennkalender. In ihnen wurde alles vermerkt, was das jeweilige Match betraf: Name, Alter, Geschlecht und Farbe der Pferde, das zu tragende Gewicht, die Länge der Strecke, der Ausgang des Rennens und nicht zuletzt die vereinbarte Wettsumme. Sie konnte 100 Guineas ebenso betragen wie 1000 oder 2000. Hinsichtlich der Distanzen galten 6400 Meter als normal. Mitunter wurden Matches aber auch über 9600 oder sogar 11 200 Meter gelaufen. Und zwar unter Gewichten bis zu 76 kg! Diese Prüfungen, in denen nur zwei Pferde starteten, wurden in sogenannten Heats ausgetragen und galten erst dann als gewonnen, wenn ein Teilnehmer zweimal als Erster die Ziellinie passiert hatte. Daher waren nicht selten drei Läufe erforderlich, um den Sieger zu ermitteln. Heutzutage werden Leistungen dieser Größenordnung von den Vierbeinern allenfalls in der Grand National Steeplechase verlangt. Auch die ersten Regeln wurden damals geschaffen und vor dem jeweiligen Rennen der Aufmerksamkeit der Teilnehmer empfohlen. Unter anderem hieß es: »Die von Seiner Majestät angeordneten Artikel sind von allen Personen zu beachten, die Pferde im King's Plate laufen lassen, das für den 16. Oktober im 17. Jahr der Regierung Lord King Charles II. auf dem neuen Rundkurs von Newmarket ausgeschrieben ist.«

Beispielsweise war das Kreuzen der oder des Konkurrenten verboten. Tat es ein Reiter trotzdem, dann wurde ihm laut »Rennordnung« für alle Zeiten die Fähigkeit abgesprochen, ein Pferd in einem vom König gestifteten Preis zu reiten. Noch heute wird dieses Vergehen bestraft – und zwar hart, wenn dem betreffenden Jockey ein absichtliches Foul nachzuweisen ist.

Von einem unbekannten Chronisten aus Newmarket erfahren wir schließlich, daß man in jener Zeit über einen vermeintlichen Fehlstart und seine von Fall zu Fall unterschiedlichen Folgen mit der gleichen Heftigkeit diskutierte wie 300 Jahre später.

»Hier ereignete sich gestern ein Disput über eine Sache, aus deren Bedenklichkeit man wohl eine Menge lernen wird. Ein Match zwischen zwei Pferden von Sir Rob veranlaßte die Mitglieder des Hofes, viele tausend Pfund zu wetten, wobei sie darauf vertrauten, daß ein Rennen über die extrem kurze Strecke von nur 2400 Meter einen fairen Start haben würde. Mr. Griffin jedoch sagte »ab«, als die beiden Pferde in Linie standen – und schrie im gleichen Moment »stop«. Aber eines ging trotzdem um die Bahn und beanspruchte das ganze Geld, während das andere sich überhaupt nicht gerührt hatte.

Die meisten sagen nun, daß es beim Start nicht korrekt zugegangen wäre. Die Kritiker sind allerdings der Meinung, daß Mr. Griffins Auftrag beendet gewesen sei, nachdem das Wort »ab« seinen Mund verlassen habe. »Stop« hätte er gar nicht mehr sagen dürfen. Ich vermute, daß über diese Geschichte noch viel Tinte verspritzt werden wird. Alles ist der Entscheidung des Königs anvertraut worden, der sich bis jetzt aber noch nicht dazu geäußert hat.«

Wir kennen die Entscheidung Seiner Majestät nicht – dürfen aber annehmen, daß mit ihr auch klare Verhaltensregeln für den jeweiligen Starter verbunden waren. Wäre das alles etwa 50 Jahre später passiert, hätte die Nachwelt die Chance gehabt, darüber Genaueres zu erfahren.

1726 bekundete John Cheney of Arundel nämlich die Absicht, einen jährlich erscheinenden Rennkalender herauszugeben. Auf dessen Seiten wären sicherlich auch Vorkommnisse dieser Art protokolliert worden. Bereits ein Jahr später erschien dann Cheneys »An Historical list of all Horse-Matches Run, and of all Plates and Prizes Run in England (of the value of Ten Pounds or upwards) in 1727.«

Im Vorwort der ersten umfassenden Zusammenstellung von Rennergebnissen schrieb deren Herausgeber, daß er überall im Königreich herumgereist sei und Personen verpflichtet habe, die seine Interessen bei den Veranstaltungen wahrnehmen, die er selbst nicht besuchen könne. Das Werk enthielt auch eine große Zahl von Pedigrees, die laufend vervollständigt wurden und später in einem separaten Gestütsbuch veröffentlicht werden sollten. Als John Cheney 1750 starb, hatte er dieses Vorhaben – das als erster Versuch gewertet werden muß, Ordnung, System und Übersicht in das Durcheinander der Zuchtunterlagen zu bringen – jedoch noch nicht verwirklichen können. Seine Arbeit wurde von den Herren Pond und Heber fortgesetzt. Der Rennkalender des Letztgenannten enthielt neben Regeln, Ergebnissen, Hengstlisten und Hahnenkampfresultaten auch das Muster für die Führung eines Gestütsbuches. Reginald Heber wurde 1769 von Mr. Walker abgelöst, der sich dieser Tätigkeit allerdings nicht lange widmen konnte, weil die an exponierter Stelle etablierte und sehr einflußreiche Kombination Tuting/Fawconer ihn aus dem Geschäft drängte. Jener war in Newmarket für die Führung des Matchbuches verantwortlich, dieser der Sekretär des

Jockey Clubs. 1773 nahm diese Institution sich schließlich der Angelegenheit an, um Linie in die Dinge zu bringen. Das gelang vollständig. Denn mit der Publikation des Rennkalenders wurde nun ein Mann beauftragt und autorisiert, der diese Chance nicht nur nutzte, sondern sich im Laufe der Zeit geradezu unentbehrlich machte. Er hieß James Weatherby und schuf ein Unternehmen, auf dessen Dienstleistungen der britische Turf fortan nicht mehr verzichten konnte.

Der Sohn eines Anwalts aus Northumberland bekleidete zunächst den Posten des Matchbuchhalters als Nachfolger William Tutings. Kurze Zeit später löste er Thomas Fawconer als Jockey Club-Sekretär ab und erhielt danach das Angebot, den Rennkalender zu publizieren – der unter seiner Regie erstmals 1773 erschien. Von da an führten Weatherby's über alles, was sich im englischen Rennsport ereignete, genauestens Buch. Bis auf den heutigen Tag!

Auch die Erarbeitung des ersten Allgemeinen Englischen Gestütsbuches war ein Weatherbysches Werk. Ob es Old James zu verdanken ist oder seinem gleichnamigen Neffen, ist nicht ganz sicher. Der Engländer Eric Rickman glaubt jedenfalls, daß es letzterer gewesen sei. 1791 erschien der erste Band dieses Pferde-Gothas, der 1793 in einer redigierten und erweiterten Ausgabe erneut veröffentlicht wurde und praktisch erst 1808 vollständig vorlag. Die Abstammung der in ihm genannten Pferde war so weit zurückverfolgt worden wie möglich. Das war eine schwierige Aufgabe, die nur mit dem Zusammenfügen eines riesigen Puzzles – dessen einzelne Teile zudem erst noch gefunden werden mußten – zu vergleichen ist. Mit Hilfe der von John Cheney gesammelten Unterlagen, privater Zuchtbücher, diverser hippologischer Korrespondenz, Versteigerungskatalogen sowie eigener Aufzeichnungen und Recherchen aber wurde ein Nachschlagewerk erstellt, das neben dem Rennkalender zum wichtigsten Hilfsmittel der Züchter werden sollte.

Als die Engländer erkannten, daß die weitere Einkreuzung orientalischen Blutes keine Artverbesserung mehr brachte – das heißt, die Pferde nicht noch schneller und ausdauernder machte –, wurde das Gestütsbuch geschlossen. Aufnahme in seine Register fanden nun nur noch die Nachkommen von bereits eingetragenen Hengsten und Stuten. Die Rasse war fertig. Allerdings verbesserte sie sich im Laufe der Zeit durch die Verfeinerung der Aufzuchts- und Trainingsmethoden sowie des Rennsystems noch mehr. Ihr Größenwachstum war beispielsweise erst im 20. Jh. abgeschlossen. Während ›Flying Childers‹ noch 145 cm maß, war ›Eclipse‹ schon 157,5 cm groß. ›St. Simon‹ hatte eine Höhe von 163,9 cm und der 1967 geborene Triple-Crown-Sieger ›Nijinsky‹ mißt 165,1 cm. Aber auch Vollblüter von 170 und mehr Zentimeter sind keine Seltenheit. Ihre Durchschnittsgröße liegt heute jedoch bei etwa 163 cm Stockmaß – was bedeutet, daß sie sich innerhalb von rund 200 Jahren um 18 cm erhöhte.

Schnelligkeit, Ausdauer und Tragfähigkeit entwickelten sich dank orientalischer Ingredienzien, der Rennen und planvoller Zucht in einem Maße, daß die Vorfahren der neuen Rasse mit dieser schon bald nicht mehr konkurrieren konnten. Als der Jockey Club 1885 ein

Match zwischen dem vierjährigen Vollblüter ›Iambic‹ und dem damals besten Araber ›Asil‹ veranstaltete, wurde letzterer über die Strecke von 4800 Meter mit 20 Längen geschlagen. Dabei trug ›Iambic‹ – der so schlecht war, daß er noch nie ein Rennen gewonnen hatte – 28,5 kg mehr als ›Asil‹! Daher wundert es nicht, daß das Vollblutpferd in der Folgezeit die Hauptrolle als Veredler für andere Equiden-Schläge übernahm. Als Hart- und Schnellmacher wird es zum Beispiel dann verwendet, wenn es darum geht, unsere Warmblüter – den Hannoveraner, Holsteiner oder Westfalen etwa – für den Spitzensport leistungsfähiger zu machen. Die großen Sieger in der Military – um die anspruchsvollste turniersportliche Disziplin zu nennen – haben heute fast alle einen Vollblüter zum Vater oder sind gar rein gezogene Vertreter dieser Rasse.

Deren enormes Stehvermögen entstammt ursächlich allerdings dem Blut der Wüste. Neuesten amerikanischen Forschungen zufolge hat der Vollblutaraber nämlich nicht nur mehr Erythrozyten, also rote Blutkörperchen, als andere Pferde, sondern auch kleinere. Da deren Hauptaufgabe darin besteht, das sauerstoffbindende Hämoglobin zu befördern, kann der Körper in diesem Fall besser mit dem leistungsnotwendigen O_2 versorgt werden. Und zwar wegen des größeren Verhältnisses zwischen Oberfläche und Volumen der Erythrozyten – aber auch aufgrund der Tatsache, daß zwischen deren Größe und Zahl sowie der Fähigkeit, sie zu lagern und zu gebrauchen, eine Beziehung besteht. Wie der Mensch kann nämlich auch das Pferd Blutkörperchen in der Milz speichern und sie in besonderen Situationen als zusätzliche Kraftquelle nutzen. Infolge der höheren Anzahl und kleineren Größe seiner Erythrozyten ist der Vollblutaraber bei größerem Energiebedarf in der Lage, für maximalen Sauerstoffaustausch mehr dieser Partikel zu mobilisieren als andere Pferderassen. All das ist genetisch bedingt und vererbbar. Deswegen kann man annehmen, daß die legendäre Ausdauer der Pferde des Propheten und ihrer Kreuzungen auf diesen Zusammenhängen beruhen.

Voraussetzung für eine Schnelligkeits- oder Ausdauerleistung, für den Sieg oder eine gute Placierung aber ist wie im menschlichen Bereich auch hier die gezielte Vorbereitung – wobei der Laie oft meint, Trainer von Rennpferden seien ein Mittelding zwischen Hellseher und Wundermacher. Doch wie überall hat der Erfolg auch in diesem Metier seine Grundlagen in Sachkenntnis, Erfahrung, Fleiß und jenem gewissen Etwas, das man Talent nennt. Talent heißt in diesem Fall Fingerspitzengefühl, Beobachtungsgabe und Einfühlungsvermögen in die Psyche des Tieres.

Der Schliff des Trainings

Vorschriften für das Training von Pferden kannten bereits die frühen Reitervölker. Beispielsweise fand man um 1910 in Boghazköy – der alten Hauptstadt der Hethiter – bei Ausgrabungen eine Trainingsanleitung, die etwa 1360 v. Chr. entstand. Als Verfasser des auf fünf Tontafeln niedergeschriebenen Traktats gilt König Kikkuli. Wahrscheinlich hatte der bei dieser Arbeit aber einen Stab von Mitarbeitern; denn vieles deutet darauf hin, daß jede der Tafeln von einem anderen »Autoren« stammt. In dieser »Trainingsanweisung für Pferde am leichten Streitwagen« – deren Ziel es war, die Vierbeiner für eine tägliche Leistung von 90 km in Kondition zu bringen – werden über 187 Tage hinweg die Arbeitsleistung, die Futtermenge und die hygienischen Verrichtungen auf die Stunde und bis in jede Einzelheit genau festgelegt. Viele dieser Maßnahmen sind noch heute ebenso gültig wie damals.

Trainingslehren für Pferde dürften auch in der klassischen Antike bekannt gewesen sein. Die Griechen, die bei der Vorbereitung ihrer Athleten auf Wettspiele unter anderem schon vom »Overload-Training« wußten – vom Training unter Gewichtsbelastung also –, werden mit Sicherheit auch nach gezielten Methoden gearbeitete Pferde und Gespanne in die Rennen geschickt haben. Jedenfalls berichtet der griechische Heerführer und Geschichtsschreiber Xenophon – der uns als Schüler Sokrates' mit seinem Werk »Über die Reitkunst« eine hippologische Abhandlung lieferte, deren Grundsätze bis auf den heutigen Tag anerkannt sind – von Trainern, deren Fähigkeiten auf einem außerordentlich hohen Niveau gestanden haben müssen.

Eines der frühesten Dokumente, das darüber Auskunft gibt, wie Rennpferde dazumal in Form gebracht wurden, datiert aus dem Jahr 1599. Der englische Offizier, Pferdehändler und Schriftsteller Gervase Markham verfaßte es und gab unter dem Titel »How to Choose, Ride, Traine and Diet both Hunting-Horses and Running-Horses« zum Teil sehr seltsame Ratschläge. Unter anderem war er der Meinung, daß einem Pferd nichts mehr Appetit auf ein Rennen macht, als wenn man ihm einen großen Laib weißen, in Wein getränkten Brotes zum Fressen gibt. Außerdem sollte man kurz vor dem Start starken Essig in dessen Nüstern blasen, um die Luftwege zu öffnen.

In der Geschichte des Trainings von Galopprennpferden kann man etwa drei Epochen unterscheiden. Obwohl eine genaue Abgrenzung natürlich unmöglich ist, reicht die erste von etwa 1660 bis 1825, die zweite von 1825 bis 1900 und die dritte von 1900 bis in die Jetztzeit.

Da in der ersten Epoche bis weit in die 2. Hälfte des 18. Jh. hinein Rennen über viele Kilometer und bis zur Entscheidung oft mehrmals hintereinander gelaufen wurden, legte man im Training vor allem auf die Erarbeitung großer Ausdauer Wert. Die Pferde wurden in dicke Schwitzdecken vermummt und mußten in dieser Montur tagtäglich viele Meilen galoppieren. Zwischendurch konnten sie sich auf Schritt- und Trabstrecken allerdings erholen. Diese Art Intervalltraining war wie die Rennen selbst ein Härtetest, den nur die robustesten Individuen heil und gesund überstanden. Um das Maß voll zu machen und die Pferde noch mehr vom Fleisch fallenzulassen, wurden ihnen in Form von Aloe oder Calomel auch noch starke Abführmittel verabreicht, an die man wie an eine Wundermedizin glaubte. C. J. Apperley schreibt darüber:

»Die Wirkungen der Purgirmittel auf ein Pferd, das man trainirt, sind verschiedenartig. Es würde unmöglich sein, es in einem der Vollkommenheit sich irgend annähernden Zustande auf die Rennbahn zu bringen, ohne ihm davon zu geben, und noch viel weniger, es während einer etwas bedeutenden Zeit mit aller jener Schnelligkeit laufen zu lassen, deren es fähig ist. Einer der Hauptvortheile der Purgirmittel für Rennpferde ist jedoch die Erleichterung für ihre Glieder, nicht allein wenn sie verwundet, sondern auch, wenn sie durch die Arbeit ermüdet wurden. Mit einem Wort, die Purgirmittel erfrischen und erneuern so zu sagen alle Systeme des Thieres.«

Vor jedem Start mußten die Pferde sog. Trials absolvieren. Das waren Tests, deren Aufgaben haargenau den Bedingungen entsprachen, die sie im Rennen erwarteten. Nicht selten wurde über die Ergebnisse dieser »Generalproben« in geradezu pingeliger Art und Weise Buch geführt. Unter anderem ist solches von John Wastell bekannt, dem rennsportlichen Adlatus des Herzogs von Grafton. Die Trials riefen natürlich eine Menge Leute auf den Plan, die sich anhand dieser Gelegenheiten ein Bild von der Form der Kandidaten machen wollten und dabei an nichts anderes dachten als an eine möglichst sichere Wette. Unter solche Spione mischten sich selbstverständlich auch die Eigentümer und Trainer von konkurrierenden Pferden. Daher lehnten es manche Rennstallbesitzer ab, ihre Cracks öffentlich testen zu lassen. Zu ihnen gehörte auch Charles Bunbury. Er habe nicht die Absicht, seinen Rennern Trials zu verordnen, um anderen Informationen zu geben – meinte der erste Diktator des britischen Turfs.

Bis weit in die zweite Epoche hinein wurden in England auch Jährlinge gestartet. 1791 beispielsweise lief in Newmarket Mr. Lucas' Einjähriger ›Cash‹ für einen Einsatz von 50 Guineas über 587 Yards und schlug dabei die dreijährige Stute ›Eliza‹. Wenige Tage später besiegte er den ebenso alten Hengst ›Quando‹ über die Distanz von 1600 Meter.

Erst 1859 verbot der Jockey Club offiziell Rennen mit derartig jungen Pferden. Deren ältere Artgenossen aber wurden auch in diesem Zeitabschnitt im Training zunächst noch ungemein hart herangenommen und schwitzten sich dabei fast das Herz aus dem Leib. Sie sahen aus wie Vogelscheuchen und kamen dürr wie Windhunde an den Ablauf. Aufgrund der vorbereitenden Torturen mit den scharf ausgerittenen Schlußgalopps hatten viele von ihnen ein ausgesprochen schlechtes Temperament. Andere waren der Schinderei überhaupt nicht gewachsen und betraten nie eine Rennbahn.

Aber nicht alle Trainer verfuhren nach den herkömmlichen Methoden. Robert Robson beispielsweise – der zwischen 1793 und 1823 sieben Derbysieger trainierte – bevorzugte die sanfte Tour. Bei ihm wurden die Pferde weder ausgequetscht, noch brauchten sie unter Anwendung zusätzlicher Hilfsmittel zu schwitzen. Robson legte größten Wert darauf, seine

Schützlinge muskelprotzend ins Rennen zu schicken. Diese Art zu trainieren wurde von einem Mann fortgesetzt, den man den »Hexenmeister des Nordens« nannte. Es war John Scott – der seinen Beinamen übrigens zu Recht trug. Denn der Trainer aus Yorkshire führte sage und schreibe 41 klassische Sieger zur Waage zurück. Unter diesen befanden sich allein 16 Gewinner des St. Legers. Er war es übrigens auch, der Mr. J. Bowes ›West Australian‹ betreute, der 1853 als erster Vollblüter der Rennsportgeschichte die Dreifache Krone gewann.

Die weniger harten Praktiken, die Pferde auf ihre Aufgaben vorzubereiten, hatten ihren Grund vor allem in den Veränderungen des Rennsystems. Heats wurden nur noch selten ausgetragen und eines Tages gar nicht mehr gelaufen. Auch die Distanzen verkürzte man immer mehr – erhöhte jedoch gleichzeitig die Zahl der Prüfungen für Zwei- und Dreijährige. Last not least wurde aus dem Jagdgalopp – in dem man in den alten Tagen vom Start bis zum weit entfernten Ziel ritt – ein rennmäßiges Tempo. Kurzum: man befand sich auf dem Weg in die Moderne. Als etwa Mitte der 2. Hälfte des 19. Jh. die ersten amerikanischen Horsemen rund um Newmarket auftauchten, wurde das Training des Vollblüters dann endgültig revolutioniert. Bevor jedoch die positiven Folgen der »amerikanischen Invasion« geschildert werden, sollen zunächst deren negative Machenschaften zur Sprache kommen und zwar die Beeinflussung der Leistungsfähigkeit von Pferden durch Doping.

In allen Zeiten glaubte die Menschheit ja an die übernatürlichen Kräfte von Zaubertränken. Märchen und Sagen sind voll davon. Warum aber sollte das, was angeblich dem homo sapiens half, nicht auch dem Tier nützlich sein? Daher wurden noch im vergangenen Jahrhundert Rennpferde vor dem Start mit Whisky traktiert, um ihre Courage zu steigern. In Yorkshire braute ein Tierarzt namens Jimmy Deans sogar regelrechte Schnellmacher, die »speedy balls« genannt wurden.

Die Amerikaner griffen jedoch zu noch härteren Mitteln und wählten Kokain zur Leistungsverbesserung. In dieser Hinsicht tat sich vor allem Trainer Wishard hervor. Aufgrund seiner gewissenlosen Methoden gewann er mit schlechten und absolut chancenlosen Pferden – die dafür jedoch stets »high« waren – eine Reihe von Rennen. Deshalb bezeichnete man Wishard und Konsorten schon bald als die Yankee-Alchimisten. Schließlich wurde dem Jockey Club deren Treiben zu bunt, so daß er 1903 ein striktes Dopingverbot erließ. Selbstverständlich hat man auch danach versucht, auf diese Art und Weise zu manipulieren. Nachdem stimulierende körperfremde Substanzen mittels einer Analyse festgestellt werden konnten, war das allerdings nicht mehr so leicht.

Doping wurde 1910 zum ersten Mal wissenschaftlich nachgewiesen. In jenem Jahr endeten in Österreich mehrere Rennen nicht »programmgemäß«. Als man daraufhin den russischen Chemiker Bukowski nach Wien holte, stellte der im Speichel der in Frage kommenden Tiere Alkaloide fest. Weil der Russe sein Ermittlungsverfahren jedoch nicht preisgab, entwickelte Dr. Sigmund Fränkel von der Wiener Universität eine eigene Methode, um Dopingsündern auf die Spur zu kommen. Durch ihn wiederum wurden weitere Wissenschaftler zu gleichem Tun animiert – und in der Folge konnten derartige Skandale im Rennsport erheblich eingeschränkt werden. Nur in Amerika – dem Ursprungsland des modernen Pferdedopings – unternahm man gegen dieses Unwesen lange Zeit nichts. In den Vorkriegsjahren sollen dort noch 30% bis 50% aller Rennpferde pharmakologisch beeinflußt gewesen sein. Nach dem Zweiten Weltkrieg haben sich die diesbezüglichen Verhältnisse in den USA allerdings gründlich geändert. Angaben der Association of Racing Chemists zufolge liegt die Quote jetzt bei 1%.

Der aktuellste Dopingfall, der internationale Schlagzeilen machte, datiert aus dem Jahre 1976. Damals gewann der französische Vollblüter ›Trepan‹ in Ascot die Prince of Wales Stakes und unterbot anläßlich dieser Gelegenheit den bestehenden Meilenrekord recht beträchtlich. Als man bei der Dopingprobe in ›Trepans‹ Urin Spuren von Coffein fand, gab dessen renommierter Trainer François Boutin zu, seinen Pferden jeweils drei Tage vor dem Start das harntreibende, coffeinhaltige Mittel Hepatorenal zu verabreichen. Bei ›Trepan‹ sei das aber aus Versehen erst am Vortag des Rennens geschehen. Nachdem sich der Spezialist für Mitteldistanzen kurz darauf in Sandown Park auch die Eclipse Stakes holte und dabei Englands 2000-Guineas-Sieger ›Wollow‹ schlug, schien er bewiesen zu haben, daß er auch ohne Drogen gewinnen kann. Da der Routinetest aber auch diesesmal positiv verlief, wurde der Fall vor den Jockey Club gebracht. Dessen Stewards blieben hart und legten das Doping-Verhinderungs-Gesetz so aus, wie es gemeint ist. Unerbittlich heißt es da, daß ein Pferd der Disqualifikation verfällt, wenn bei der Überprüfung die kleinste Spur einer Substanz festgestellt wird, die nicht in normalen Futtermitteln enthalten ist und die Eignung besitzt, Einfluß auf die Leistung nehmen zu können.

Auch über die Verabreichung von Anabolika – von Präparaten also, die das Muskelwachstum fördern – kursieren bereits seit längerer Zeit Gerüchte. Da diese Pülverchen sich nachgewiesenermaßen sowohl auf die Körperfunktionen als auch die Organarbeit schädigend auswirken, sind sie ebenso abzulehnen wie alle anderen den natürlichen Reife- bzw. Leistungsprozeß künstlich steigernden Pharmaka. Der Effekt von Drogen kann nämlich nicht vererbt werden. Im Interesse einer gesunden Zucht sowie reellen Selektion des Vollblüters darf es zukünftigen Deckhengsten und Mutterstuten daher nicht erlaubt sein, auf dem Testgelände dank Nachhilfe aus der Retorte Eigenschaften zu demonstrieren, die sie an ihre Nachkommen nicht weitergeben können!

Das alles nahm seinen Anfang, wie bereits gesagt, Ende des vergangenen Jahrhunderts. In jener Zeit leiteten die Amerikaner die dritte und vorläufig letzte Periode in der Haltung, Behandlung und Vorbereitung von Rennpferden ein.

Die amerikanische Invasion und ihre Folgen

Während die Engländer ihre Pferde in dunkle und stickige Boxen ohne Licht und Luft einpferchten, hielten die Amerikaner sie in hellen, kühlen Ställen bei offenen Türen und Fenstern. Daß diese Aufstallung für das körperliche Wohlbefinden bekömmlicher ist, leuchtet sicherlich ein. Außerdem wurde damit der Entwicklung von Psychosen ein Riegel vorgeschoben. Denn deren bestes Keimbeet ist neben ständigen und stumpfsinnigen physischen Strapazen das stundenlange Alleinsein in der Düsternis dumpfer Verschläge. Zu der beschriebenen Art fortschrittlicher Stallhygiene gesellten sich flexible Fütterungsmethoden, bei denen schon damals auf die Beimischung von Mineralien und Vitaminen geachtet wurde.

Schließlich waren die Amerikaner auch Meister im Hufbeschlag. Ganz abgesehen davon, daß ihre Eisen leichter und zweckentsprechender waren, wurde die gesamte Prozedur des Aufnagelns viel gründlicher und sorgfältiger durchgeführt. Sie waren es auch, die sich später als erste darüber Gedanken machten, die aus Stahl gefertigten horse-shoes gegen solche aus einem weniger schweren Material auszutauschen, wobei sie an Aluminium dachten. Da es aber noch keinen Produktionsvorgang gab, Hufeisen aus diesem Leichtmetall en masse herzustellen, ließ der schwerreiche Tabakmagnat Pierre Lorillard – der mit dem Rancocas Stud in Jobstown/New Jersey eines der größten und erfolgreichsten Gestüte Amerikas besaß – kurzerhand einen Satz per Hand anfertigen. Und zwar bei keinem geringeren als dem berühmten New Yorker Juwelier Tiffany.

Pierre Lorillards Hengst ›Iroquois‹ war 1881 übrigens das erste amerikanische Pferd, das unter Fred Archer das englische Derby gewann. Erst 1954 war mit ›Never Say Die‹ der zweite US-Vollblüter in Epsom erfolgreich. Doch wir sind vom Thema abgekommen.

Im Training regierte bei den »Invasoren« aus der Neuen Welt die Uhr. Sie lieferte den Maßstab für Fitness und Kondition. Auch die in der Arbeit zu bewältigenden Strecken waren bei ihnen kürzer. Während die Einheimischen die Pferde nach wie vor über die gesamte Distanz des bevorstehenden Rennens jagten, galoppierten die Amerikaner diese bei weniger scharfem Tempo nie voll aus. Das Resultat dieser Vorbereitung war, daß die Yankeepferde frisch und voller Tatendrang an den Start gebracht wurden. Auch das – oder besser gesagt, vor allem das – gehört zur Kunst des Trainierens: daß der vierbeinige Athlet trotz des erarbeiteten Höchstmaßes an Rennfähigkeit die Freude am Galoppieren behält und genügend Eifer für den Wettkampf mitbringt. Beides hat seinen Ursprung in der Psyche. Wird sie zu arg malträtiert, zerfasert über kurz oder lang auch der für jede Leistung so eminent wichtige Einsatzwille.

Geraume Zeit wurden die Amerikaner wegen ihres neumodischen Handelns nicht nur scheel angesehen, sondern auch mit abfälligen Bemerkungen bedacht. Aber ihre Methoden waren den orthodoxen Praktiken überlegen. Daher begann schon bald die Fahnenflucht ins ehemals gegnerische Lager. Noch heute trainiert man nach dem Prinzip »to put in, not to take out«, was übersetzt bedeutet, daß die morgendlichen Galopps die Leistungskraft mehren und nicht mindern sollen. Dafür gibt es inzwischen rund um den Globus die verschiedensten Methoden – unter anderem auch intervallartige. Auf welche von ihnen der eine oder andere Trainer aber auch schwören mag, bei jeder steht er vor der problematischen Frage: was ist zuviel – was ist zuwenig? Das Pferd kann sich ja dazu nicht artikulieren. Es kann nicht sagen: Ich bin fit. Laßt es genug sein. Ein Mehr an Arbeit wäre Kraftverschwendung. Und doch »äußert« es sich zur Form seines konditionellen Zustandes; hauptsächlich durch optische Anzeichen, die dem Auge des Trainers nicht entgehen dürfen. Dazu gehört neben der allgemeinen körperlichen und nervlichen Verfassung vor allem die Art des Galoppierens, die bei einem Pferd in voller Kondition leicht, spielerisch und dennoch kraftvoll sein soll. Ferner das willige und vor allem prompte Reagieren auf die Forderung zu schnellerem Tempo und größerem Einsatz. Schließlich das Durchhaltevermögen – und als sehr wichtiges Indiz die Dauer, in der sich Atmung und Puls wieder normalisiert haben. Im Stall ist dann auch der Blick in die Krippe sehr aufschlußreich. Ist sie leer, kann davon ausgegangen werden, daß dem Pferd die Arbeit bekommt und förderlich ist.

Der Vollblüter wird als Jährling im Alter von etwa 18 Monaten in die Obhut des Trainers gegeben. Das ist in der Regel im Herbst des seiner Geburt folgenden Jahres der Fall. Obwohl man hinsichtlich seiner Fähigkeiten noch weitestgehend im dunkeln tappt, muß er schon jetzt für das Derby genannt werden – also etwa 20 Monate vor dem Start im bedeutendsten Rennen seiner Karriere.

Nachdem er sich an Sattel und Reiter gewöhnt hat, beginnt die Vorbereitung auf seine zukünftigen Aufgaben. Behutsam werden seine Anlagen entwickelt und gefördert, bis er im dritten Lebensjahr als Zweijähriger zum ersten Mal eine Rennbahn betritt. Die Rennordnung schreibt vor, daß das nicht vor dem 1. Juni des jeweiligen Jahres der Fall sein darf und verbietet gleichzeitig mehr als 8 Starts per Anno. Diese Schutzbestimmungen des zwar auf Frühreife gezüchteten, zu diesem Zeitpunkt aber trotzdem noch nicht ausgereiften Vollblüters werden durch eine Begrenzung der zu laufenden Distanzen ergänzt. Beispielsweise darf der Pferde-Twen bis zum 15. Juli höchstens über Strecken von 1200 Meter galoppieren, später nicht über mehr als 1400, 1600 und 2000 Meter. Ende November ist die Saison für ihn dann zu Ende. Trotzdem ist man hier und dort der Meinung, daß er seine Feuertaufe zu früh erhält.

Das durchschnittliche Rennpferd wiegt etwa 8 Zentner und trägt eine Last von rund 55 Kilogramm. Bei jedem Galoppsprung springt es ungefähr 6 Meter und landet dabei stets mit seinem vollen Gewicht auf einem Vorderbein. Die Belastung der Knochen, Sehnen und Muskeln jenes Beines ist gewaltig – und je schneller das Tempo ist, desto größer. Obwohl der Renngalopp leicht und mühelos aussieht, ist die Energie, die zu jedem der Sechsmetersätze erforderlich ist, genauso groß wie die von einem Zugpferd aufgewandte, das eine Zehnzentnerlast 30 Meter weit zieht. In einem Rennen von 1600 Metern aber muß ein Pferd 260 solcher Sprünge ausführen! Selbst wenn es voll ausgewachsen und fit trainiert ist, kann es unter derartigen Anstrengungen zusammenbrechen, falls ihm nicht genügend Zeit zur Erholung gegeben wird. Strapaziert man dagegen ein 25 Monate altes Pferd in dieser Weise, dann ruiniert man es bestimmt; denn seine Knochen, Sehnen und Muskeln sind noch nicht fest, hart und stark genug, um die unaufhörliche Beanspruchung der Fesseln, Fußgelenke und Knie durchzuhalten. Daher nehmen die meisten Trainer auf die unreife Physis des jungen Pferdes Rücksicht und dosieren sowohl den Einsatz auf der Bahn als auch beim morgendlichen Training.

Das beginnt generell im Trab, bei dem die Pferde aufgelockert beziehungsweise aufgewärmt werden. Daran schließt sich ein ruhiger, verhaltener Galopp an – den man in der Fachsprache Canter nennt. Er wird über etwa 2000 Meter auf der Sandbahn absolviert, deren tiefes und mitunter schweres Geläuf außerordentlich konditionsfördernd wirkt. Der Canter wird ausgelassen, wenn auf der Grasbahn in rennmäßigem Tempo galoppiert wird, was meistens einige Tage vor dem Start in einer Prüfung der Fall ist. Am Schluß des Trainings – das am frühen Morgen beginnt und pro Lot etwa 45 Minuten dauert – wird im Schritt geritten. Dabei soll sich der Vollblüter entspannen, trocken laufen und wieder zu normaler Atmung gelangen. Das sind im allgemeinen die Lektionen, die ein Rennpferd zur Vorbereitung auf den Ernstfall nahezu täglich durcharbeiten muß. Dabei versteht es sich von selbst, daß der Trainer seine Schutzbefohlenen nicht über einen Kamm scheren darf, sondern sie entsprechend ihrer individuellen Veranlagung behandeln muß. Er muß sich fragen:

▶ Ist das Pferd ein Steher oder ein Flieger? Oder anders ausgedrückt: zeigt es seine besten Leistungen auf einer langen oder einer kurzen Strecke? Nur Ausnahmepferde können alles. Die Mehrzahl von ihnen ist dagegen nur über eine spezielle Distanz erfolgreich.

▶ Verfügt das Pferd nur über Stamina, über Ausdauer und Stehvermögen also – oder besitzt es auch Speed und damit die Fähigkeit, seine Geschwindigkeit zu steigern? Ist der Speed kurz – etwa 50 bis 100 Meter – oder ist er lang? Kann er nur einmal oder zweimal und öfter entfaltet werden?

▶ Bevorzugt das Pferd normales, weiches oder hartes Geläuf? Es besteht nämlich kein Zweifel, daß es unter Vollblütern ausgesprochene Bodenspezialisten gibt.

▶ Ist das Pferd ein »früher« oder »später« Kandidat? Was sowohl das Lebensalter als auch die Jahreszeit betrifft. Hier muß erkannt werden, ob und wann sich das Pferd »anbietet«. Einerseits entweder zwei- oder dreijährig – andererseits entweder im Frühjahr oder im weiteren Verlauf des Jahres.

▶ Braucht das Pferd viel oder wenig Arbeit? Manche benötigen im Rahmen des normalen Trainings nur ein paar schnelle Galopps, um in Form zu kommen – andere wiederum müssen einem harten Konditionstraining unterworfen werden, um das gleiche Ziel zu erreichen. Und schließlich gibt es auch solche, die sich in den Rennen fitlaufen.

▶ Hat das Pferd genügend Luft – oder muß es vor einer Prüfung noch einen oder mehrere sogenannte »pipe openers« bekommen, scharfe Galopps über kurze Distanzen, die die Atemwege frei machen sollen?

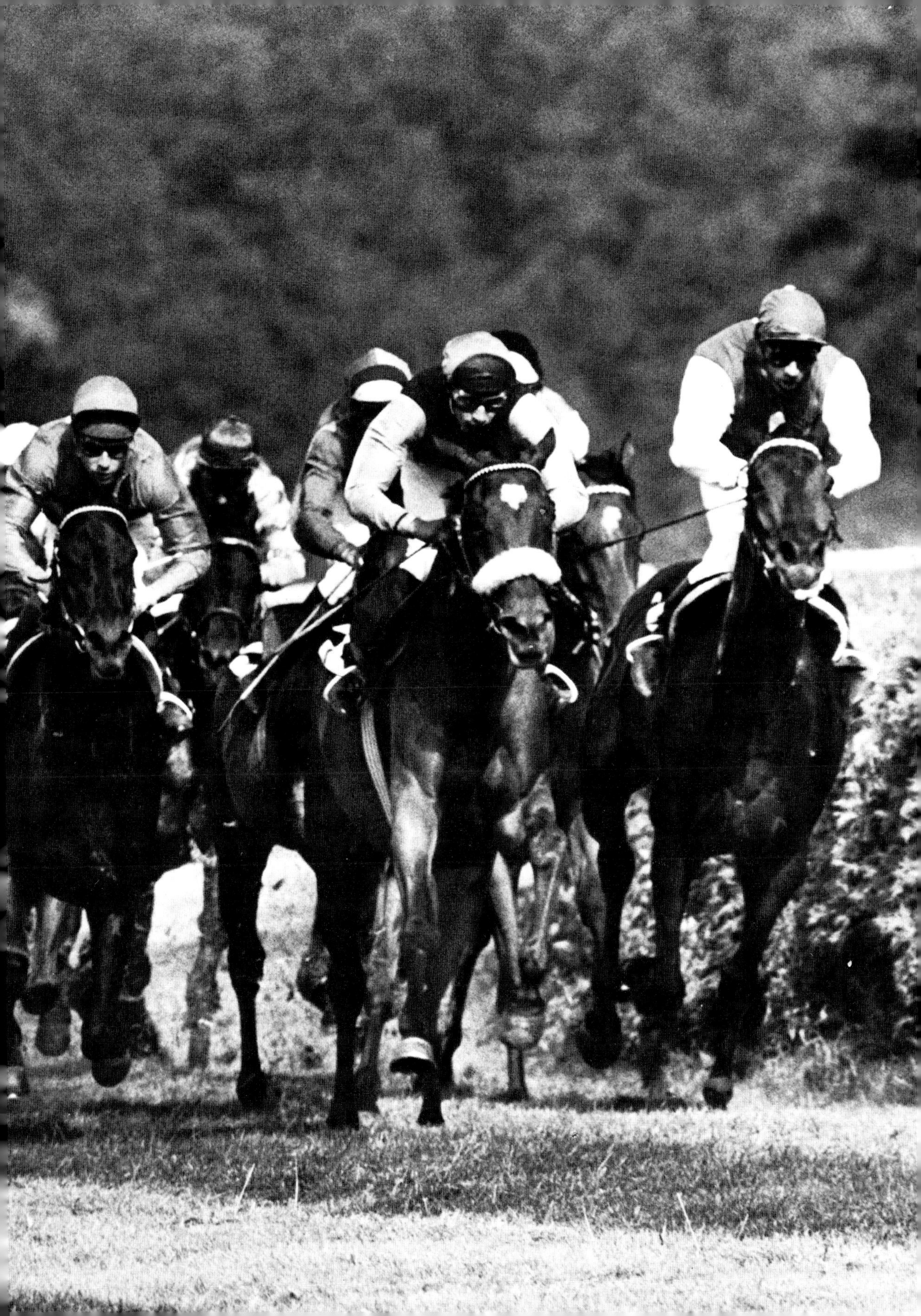

Galoppierwunder aus Deutschland: ›Schwarzgold‹

Wunderstute aus Ungarn: ›Kincsem‹

James Weatherby
Richard Tattersall

›Flying Childers‹

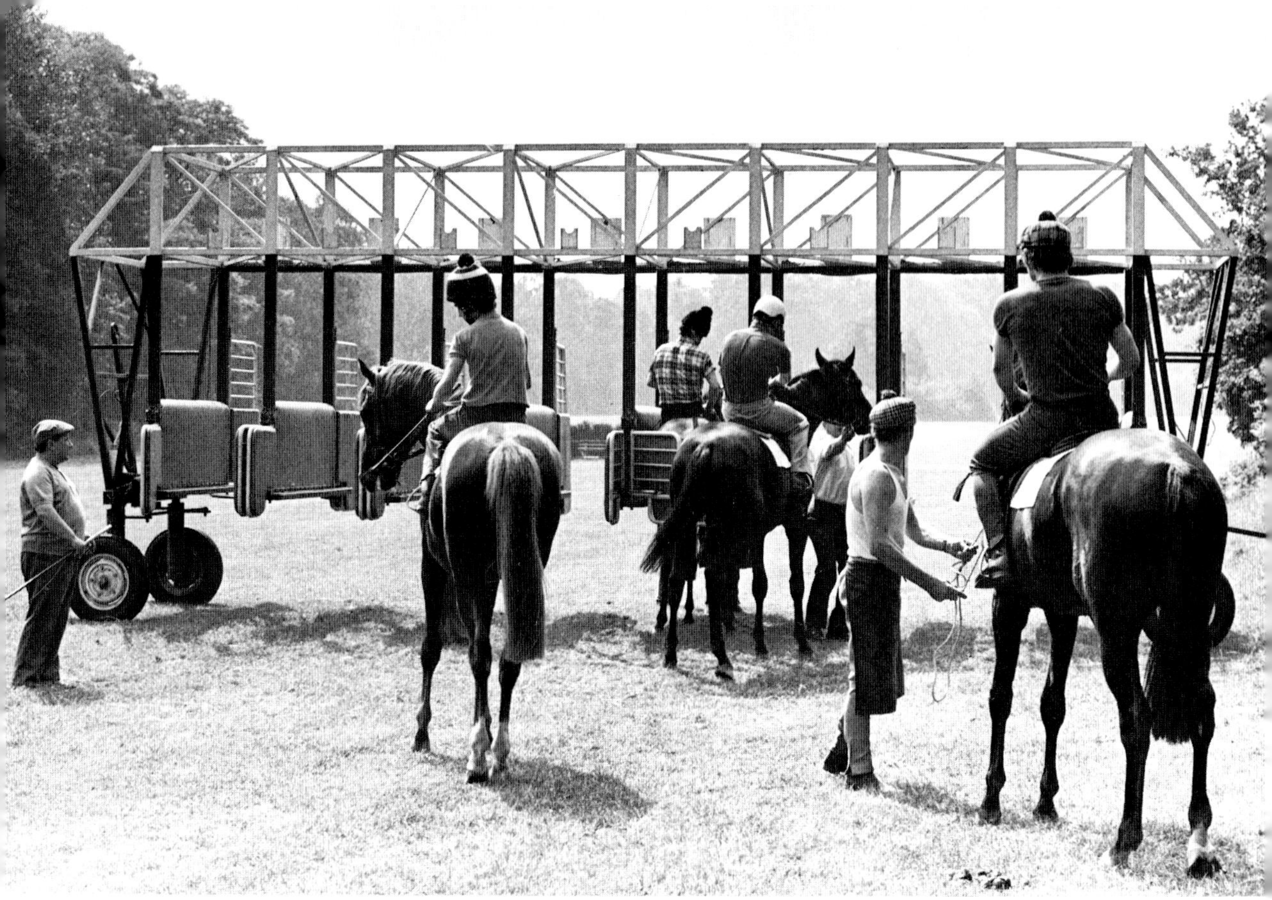

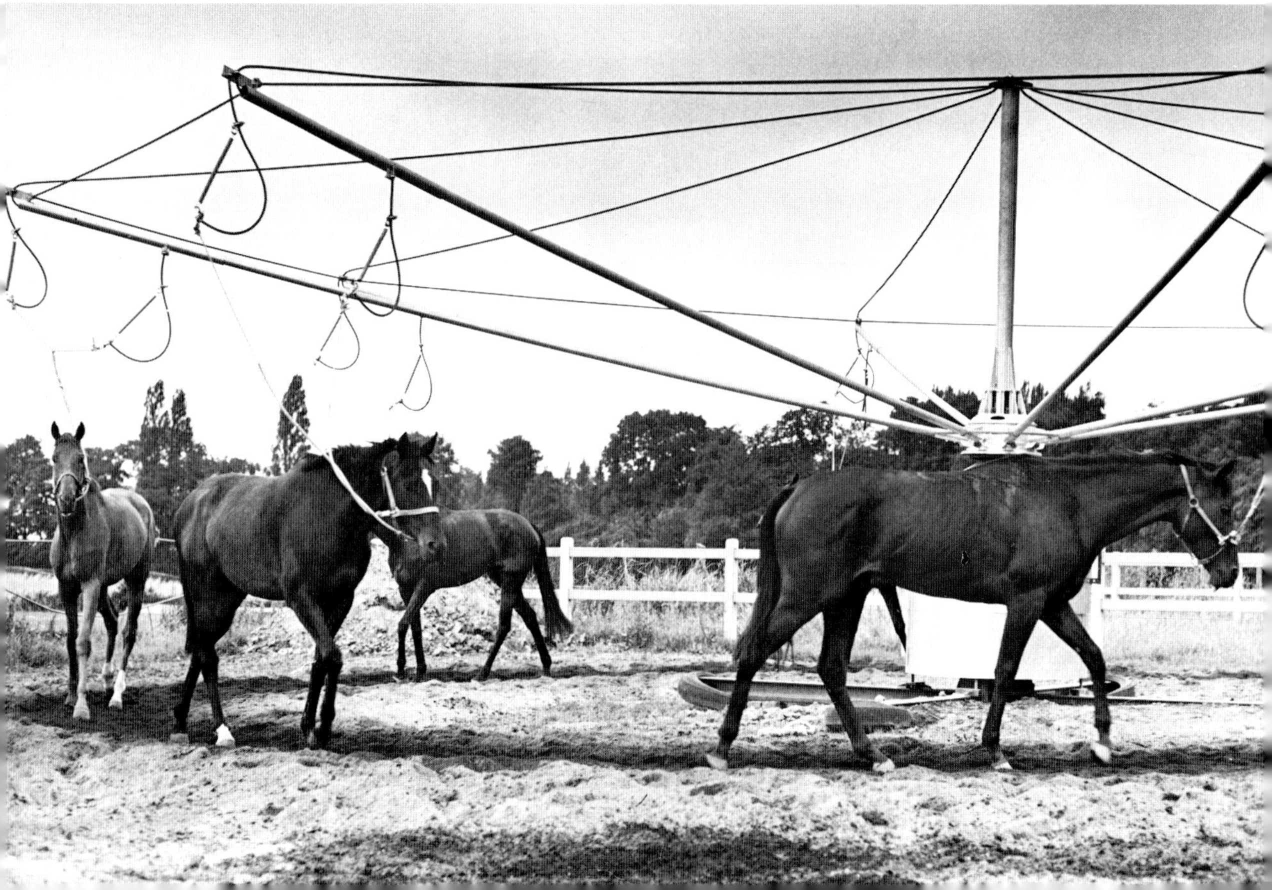

◁ *Gewöhnung junger Pferde an die Startboxen: Geduld ist dabei oberstes Gebot*

Die Technik als Trainingshelfer: Pferde an der Führmaschine

▶ Ist das Pferd ein Kämpfer? Oder ist es ängstlich, wenn ihm im Gedränge des Feldes die Kontrahenten »an die Gurten« kommen?
▶ Welcher Reiter paßt am besten auf das Pferd? Braucht es einen starken Jockey, der es gut zusammenhalten und treiben kann – oder einen geschmeidigen mit weicher Hand, der es möglichst wenig stört und nicht zu hart anfaßt?

Unter Berücksichtigung dieser Überlegungen – die keinesfalls Anspruch auf Vollständigkeit erheben – ist es für jeden Trainer oberstes Gebot, das Pferd nicht schon in der vorbereitenden Arbeit auszulaugen. Während ihres Verlaufes – der im Rahmen der gegebenen Verhältnisse »geographisch« so abwechslungsreich wie möglich sein sollte, um dem intelligenten und aufgeweckten Vollblüter das Einerlei des täglichen Drills interessanter zu machen und dem stumpfsinnigen, lustlosen Herunterspulen des Pflichtprogramms vorzubeugen – während dieses Verlaufs also tut man klug daran, das Training etwa 25% unter den Anforderungen zu halten, die im Rennen verlangt werden. Unter Umständen ist das nämlich das Reservoir, aus dem der Sieg geschöpft wird. Anders formuliert: das Pferd soll keine Arbeitsgalopps gewinnen, sondern Rennen. Dieser Forderung werden jedoch nicht alle Trainer gerecht. Denn Trainieren ist eine Kunst. Und große Künstler sind auch in diesem Metier zu allen Zeiten rar gewesen.

Natürlich hat sich auch die Wissenschaft dieser Dinge angenommen. Bisher ist es ihr allerdings nicht gelungen, dem Vollblüter zu noch größerer Schnelligkeit zu verhelfen. Immerhin förderte sie einige wichtige Erkenntnisse zutage.

Den Pferden den Puls gefühlt

Bereits 1959 führten die Russen in Rostow am Don Experimente durch, die ergaben, daß die jeweilige Dynamik des Sauerstoffgehalts im venösen Blut als objektives Merkmal hinsichtlich der funktionellen Beschaffenheit des Organismus zu werten ist. Auf der Grundlage exakter Untersuchungen kann demzufolge nach A. Laskow jedes Pferd individuell trainiert, das heißt, entsprechend seines organischen Zustandes belastet werden. Dabei ist interessant, daß diejenigen von ihnen, die nach dem Training eine Verringerung des Sauerstoffgehalts im venösen Blut zeigten, auf der Bahn erfolglos blieben. Dagegen siegten Pferde – oder liefen zumindest auf vordere Plätze –, bei denen sich die entsprechenden Werte erhöht hatten. Außerdem stellte man fest, daß die Dauer der Phase, in der die O_2-Sättigung steigt, bei dem einen oder anderen der vierbeinigen Athleten unterschiedlich lang ist. In der Regel beträgt sie drei, vier – in Ausnahmefällen sogar bis zu sechs Monate. Danach nimmt der leistungsnotwendige und leistungsfördernde Faktor jedoch überall ab, um nach einer gewissen Zeit wieder anzusteigen. Im Grunde genommen bedeutet das nichts anderes, als daß das eine Pferd seiner Veranlagung gemäß nur acht, das andere jedoch zehn, zwölf oder mehr Rennen im Leib hat.

1969 nahm auch ein Team des veterinär-physiologischen Instituts der Freien Universität Berlin bei Vollblütern vor und nach deren morgendlichen Exerzitien Blutuntersuchungen vor. Nach ihrer Auswertung war man der Meinung, daß die Meßgrößen-Veränderungen des Säure-Basen-Haushaltes mehr über den Trainingszustand des betreffenden Pferdes aussagen als die Sauerstoffsättigung im venösen Blut. Gleiches stellte man übrigens auch nach Untersuchungen an Trabrennpferden fest.

Außerdem erhielt man bei den Arbeiten konkrete Aufschlüsse über die Herztätigkeit der Testindividuen unter Belastung. Während der Ruhepuls eines trainierten Vollblüters pro Minute etwa 35 Schläge beträgt, erhöht er sich im Führring schon beträchtlich und klettert dort auf Werte, die zwischen 52 und 148 Schlägen liegen. Diese zum Teil enorme Steigerung hat ihren Grund ausschließlich im nervlichen Bereich, denn eine physische Anstrengung wird zu diesem Zeitpunkt ja nicht verlangt. Durch die andersgeartete Umgebung, das Drum und Dran des Aufsattelns, die Masse der Menschen und das auf Erfahrung beruhende Gefühl, gleich einer harten Leistungsprobe unterzogen zu werden, erregen sich viele Pferde und zeigen Lampenfieber. Nach dem Aufsitzen der Jockeys ist eine weitere Erhöhung festzustellen. Das Herz schlägt jetzt 64- bis 195mal in der Minute. Während des Aufgalopps beträgt die Zahl seiner Kontraktionen dann schon 172 bis 220 – die während des Rennens schließlich zum rasenden Crescendo von 204 bis 241 Schlägen kulminiert.

Bei ihren Untersuchungen ging es den Wissenschaftlern jedoch nicht nur darum, den Trainern handfeste Zahlen zu liefern – sie wollten gleichzeitig herausfinden, ob der Vollblüter mittels ihrer Ergebnisse nicht schneller gemacht werden könnte. Dabei kam Prof. Hans Dieter Krzywanek von der Freien Universität Berlin zu dem Resultat, daß dieser Effekt durch wissenschaftlich erarbeitete Methoden wahrscheinlich nicht zu erreichen ist. Allerdings sei es möglich, das Training durch sie zu rationalisieren. Beispielsweise könnte man Pferde ermitteln, mit denen zu arbeiten es sich nicht lohnt, beziehungsweise den genauen Zeitpunkt erfassen, von dem ab weitere Arbeit schädlich ist. Mit dem citius, altius, fortius – dem höher, schneller, weiter olympischer Lesart, das in übertragenem Sinne auch hier gilt und angewendet werden will – scheint es in unserem Fall also nichts zu sein.

Daß der Vollblüter das Maximum seiner Schnelligkeit und biologischen Belastbarkeit bereits erreicht hat, meint auch der in diesem Buch schon zitierte Peter Burrell. Seiner Ansicht nach gelangte er schon vor mindestens 50 Jahren an diese Grenze. Die Derbyzeiten der führenden Rennsport-Länder unterstützen die Feststellung des britischen Hippologen. Daß bestehende Rekorde trotzdem immer wieder gebrochen worden sind, ist seiner Meinung nach allein dem intensiveren Training, den verbesserten Bahnen und dem veränderten Reitstil zuzuschreiben. Mit anderen Worten – die äußeren Gegebenheiten sind dafür verantwortlich, nicht die Erbmasse. Daraus ergibt sich nach Peter Burrell nun ein Problem, das für alle Tierzüchter gilt: die Aufrechterhaltung des Leistungsstandards nach dem Erreichen des Höhepunkts. In diesem Zusammenhang sagt er wörtlich:

»Sind die betreffenden Anlagen des Rennpferdes durch scharfe Zuchtauswahl bis zur Grenze der zu erreichenden Schnelligkeit verbessert, so ist die Tendenz zum Leistungsrückgang oft so stark, daß wir durch unsere größten Anstrengungen häufig nicht mehr tun können, als einen weiteren Rückgang zu verhindern.«

Laut Osborne sollen in England Pferde schon um 1200 auf Schnelligkeit gezüchtet worden sein. Das mag seine Richtigkeit haben. Aber größere Aufmerksamkeit ist dieser Angelegenheit sicherlich erst später geschenkt worden. Dann nämlich, als das sich mehr und mehr ausweitende und verfeinernde System der Rennen die Zucht geschwinder Pferde zur Notwendigkeit erhob. Das Ergebnis dieser Entwicklung war ein Individuum, das heute zu den schnellsten Lauftieren der Erde gehört. Denn der Vollblüter – der in 3 Sekunden 50 Meter weit galoppieren kann – erreicht bei Entfaltung seiner höchsten Geschwindigkeit 60 km/h und mehr. Allerdings muß ›Flying Childers‹ vor rund 250 Jahren bereits 90 km/h gelaufen sein, weil er in 3 Sekunden 75 Meter bewältigt haben soll. Obwohl der Hengst für damalige Verhältnisse mit Sicherheit ein sensationell schnelles Pferd war – schon sein Name drückt das aus –, gehören derartige Zahlen in das Reich der Fabel. Hier werden sich Legende und Wirklichkeit wohl vermischt haben. Andernfalls hätte sich der Vollblüter ja rückläufig entwickelt. Tatsächlich aber ist jedes mittelmäßig veranlagte Galopprennpferd unserer Tage den Laufwundern früherer Zeiten ebenbürtig, wenn nicht überlegen. Dr. Richard Sternfeld wird in seinem Buch »Von Patience bis Nereide« sogar noch deutlicher. Er schreibt, daß die Cracks von anno dazumal heute nur noch Verkaufsklasse sein würden.

Im Gegensatz zu vergleichbaren menschlichen Bereichen verlief die Schnelligkeitsentwicklung beim Vollblüter wesentlich langsamer. Dort gab es vor allem nach dem Zweiten Weltkrieg einen regelrechten Boom von zum Teil phantastischen Rekorden – hier wurden die Bestleistungen nur peu à peu unterboten. Beispielsweise verbesserten sich in England die Zeiten von Derby, Oaks und St. Leger innerhalb von 100 Jahren nur um durchschnittlich 16.3 Sekunden. In Deutschland steht der Derbyrekord seit 1936 bei 2:28.8 Minuten. Das von der Erlenhofer Ausnahmestute ›Nereide‹ gesetzte Maß wurde 1973 von ›Athenagoras‹ zwar egalisiert, jedoch nicht unterschritten. Dafür legte der Zoppenbroicher 1975 beim Großen Preis von Nordrhein-Westfalen auf dem diffizilen Düsseldorfer Grafenberg die 2400-m-Strecke dann in 2:26.7 Minuten zurück, die für die klassische Distanz hierzulande als Bestzeit gelten. Aber auch außerhalb unserer Grenzen können sie sich sehen lassen. Denn in der ganzen galoppsporttreibenden Welt sind bisher nur wenige Pferde schneller gewesen. Unter anderem lief der italienische Derbysieger ›Sirlad‹ 1977 im Gran Premio di Milano über 2400 Meter 2:26.2 Minuten. Der Weltrekord für Grasbahnrennen dieser Länge steht bei 2:23.8 Minuten und wurde 1964 vom amerikanischen Wallach

›Kelso‹ – dem mit 1 977 896 Dollar Gewinnsumme erfolgreichsten Vollblüter der Turfgeschichte – im Washington D. C. International gelaufen.

Bestleistungs-Register kann man natürlich für jede Distanz anlegen. Doch wozu? Allenfalls, um statistische Lücken zu füllen. Aufgrund von meist unterschiedlichen Bahn- und Bodenverhältnissen sowie divergierender Gewichte und Rennverläufe etc. sind die chronometrischen Angaben dieses Metiers – zumindest was kürzere Zeitabschnitte betrifft – nämlich kaum miteinander zu vergleichen und wollen daher nur als schmückendes Beiwerk verstanden werden. Was hier zählt, ist einzig und allein der Sieg! Aber gerade deswegen wird man rund um den Erdball weiterhin versuchen, noch schnellere Pferde zu züchten – und dabei hoffen, daß die Gene mitspielen und die Umwelt es zuläßt: denn Blut ist ein ganz besonderer Saft!

3. Buch

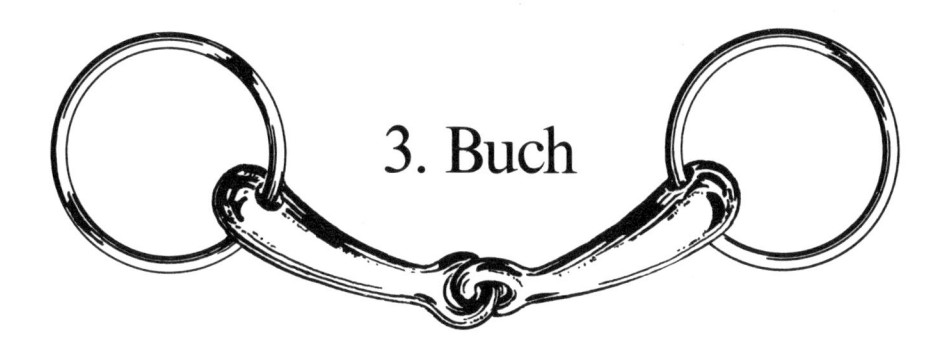

Vollblut made in Germany

Eine Sternstunde der deutschen Vollblutzucht

Am Nachmittag des 5. Oktober 1975 trauten Tausende von Menschen auf der Pariser Prachtbahn Longchamp ihren Augen nicht. Ein krasser Außenseiter, den eine Reihe französischer Zeitungen in ihren Voraussagen »glatt« übersehen hatte, siegte im Prix de l'Arc de Triomphe – dem in jeder Beziehung größten Galopprennen der Welt. Es war ›Star Appeal‹ aus dem Stall Moritzberg. Allerdings hätte man gewarnt sein müssen, denn der Hengst war kein Nobody. Immerhin hatte er außer einigen anderen Prüfungen zuvor auch zwei internationale Topereignisse gewonnen: den Gran Premio di Milano und die Eclipse Stakes. Obwohl die Gegner dabei nicht so erlesen waren wie in Longchamp, war ›Star Appeal‹ schon wer, als er in Paris an den Start ging. Trotzdem war sein Sieg im »Arc« eine Sensation.

In jenem denkwürdigen Rennen wurde der Fünfjährige von seinem englischen Jockey Greville Starkey streng auf Warten geritten. Auch als das Feld in die Zielgerade einbog, war von ihm noch nichts zu sehen. Nach wie vor wurde der Moritzberger von einem Wall vor ihm laufender Pferde verdeckt. Ein Durchkommen schien unmöglich. Aber kurz darauf suchte Starkey die Entscheidung. Etwa 300 Meter vor dem Ziel kurvte er mit ›Star Appeal‹ aus der viertäußersten Spur in die Mitte der Bahn – und fand auch dort keine Lücke. Im gleichen Moment stand ihm jedoch das Glück zur Seite, das Glück des Tüchtigen und Wagemutigen. Denn ganz innen fiel ein Pferd zurück. Das dadurch entstehende Loch nutzte der beherzte Jockey nach erneutem Slalom zum Durchschlupf. Im Nu war er an der Spitze. Alle Anstrengungen der verdatterten Konkurrenz nützten nichts. ›Star Appeal‹ und Greville Starkey hielten ihren Vorsprung und passierten drei Längen vor dem nächsten Gegner den Zielpfosten. Womit eine der größten Turfüberraschungen des Jahrhunderts perfekt war.

Noch nie hatte ein deutscher Vollblüter den Prix de l'Arc de Triomphe gewonnen – jene Prüfung, die man als die Weltmeisterschaft der Flachrennpferde bezeichnen könnte und an der das Beste vom Besten teilnimmt. Daher schlug der sensationelle Erfolg ›Star Appeals‹ nicht nur auf der Habenseite seines Besitzers Waldemar Zeitelhack gewaltig zu Buche, sondern steigerte auch das Renommee einer Zucht, deren Produkte im allgemeinen nicht zur ersten Wahl gehören. Als ›Star Appeal‹ im gleichen Jahr seine Karriere beendete, hatte er als Globetrotter auf europäischen und amerikanischen Bahnen 1 527 836 DM verdient – mehr als jedes andere deutsche Rennpferd vor ihm. Außerdem machte man ihn zum »Champion von Europa« – der Titel wurde 1975 das erste Mal vergeben – sowie zum »Galopper des Jahres«. Die wohl höchste Ehre für ihn und die Vollblutzucht der Bundesrepublik Deutschland aber beinhaltet die Tatsache, daß ihn das englische Nationalgestüt in Newmarket als Deckhengst aufstellte.

Zu diesem Zeitpunkt wurden hierzulande bereits seit etwa 175 Jahren Vollblüter gezüchtet. Viele von ihnen kamen auf nationaler Ebene zu wesentlich größeren Meriten als ›Star Appeal‹ – international aber war keines erfolgreicher!

Die Wiege stand in Mecklenburg

»Allen und jeglichen Kurfürsten, Fürsten, geistlichen und weltlichen Herren, Grafen, Freien, Rittern, Knechten, Amtsleuten, Bürgermeistern, Bürgern und Gemeinen, denen dieser unser Brief zukommt, entbieten wir, Ulrich von Gottes Gnaden Herzog zu Württemberg und Teck, Graf zu Mömpelgart etc. unsere freundlichen Dienste und günstlichen Grüße je nach Gebühr seines Standes wie allzeit zuvor. Wir geben Euch hiermit zu erkennen, daß wir zu Kurzweil und Geselligkeit uns vorgenommen haben, ein Rennen mit laufenden Rossen über eine Meile von Neckarweihingen bis Biningen, vor unserer Stadt Marbach am Neckar gelegen, abzuhalten. Wie nachstehend aufgeführt wird, also am elften Tag des Monats Mai um 8 Uhr, müssen alle Pferde, die mitlaufen, unter den Reitknaben zu diesem Anlaß in Neckarweihingen sein, und dem ersten Roß welches mit dem Reiter über die Ziellinie kommt, wollen wir geben 32 Gulden in einem silbernen Trinkgeschirr. Dem anderen eine Armbrust und dem Dritten ein Schwert, und sollen für jedes teilnehmende Pferd ein rheinischer Gulden an dem Ort abgegeben werden, den wir bestimmen. Gegeben in unserer Stadt Stuttgart mit unserem aufgedruckten Siegel versehen am 21. Tage des Monats Dezember nach Christi, unseres lieben Herrn, Geburt, da man zählt 1511.«

Wie man sieht, wurden auch in Deutschland schon vor der Entstehung der Vollblutrasse Wettrennen zu Pferde ausgetragen. Die Aufforderung Herzog Ulrichs zu Kurzweil und Geselligkeit mit laufenden Rossen ist allerdings nicht die älteste Überlieferung von derartigen Veranstaltungen. Denn schon zur Zeit Karls des Großen – der von 768 bis 814 regierte – hat es sie gegeben. Einige Jahrhunderte später kamen dann die Scharlachrennen in Mode. Bei ihnen wurde um den Preis eines wertvollen roten Tuches geritten.

Wir wissen, daß solche und ähnliche Kirmesdarbietungen zur Volksbelustigung 1392 in Straubing, 1436 in München, 1448 in Augsburg und 1468 in Ulm stattfanden. Züchterischer Sinn lag ihnen freilich noch nicht zugrunde. Hier lief alles durcheinander – das heißt, es war jeder Pferdetyp vertreten, der über genügend Schnelligkeit verfügte, um sich Hoffnungen auf den ersten Platz machen zu können.

Die konsequente Zucht des Rennpferdes begann in Deutschland erst um 1800 oder wenige Jahre später. Auf dem Humus eigener Vorstellungen entwickelte sie sich allerdings nicht. Vielmehr wurden englische Vollblüter – die es in Großbritannien ja schon seit Jahrzehnten gab – eingeführt und als Grundstock für künftige Geschlechter verwandt. Als Initiatoren dieses hippologischen Unternehmens gelten Gottlieb und Wilhelm von Biel. Letzterer kämpfte als Leutnant und Ordonanzoffizier im Mecklenburgischen Freiwilligen Jägercorps unter der Fahne Preußens in den Befreiungskriegen. Nach deren Ende zog er unter Blücher in Paris ein und sah anläßlich dieser Gelegenheit bei den britischen Verbündeten zum erstenmal Vollblüter. Von ihnen und ihren Leistungen war er so angetan, daß er beschloß, sie im heimatlichen Mecklenburg selbst zu züchten. Da Wilhelm von Biel mit einer Engländerin verheiratet war und nicht nur deren Landessprache beherrschte, sondern in ihrer Heimat auch über gute Beziehungen verfügte, wurde das Vorhaben erleichtert. Obwohl das Preußische Hauptgestüt Neustadt an der Dosse bereits 1788 den Vollblüter ›Alfred‹ und Graf Plessen-Ivenack 1816 dessen Artgenossen ›Dick Andrew‹ eingeführt hatten, waren die Herren von Biel die ersten, die innerhalb kürzester Zeit zahlreiche Vertreter der neuen Rasse aus dem Ursprungsland importierten und sie zum Aufbau der deutschen Vollblutzucht benutzten. Dabei wurden die meisten Ankäufe über die schon seit 1766 bestehende Firma Tattersall getätigt. Viele Vermerke im englischen General Stud Book – »sold to Baron Biel« – beweisen das.

Tattersalls sind übrigens bis auf den heutigen Tag das führende Auktionshaus Englands in Sachen Vollblut geblieben. Der 1724 geborene Richard Tattersall war der spiritus rector des Unternehmens. Die Verwirklichung der cleveren Idee, Pferde in Kommission zu nehmen und öffentlich zu versteigern, machte den rossekundigen Mann reich und verschaffte seiner Firma eine Monopolstellung, die die Jahrhunderte überdauerte.

Die Beziehungen Tattersalls zu den Baronen Biel gingen übrigens weit über das Maß geschäftlicher Transaktionen hinaus. Briefe und andere Aufzeichnungen bezeugen, daß beide Häuser zum Thema Vollblut nicht nur einen regen Gedankenaustausch unterhielten, sondern, daß die Engländer sich 1828 höchstpersönlich nach Mecklenburg begaben, um sich an Ort und Stelle über den Stand der Dinge und den deutschen Absatzmarkt zu informieren. Dabei wird es für sie sicherlich aufschlußreich gewesen sein, daß in jenem Jahr allein bei der Güstrowschen Auktion Pferde für ungefähr 20000 Goldtaler unter den Hammer kamen. Auch die Brüder Biel führten zu diesem Zeitpunkt auf ihren Gütern Zierow und Weitendorf bereits mit großem Erfolg öffentliche Versteigerungen durch. Dabei wurde die Zahl der für den Verkauf bestimmten Stuten aus dem gesamten Bestand ausgelost! Bei der Auktion von 1833 wurden unter anderem 14 Fohlen veräußert. Sieben von ihnen blieben in Mecklenburg, drei gingen ins Preußische, zwei nach Hannover und je eines nach Ungarn und England. Im Auktionsbericht heißt es weiter:

»Der Besitzer dieser Pferdezucht folgt unabänderlich den Grundsätzen, welche er schon früher dahin ausgesprochen hat, daß er seine bedeutenden jährlichen Einkäufe in England in dem Sinne macht, daß bei dem Erwerb der Vollblut-Stuten für das Etablissement auf ausgezeichnete Abstammung, eigene Vorzüglichkeit und Stärke, und daß dieselben von ausgezeichneten Hengsten in England gedeckt und trächtig sind, gesehen wird. In seinem Interesse und dem des Publicums liegt es, nicht allein die älteren Mutter-Pferde des Gestüts feil zu bieten, sondern auch den Käufern die Auswahl unter allen Vollblut-Stuten zu lassen.

Wie die in Frage stehende Pferdezucht auf die Verbreitung des Vollbluts gewirkt hat, zeigt folgende Übersicht:

> Von Anno 1826, wo die erste Auction statt fand, bis zum Dezember 1832 sind ins Publicum an Vollblut-Pferden gekommen und abgeliefert:
>
> | | | | | |
> |---|---|---|---|---|
> | Beschäler: | 5 | im Lande, | 4 ins Ausland | 9 |
> | Mutter-Stuten: | 20 | im Lande, | 16 ins Ausland | 36 |
> | Hengst-Füllen: | 25 | im Lande, | 12 ins Ausland | 37 |
> | Stut-Füllen: | 15 | im Lande, | 13 ins Ausland | 28 |
> | | 65 | im Lande, | 45 ins Ausland | 110 |
>
> Hierzu der eigene Bestand des Etablissements von:
>
> | | | |
> |---|---|---|
> | Beschäler | 5 | |
> | Mutter-Stuten | 20 | |
> | Junge Renn-Pferde | 13 | 38 |
> | | | Summa 148«

Trotz des enormen Einsatzes der Herren von Biel – die bei ihren Bemühungen allerdings nicht ganz uneigennützig handelten – hatten es Vollblutzucht und Galopprennsport hierzulande nicht leicht, sich durchzusetzen. Während in England beide Komponenten seit jeher allerhöchste Protektion genossen, bestritt oder bezweifelte man in Deutschland zunächst deren Wert hinsichtlich der Verbesserung beziehungsweise Veredlung der existenten Landrassen. Als der Königlich Preußische Landstallmeister F. W. von Burgsdorf in einer Schrift den Beweis zu erbringen suchte, »daß die Pferderennen in England, so wie sie jetzt bestehen, kein wesentliches Beförderungsmittel der bessern edlen Pferdezucht in Deutschland werden können«, machten freilich auch die Lobbyisten des Vollblüters Front. Allen voran Gottlieb von Biel. Er hatte bereits 1826 in einem nur wenige Seiten umfassenden Aufsatz Vorschläge gemacht, »wie die allgemeine Verbreitung der Vollbluts-Pferde in Mecklenburg auf einem wenig kostbaren Wege erreicht werden kann«. Baron Biel – der unter anderem mit zwei Hengsten aus der Familie des ›Eclipse‹ züchtete – hob darin die Bedeutung dieses Zweiges der Landwirtschaft als gewinnbringende Einnahmequelle hervor. Zwar betrachtete er die Zucht Englands als die beste der Welt, wies aber ebenso deutlich darauf hin, daß man den Briten beim Kauf von Pferden enorm hohe Preise zahlen müsse. Im eigenen Land könne man auf die Dauer billiger produzieren, wenn man sich zunächst den nötigen Bestand von englischen Vollblütern beschafft und mit diesen nach den auf der Insel bewährten Prinzipien weiter züchtet. In seinem 1830 erschienenen Buch »Einiges über edle Pferde« – das zwar nicht das früheste, aber das erste bedeutende seiner Art in deutscher Sprache ist –

macht sich Baron Biel dann zum leidenschaftlichen Fürsprecher des Rennpferdes britischer Prägung. Der mecklenburgische Edelmann liest darin dem Berufshippologen von Burgsdorf kräftig die Leviten. Dabei sind seine Ausführungen nicht nur als hippologisches Dokument der Zeit von Bedeutung, sondern vor allem wegen der Richtigkeit und Akribie ihrer Beweisführung. Auf insgesamt 358 Seiten schreibt Baron Biel unter anderem folgendes:

»Herr von Burgsdorf spricht die Meinung aus, daß sich
A) das Englische Rennpferd überhaupt als unmittelbares Gebrauchspferd für uns Deutsche nicht eigne, und
B) daß die Pferderennen auf Art der Engländer nicht dem Zwecke der Verbesserung der Pferdezucht entsprechen können.

Ad A. bemerken wir, daß der Zeitpunkt wohl noch sehr entfernt liegen möchte, vielleicht nie eintreten dürfte, wo es wegen der großen Anzahl Vollblutpferde in Deutschland, von practischem Nutzen wäre, darüber zu discutiren. Vorläufig gebraucht man sie zu zwei Hauptzwecken, nämlich:
a) um die Race rein fortzuziehen, und dadurch in der Halbblutzucht
b) einen tüchtigen, brauchbaren Schlag Reit-, Soldaten- und Wagenpferde zu erzielen, wie solches durch sie in England seit fast zwei Jahrhunderten, und in Amerika seit ungefähr 80 Jahren wirklich geschehen ist.

Da man sie aber in England, wie gezeigt ist, sowohl zur Jagd als zum Fahren gebraucht, so möchte der Grund, daß eine andere Nation sie nicht zum unmittelbaren Gebrauch verwenden könnte, schwer aufzufinden seyn. Eine flüchtige Durchsicht des Studbooks weiset mehrere Mutterstuten nach, welche als Jagd-, Reit-, Wagen- und Damenpferde gedient haben.

Ad B. England hat sich die Welt durch seine Pferdezucht tributär gemacht, das ist ein Factum, und dieses nach dem Urtheile der Nation allein durch die Pferderennen, als Prüfungsstein für die Zuchtthiere, hervorgebracht. Auffallend wäre es aber, wenn in diesem Falle, als einzige Ausnahme, die Meinung der Aufgeklärten einer großen und nachdenkenden Nation falsch wäre. Daß man in anderen Staaten auch so denkt, beweiset das Nachfolgende.

Der Berichterstatter sagt in der Kammer der Depurtirten von Frankreich: »Schon 1821 erkannte die Kammer den Nutzen der Rennen. Nicht als Gegenstand des Luxus, nein! als ein mächtiges Mittel, unsere besten Pferdearten zu vermehren und zu verbessern, müssen wir sie betrachten. Die Vortheile, die England durch sie erhalten hat, liefern den positiven Beweis ihres Nutzens.«

Die Amerikaner sagen: »Das Resultat der Rennen ist gewesen, eine Race von Rennpferden, Pferde für die Landstraße, die Jagd, den Ackerbau, und schnelle Wagenpferde zu schaffen, welche die aller Länder übertreffen.«

Napoleon, dessen Scharfsinn in Auffindung der rechten Mittel, um zum Zwecke zu kommen, wohl ein Jeder Gerechtigkeit widerfahren läßt, führte die Rennen 1806 ein, und setzte dazu jährlich 80 000 Frcs. aus. Die Bourbons, obgleich im Allgemeinen wohl nicht sehr geneigt, die Maßregeln Napoleons fortzusetzen, vermehrten diese Summe noch um zwei Preise jährlich, d. h. den Königspreis zu 6000 Frcs., und den Preis Dauphin zu 3000 Frcs. So daß die französische Regierung jetzt jährlich 89 000 Francs zu Rennpreisen gibt.

Eine bayrische Verordnung von 1447 zur Ermunterung der Rennen, giebt als Zweck ihrer Einführung an: »um gute, geschwinde und dauerhafte Pferde zu erzielen, dann der Reitkunst aufzuhelfen«. Schon 1447 hatte eine deutsche Regierung eine so richtige Ansicht von dem Werthe der Rennen. In Jahrhunderte langer Erfahrung bestätigte nachher England glänzend die Wahrheit dieser Ansicht, und 1828 sind nur in wenigen Theilen Deutschlands Rennen eingeführt, und man streitet sogar noch über deren Nützlichkeit!

Aus nichts kann man wohl besser die Güte der Wagenpferde beurtheilen, als wie schnell die öffentlichen Kutschen gehen. Wir lassen deshalb einige Facta folgen, und bemerken nur noch, daß in England die öffentlichen Kutschen 4 Plätze inwendig haben, und die Zahl der Passagiere außen zwischen 8 und 14 schwebt, deren sämmtliche Bagage nicht allein auf den Wagen gepackt ist, sondern außerdem auch noch Paquete, Güter etc. mitgenommen werden, und daß vor solche Kutschen nie mehr als 4 Pferde gespannt sind. Die sogenannten Fast-Coaches mit ihrer sämmtlichen Bagage, gehen Nacht und Tag 10 Meilen per Stunde, und dieses geschieht, während der Kutscher bei weitem weniger die Peitsche gebraucht, als früher, wo man nur 7 Meilen die Stunde fuhr. Wenn wir aber bedenken, daß diese Vermehrung der Schnelligkeit allein auf dem Wege von London nach Birmingham 5 Stunden gewinnen macht, so wird man leicht abnehmen können, welcher unendliche Vortheil dadurch der handelnden Welt erwächst. Nach dem Urtheile aller vernünftigen Männer, und auch nach der Erfahrung, ist es aber nicht nöthig Galopp zu fahren, um die Zeit zu halten. Es giebt Mails, welche nach den entferntesten Theilen Englands gehen, und während eines Jahres trotz der Nächte, des Wetters und Winters, zusammengenommen nicht mehr als einige wenige Stunden verlieren, obgleich ihnen 10 ja oft 11 Meilen per Stunde, selbst während der Nacht, aufgegeben sind. Ein Schriftsteller sagt über die jetzige Art in England zu reisen:

»Ich bewundere den Geschmack, mit welchem Alles an dem Southampton-Telegraph eingerichtet ist, und ebenso den Gentleman Taylor, den Kutscher. Man kann keine schönere Equipage sehen. Welcher Unterschied in Allem im Vergleich früherer Zeit. Statt der schwerfälligen Art Karrenpferde, welche ebenso gefühllos für die Stimme, als die Peitsche waren, sehen wir Herrn Taylor, hoch auf dem Bocke sitzend, mit aller Gewalt den Muth seiner Pferde zurückhalten, und die Peitsche – wer würde das sonst geglaubt haben – an seiner Seite ruhend. Nie, als bei ganz besonderen Gelegenheiten, oder wenn es dem kräftigen Arme des Kutschers für kurze Zeit nicht gelingt, den übermäßigen Muth seiner Pferde zu bändigen, fährt diese Coach Galopp. Nicht zum 10ten Theil wird jetzt die Peitsche so viel gebraucht, als damals, als ich anfing zu reisen (vor 20 Jahren). In dieser Zeit war es hergebracht, daß jeder Kutscher ein halbes Dutzend Peitschenschnüre neben sich hängen hatte, und die meisten, wo nicht alle, waren am Abend verbraucht.

Welcher Pferdeliebhaber kann den Weg von London nach Doncaster mit der Coach zurücklegen, ohne den Zug von 4 braunen Vollblutstuten zu bewundern, welche die Coach von 1820 bis 1827 – und vielleicht noch jetzt – täglich, ohne auch nur eine einzige Unterbrechung von Barnby Moor nach Rosetter Bridge, 10 Meilen, bringen? Auf der Straße nach York, fährt man von des Morgens um 8 Uhr bis Abends 8½ Uhr 110 Meilen. Die Cambridge Coach geht die Stunde 12 Meilen, und es ist ein bekanntes Factum, daß der Telegraph den Weg von London nach Southampton, 77 Meilen, in 6 Stunden zurückgelegt hat. 1742 brauchte die Coach von London nach Oxford 2 Tage, in dem sie täglich 10 Stunden ging. Jetzt fährt man es in *sechs* Stunden! Von Hamburg nach Lübeck, 36 Englische Meilen, braucht man einen ganzen Tag mit Extrapost, und kömmt dann, selbst in dem bequemsten Wagen so zerstoßen an, daß an Geschäfte nicht zu denken ist. In England würde man diesen Weg in 3 bis 4 Stunden zurücklegen, also sehr gut, von Lübeck ausfahrend, seine Geschäfte in Hamburg abmachen, und mit der größten Bequemlichkeit, Abends wieder zu Hause sein können. Bedenkt man die wichtige und herrliche geographische Lage beider Städte, und das dennoch zwischen denselben eine solche barbarische Communication Statt findet, so muß man den Geist und die Thätigkeit der Deutschen bewundern, daß sie bei solchen empörenden Einrichtungen, doch auf derjenigen Stufe der Cultur und des Wohlstandes sich befinden, auf welcher sie stehen. O, möchte doch dieser Schandfleck des 19ten Jahrhunderts und Deutschlands bald verschwinden!«

Möglicherweise ist es der Philippika Gottlieb von Biels zuzuschreiben, daß Herr von Burgsdorf seine Abneigung gegen das Rennpferd nach einiger Zeit aufgab und als Landstallmeister von Trakehnen schließlich doch den geprüften Vollbluthengst dem Orientalen vorzog. Vielleicht beugte er sich auch nur dem allgemeinen Tun; denn landauf und landab wurden vollblütige Beschäler zur Veredlung benutzt.

Mecklenburg war die Keimzelle der Zucht des deutschen Galopprennpferdes. Aber schon bald wurde es auch im Herzogtum Braunschweig, in Sachsen-Anhalt, im Rheinland und in Schlesien gezogen. Dort machten sich vor allem die Grafen Henckel von Donnersmark recht früh einen Namen als Vollblutzüchter. Bereits 1832 wurden auf ihrem oberschlesischen Gut Naklo die ersten Stuten eingestellt. Später pflegte das begüterte Geschlecht seine pferdesportlichen Interessen auch in Ungarn und Österreich. In seiner Blütezeit stand es sowohl in Deutschland als auch in den beiden Ländern der damaligen Donaumonarchie mehrmals an der Spitze der erfolgreichsten Besitzer. Unter der stattlichen Zahl von gewonnenen Prüfungen befinden sich auch drei Sieger im Derby und neun in der Union – jedoch keines im klassischen Henckel-Rennen, das nach dem Namen der Familie benannt ist. Im Wechsel der Zeiten verblaßte der Glanz der Henckelschen Farben – doch der Passion der Ahnen geht auch die jetzige Generation nach. Denn Graf Lazarus Henckel von

Donnersmark – der gegenwärtige Präsident des Union-Klubs – unterhält eine zwar kleine, doch recht erfolgreiche Vollblutzucht.

1842 wurde das erste Allgemeine Deutsche Gestütsbuch herausgegeben. In ihm waren bereits 242 Personen registriert, die mit 779 Vollblutstuten züchteten. Dabei ist interessant, daß nur etwa 8% von ihnen mehr als 10 Stuten besaßen. Die damaligen Verhältnisse glichen in dieser Hinsicht also ungefähr den heutigen. Neben den Herren von Biel hatten die Grafen Hahn und Plessen, der Herzog von Schleswig-Holstein-Augustenburg, der Freiherr von Maltzahn-Cummerow, der Großherzog von Mecklenburg-Schwerin und Graf Bassewitz-Preberede die größten Gestüte. Zu diesem Zeitpunkt war die Zucht des Vollblüters in Deutschland den Kinderschuhen schon entwachsen. Auch die Rennen zur Ermittlung der besten Pferde waren bereits 20 Jahre alt.

Es begann in Doberan

Schon ein halbes Jahrhundert vor dem Einsetzen der olympischen Bewegung, lange bevor man Fußball und andere Disziplinen der Leibesübungen kannte, gab es hierzulande Galopprennen nach sportlich-züchterischen Gesichtspunkten. Daher kann man sie mit Fug und Recht als den ältesten Sport Deutschlands bezeichnen. Nicht zuletzt deswegen heißt die 1886 gegründete und heute noch existierende Fachzeitung der Branche »Sport-Welt«.

Das erste Galopprennen auf deutschem Boden wurde am 22. August 1822 im mecklenburgischen Doberan ausgetragen: auf einer primitiven Rennbahn, die »links an der Landstraße von Doberan nach Heiligendamm« lag. Als Impresario dieses und anderer Rennen trat wiederum Wilhelm von Biel auf. Der tatkräftige Mann wählte auch den Ort der »Erstaufführung« – der nur etwa 6 km vom Strand der Ostsee entfernt lag – und richtete ihn unter Einsatz eigener finanzieller Mittel mit Unterstützung des Grafen Hahn-Basedow für den beabsichtigten Zweck her. Auch die Bahnen von Güstrow und Neubrandenburg verdanken ihr Entstehen seiner Initiative.

Alles, was sich zu diesem Zeitpunkt in Mecklenburg auf dem Vollblutsektor tat, wurde in einer Art Rennkalender festgehalten: Prüfungsergebnisse, Auktionsberichte, Subskriptionslisten, Ausschreibungen, Regelneuheiten und vieles andere mehr. So rührt man zum Beispiel in der Saisonbilanz der Basedower Bahn von 1829 kräftig die Werbetrommel für Galopprennen. Wir wissen, daß sie diese public relations nötig hatten.

»Zu den Basedower Rennen hatte sich ein zahlreiches Publicum nicht allein aus den nächsten Städten und der Umgebung eingefunden, sondern man fand auch mehrere Fremde auf dem Rennplatze versammelt. Die Basedower Rennbahn ist nunmehr mit in die

Reihe der öffentlichen Bahnen Mecklenburgs getreten. Daß es ihr an Konkurrenz für die Folge nicht fehlen wird, verbürgt das allgemein herrschende Interesse für die Verbesserung unserer Pferdezucht, und die Überzeugung aller aufgeklärten Züchter des Landes, daß zur Erkenntnis der innern unsichtbaren Kraftvollkommenheit des edlen und veredelten, für den Gebrauch verbesserten Pferdes, die nach anerkannt richtigen Grundsätzen geregelte öffentliche Prüfung unerläßlich sei.

Es kann mithin nicht anders als dankbar erkannt werden, daß von dem Herrn Besitzer der Bahn und Begründer der Basedower Rennen, durch die Zulassung aller auf dem Kontinent gebornen Pferde und durch die patriotische Aussetzung des Preises, den Pferdezüchtern eine neue Gelegenheit zur öffentlichen Prüfung ihrer Zucht-Erzeugnisse gegeben ist. Wir hoffen, daß das gegebene schöne Beispiel bald noch andere patriotisch gesinnte Inhaber großer Besitzungen veranlassen wird, ähnliche öffentliche Rennen zur freien Konkurrenz zu stiften. Man besorge nicht, daß es an Theilnehmern fehlen werde. Aus einer oberflächlichen Übersicht des für 1828 herausgegebenen Verzeichnisses der geschlossenen Privatrennen in Mecklenburg ergiebt sich, daß 149 Pferde von vielen verschiedenen Besitzern zu der Summe von 21 350 Talern Gold für die nächsten Jahre fest engagirt sind.

Unter den Theilnehmern, die Pferde zum Rennen stellen, findet man seine Königliche Hoheit unsern verehrten Erbgroßherzog, Seine Majestät den König von England und mehrere hohe fürstliche Personen des Auslandes. Es werden also viele, und darunter gewiß sehr ausgezeichnete, Pferde in Training kommen. Je öfter dieselben Gelegenheit finden, öffentlich aufzutreten, und durch ausgezeichnete Leistungen dem Publico die verlangten Beweise ihrer Schnelligkeit, Kraft und Dauer abzulegen, desto früher können sie ihren nothwendigen Rennkurs durchmachen, also früher in die Zucht übergehen und ihre bewährte Vollkommenheit künftigen Generationen mittheilen. Folglich kann die gegebene vermehrte Gelegenheit zum öffentlichen Auftreten eines für die Bahn zugerichteten und demnächst zur Zucht bestimmten edlen Pferdes mit Recht als gemeinnützig für das ganze der Pferdezucht angesehen werden.

Nothwendig ist es, das edle Pferd öffentlich zu prüfen, die ihm inwohnende Fähigkeit zu dauernder Kraftanstrengung zu erforschen. Dieses ist der Hauptzweck unserer Rennen, dieses das einfache Mittel, wodurch England seinen edlen Pferdestamm zur hohen Vollkommenheit ausgebildet, und vermittelst derselben die allgemeine Landespferdezucht auf eine, in keinem Lande der Welt bisher erreichten, Höhe gebracht hat. Folglich sind öffentliche Rennpreise, vom Staate, von reichen Privaten oder Kommünen ausgesetzt, eines der größten Hebel zur Verbesserung der Pferdezucht, wodurch schneller und sicherer gewirkt wird, als durch ein anderes Beförderungsmittel. Möchte dies doch eben so, wie von Englands Regierung, auch von den weisen Regenten unsers deutschen Vaterlandes überall erkannt, möchten hier eben so wie dort Königs- oder Fürstenpreise zur freien Konkurrenz für alle Pferdezüchter ausgesetzt werden. Die Königl. Hauptpreise in England, vorzugsweise für große Leistungen bestimmt, sind nur durch die vorzüglichsten Pferde zu gewinnen. Die gewöhnlichen Bedingungen, unter welchen dieselben errungen werden können, sind, daß die Pferde mit einem angemessenen, zuweilen schweren Gewichte große Strecken durchlaufen müssen, und dies ist gewiß der untrüglichste Probirstein für die wahre innere Kraft und Dauer eines Pferdes.

Nicht Schnelligkeit allein, nicht Schnelligkeit auf kurzen Touren ist es, wodurch das edle Pferd sich auszeichnet; auf kurzer Strecke, auf der halben Länge unserer Bahnen mag manches edle Pferd vom Halbblutpferde geschlagen werden; aber weiter, auf ganzer Länge, auf 2, 3, 4maliger Länge der Bahn, da ermüdet das unedlere Pferd, seine Kräfte schwinden, und nur dem edlen, dem Vollblutpferde, verbleibt die Kraft, die Fähigkeit, mit der ihm aufgelegten Last sich ausdauernd schnell und weniger nachlassend fortzubewegen. Das Vermögen zur dauernden Anstrengung, dieses ist es, was wir am edlen Pferd besonders schätzen, welches wir vermittels der Rennen erkennen und erforschen, so in dem edlen Stamm erhalten, durch diesen wohl und öffentlich geprüften Stamm unserer ganzen Pferdezucht mittheilen, und dieselbe dadurch für den allgemeinen Gebrauch veredeln und verbessern wollen.

Die Basedower Rennbahn hat die Form und Länge der Doberaner Bahn, 5500 Fuß, 1 engl. Meile; die Breite beträgt 72 Fuß. Der Boden ist sandig, aber fest, eben und immer trokken, daher kann diese Bahn besser, als irgend eine andere im Lande, fast zu jeder Jahreszeit benutzt werden.«

Das Jahr 1830 ist ein weiterer Markstein in der Geschichte des deutschen Galopprennsports. Im März jenes Jahres nämlich veröffentlichten die Herren von Biel in der Hamburger Zeitung für Pferdeliebhaber die erste Ausschreibung des Union-Rennens. Es sollte 1834 von Pferden bestritten werden, »deren Geburt 1831 auf dem Continent zu erwarten steht«. Die berühmte Prüfung – der das englische Derby als Vorlage diente – ist damit die älteste klassische in Deutschland und gleichzeitig das erste Altersgewichtsrennen für Dreijährige. Ihre Ausschreibung hat fast allen später geschaffenen Rennen als Vorbild gedient und besaß schon damals alle Merkmale einer Zuchtprüfung.

Zu diesem Zeitpunkt existierten von allen bedeutenden Rennen bereits seit längerem mehr oder weniger ausführliche Aufzeichnungen. Wie die Berichterstattung des rennsportlichen Frühjournalismus beispielsweise im Jahr 1831 aussah, ist wiederum »Mecklenburgs Pferderennen« entnommen – der gleichen Quelle, aus der auch zuvor schon zitiert wurde.

IV. Rennen um den goldenen Pokal

D. 1¼ M. Heats.

Es liefen:

1. Baron v. Maltzahn-Sommersdorff's br. H. ›John de Bart‹, 6 J., 145 Pf. (W. Mockford)	1. – 1.
2. Graf v. Plessen-Ivenacks br. St. ›Principessa‹, 4 J., 125 Pf.	2. – 2.
3. Herrn Lichtwald's ›Wildfire‹, 5 J., 140 Pf.	3. – 0.
4. Baron v. Biel-Zierow's br. St. ›v. Mustachio‹, 3 J., 107 Pf.	4. – 0.

»›John de Bart‹ war allgemeiner Favorit und bewährte seinen in England erworbenen großen Ruhm auch diesmal vollkommen. Er erschien in der besten Condition wobei er, da er sehr kräftig und feurig geht, von seinem Reiter mit vorzüglicher Aufmerksamkeit und vortrefflich geritten ward. Bis an der dritten Ecke lief er in beiden Heats als drittes Pferd, dort nahm er aber jedes Mal ohne Anstrengung die Spitze, und von dem Augenblicke an blieb Niemand mehr zweifelhaft über den Sieg. Gegen ihm lief ganz distinguirt die ›Principessa‹, die schon im vorigen Jahre von den erfahrensten Sportsmen als eins der besten Pferde Mecklenburgs betrachtet ward. Auch der ›Y. Wildfire‹, der sich 1830 auf der Neu-Brandenburger Bahn so sehr auszeichnete, und die so vorzüglich gezogene englische ›Mustachio‹-Stute (auf die großes Vertrauen gesetzt ward) liefen gut, zum Kampf aber kam keins der Pferde mit dem Sieger, wenngleich die ›Principessa‹ vortrefflich aushielt. Im zweiten Heat hatte die ›Mustachio‹-Stute, aus uns zur Zeit noch unbekannter Ursache, das Unglück zu fallen, wobei ihr, erst kürzlich aus England gekommener Reiter, als todt liegen blieb; derselbe wurde jedoch bald wieder ins Leben zurückgerufen.«

Zum besseren Verständnis des möglicherweise branchenunkundigen Lesers soll das eingangs dieser zeitgenössischen Reportage stehende Rennergebnis nachträglich verdeutlicht werden. D. bedeutet Distanz. In unserem Fall betrug sie 1¼ Meilen – oder umgerechnet ungefähr 2000 Meter. Das Wort Heats besagt, daß derartige Rennen erst dann als gewonnen galten, wenn ein Pferd über die angegebene Strecke zweimal gesiegt hatte. Das wiederum beinhaltet, daß es bis zur endgültigen Entscheidung unter Umständen mehr als zwei Läufe geben konnte – was nicht selten auch vorkam. Die übrigen Abkürzungen und Zahlen bedeuten auf den Sieger ›John de Bart‹ bezogen, daß es sich bei ihm um einen 6jährigen braunen

Zeitgenössischer Stich eines süddeutschen Scharlachrennens

›Star Appeal‹

›Star Appeal‹ im Ziel des Prix de l'Arc de Triomphe 1975

Hengst handelte, der 145 Pfund trug und von Jockey W. Mockford geritten wurde. ›Principessa‹ war eine 4jährige braune Stute, die in beiden Läufen den zweiten Platz belegte. Übrigens: Heats gibt es im modernen Galopprennsport nicht mehr.

Der von Doberan ausgegangene Funken entzündete bald in allen deutschen Ländern die Begeisterung für Pferderennen. 1828 wurde in Berlin der nächste Rennverein gegründet. F. Chales de Beaulieu schreibt in seinem Werk »Der klassische Sport«, daß er bereits im ersten Jahr seines Bestehens über 754 Mitglieder verfügte, unter denen kaum ein Name des preußischen Adels – vertreten durch Offiziere und Gutsbesitzer – fehlte. Aber auch Kauf- und Finanzleute sowie Künstler und Wissenschaftler hätten ihm in großer Zahl angehört. Bereits am 11. April 1829 übernahm König Friedrich Wilhelm III. das Protektorat des Vereins, der nun schon 888 und im darauffolgenden Jahr 1200 Mitglieder hatte. Dabei muß man berücksichtigen, daß es in Berlin damals nicht mehr als 200 000 Einwohner gab. Die Mitgliedschaft wurde übrigens durch den Erwerb eines Anteilscheines im Wert von mindestens 5 Talern erlangt.

Die renntechnischen Bestimmungen des Vereins zeugten von großem Sachverstand. So war unter anderem festgelegt, daß die Rennen zum angesetzten Zeitpunkt ohne Rücksicht auf Wetter und Bodenbeschaffenheit durchgeführt wurden. Ferner hatte man Inländerbestimmungen und Vorschriften zum Nachweis der Identität der Pferde erlassen! Außerdem wurde eine Prüfung mit mehr als acht Startern in mehreren Abteilungen gelaufen. Im Hinblick auf die für heutige Begriffe primitive Beschaffenheit der Rennbahn war das sehr vernünftig. Sogar mit den wirtschaftlichen Fragen der Rennstallbesitzer beschäftigte sich der Verein. So wurde 1830 für Stallung, Futter und Wartung ein monatlicher Preis von 18 Talern festgelegt. Auch machte man darauf aufmerksam, daß der berühmte Reitmeister Seeger »aushilfsweise es gefälligst übernehmen will, Pferde, die an den Rennen teilnehmen sollen, einüben zu lassen«. 1831 wurde durch die zunehmende Haltung von Rennpferden bereits das Engagement eines eigenen Trainers notwendig. Als solchen verpflichtete Herr von Biel den englischen Jockey Benskin.

Weitere Rennvereine wurden 1832 in Breslau, 1834 in Stralsund, 1835 in Hamburg und Königsberg, 1836 in Düsseldorf, 1837 in Braunschweig, 1838 in Aachen, 1839 in Münster und 1840 in Danzig gegründet. Einige Besitzer von Vollblutpferden nutzten jedoch nicht nur das Angebot der deutschen Bahnen, sondern gingen über den Kanal und praktizierten auch auf den Plätzen des Mutterlandes der Galopprennen ihre diesbezüglichen Aktivitäten. Die Erfolge, die die junge deutsche Zucht dabei hatte, können sich sehen lassen.

Nachdem Vollblüter aus Mecklenburg bereits seit 1848 in Newmarket, Goodwood und Chester eine Reihe bedeutender Prüfungen gewonnen hatten, krönte diese Triumphe 1854 Graf Wilamowitz-Möllendorffs dreijähriger ›Scherz‹ durch einen Sieg in den Cambridgeshire Stakes, einem der wertvollsten Handicaps Englands. In Newmarket sowie Warwick und Epsom gewann ›Scherz‹ 1855 weitere Rennen. Obwohl sich die Erfolge deutscher Pferde auf britischen Bahnen – auch wenn sie insgesamt spärlich sind und von großen zeitlichen

Lücken unterbrochen werden – bis in die heutige Zeit fortsetzen, ist es bisher keinem Vertreter unserer Zucht gelungen, am Originalschauplatz in einem der Classics zu siegen. Der Keim der Möglichkeit war ohne Zweifel vorhanden. Denn die Anfänge von Deutschlands Rennsport waren außerordentlich hoffnungsvoll. In der ersten Hälfte des 19. Jh. verfügte man hierzulande nicht nur über die größte Vollblutzucht des Kontinents, sondern auch über mehr Rennvereine, Rennplätze und Rennpferde als Frankreich. Das hat sich allerdings seit langem geändert. Der im Laufe der Jahrzehnte erfolgte Wechsel im politischen, wirtschaftlichen und geographischen Bereich – wobei für letzteren vor allem die Folgen des Zweiten Weltkrieges verantwortlich sind – ließ auch die Zucht und den Sport des Vollblüters kräftig zur Ader. Zwar wurde vieles, was unwiederbringlich verloren schien, durch Können, Fleiß, Geduld und unendliche Passion neu geschaffen – aber manche Lücke wird sich wohl nie mehr schließen lassen.

Zu den schmerzlichsten Verlusten zählt der Wegfall Hoppegartens als Prüfungsstätte deutscher und ausländischer Pferde. Zwar existiert die Anlage im Osten Berlins auch heute noch – doch der Glanz früherer Tage ist im ehemaligen Mekka des deutschen Rennsports erloschen.

Hoppegarten und der Union-Klub

In der Hauptstadt Preußens – des im vergangenen Jahrhundert größten deutschen Landes – entstanden im Laufe der Zeit folgende Bahnen: Tempelhof, Charlottenburg, Karlshorst, Straußberg, Grunewald und vor allem Hoppegarten, wo am 9. Oktober 1867 zu Testzwecken der erste Renntag abgehalten wurde. Die offizielle Eröffnung des Platzes fand am 17. Mai 1868 statt. Zuvor war Baumeister Carl Bohm nach Paris gereist und hatte dort die Bahnen von Longchamp und Chantilly studiert. Nach seiner Rückkehr nahm er in Hoppegarten erhebliche Erdarbeiten vor, um die Unebenheiten des Geländes auszugleichen. Außerdem wurde die gesamte Anlage zur Ent- und Bewässerung mit einem Röhrennetz versehen. 1874 schließlich wurde das Gelände vom Union-Klub gekauft und von diesem – dem damaligen Lenker des deutschen Rennsports und Initiator entscheidenster Impulse – zu einer Einrichtung ausgebaut, die ihresgleichen in Deutschland suchte.

Hoppegartens Gesamtareal betrug 775 Hektar – war also fast fünfzehnmal größer als die Rennbahn von Köln-Weidenpesch. Hier wurden in der Saison mitunter bis zu 1500 Vollblüter trainiert. Vom Umfang und der Art dieses Betriebes kann man sich heute keine Vorstellungen mehr machen. Es gab sechs Arbeitsgeläufe und einen kompletten Hinderniskurs. Die Gesamtlänge der den Rennställen zur Verfügung stehenden Grasbahnen betrug 29 000

Meter, die der Sandbahnen 16 000 Meter. Insgesamt waren das 45 Kilometer Trainingsfläche. Mit entsprechender Phantasie konnte ein Rennpferd also an jedem Tag des Monats an einer anderen Stelle gearbeitet werden. Was das für den aufgeweckten Vollblüter bedeutet, weiß jeder, der das Metier kennt. Hoppegarten war zu seiner Glanzzeit – etwa von der Jahrhundertwende an bis zum Zusammenbruch – das Paradefeld der deutschen Vollblutzucht. Außer dem Derby – das von fünf Ausnahmen abgesehen immer in Hamburg zu Hause war –, dem Großen Preis von Baden – der 1858 zum ersten Mal gelaufen wurde – und dem Braunen Band – dessen Austragung in München stattfand – wurden alle Prüfungen von Rang und Bedeutung in Hoppegarten entschieden. Die Entwicklung zum Nabel des damaligen deutschen Rennsports hatte der Platz dem schon zitierten Union-Klub zu verdanken.

Als der bereits im Jahre 1840 nach dem Beispiel Englands gegründete Norddeutsche Jockey Club als übergeordneter Leiter der zahlreichen Rennvereine nicht funktionierte, wurde der Ruf nach einer Institution laut, die sowohl die verschiedenen, sich mitunter gegenseitig behindernden Interessen vereinigen, als auch dem gemeinsamen Tun Ziel und Richtung für die Zukunft weisen sollte.

»Jener Schatten von Autorität, mit welchem die wenigen Männer umgeben waren, die es sich angelegen sein ließen, für den Sport eine Lanze zu brechen, muß zu einer Gewalt aufkeimen, der sich freiwillig jeder unterordnet. Die Rennen dürfen nicht länger mehr betrieben werden als ein vom Zufall abhängiger Zeitvertreib, eine feste Ordnung, ein strenges Gesetz muß in sie hineinkommen, die Angelegenheiten der verschiedenen Plätze müssen geordnet werden, ferner das System, nach welchem die Concurrenzen abzuhalten, die Wege, auf denen Übelstände und Mißbräuche zu beseitigen sind...«

Diese Forderungen stellte Fedor André – einer der bedeutendsten Männer, die dem Thema Vollblut je ihre Feder liehen – in der von ihm mitgegründeten und herausgegebenen hippologischen Zeitschrift »Sporn«.

Er sagte weiter: »... die Erwählung eines Ausschusses, der uns in Sachen des Turfs absolut regiert, der uns einigende Gesetze giebt, der uns die Wege zur Regelung und Besserung zeigt, die Erweckung eines lebhafteren Interesses für den Sport in den verschiedenen Gesellschaftsschichten, die Cultur dafür im Volke, damit die Sache eine nationale werde, die Förderung des praktischen Ergebnisses in einer überall gehobenen Pferdezucht, einem allerorts gestärkten Reitersinn, das sind die Richtungen, in welchen sich eines jeden Einzelnen Wirksamkeit zur Geltung bringen soll...« Solcherart rief Fedor André zur Gründung eines »Union-Club« auf.

Als nächster forderte Graf Johann Renard – der Präsident des Breslauer Rennvereins und einer der erfolgreichsten der damaligen schlesischen Züchter – Konsequenzen aus der unübersichtlichen und wirren rennsportlichen Situation. In seinem im Herbst 1867 an die wichtigsten Rennvereine gerichteten Schreiben heißt es unter anderem:

»Die Ursache, warum so viele Renn-Vereine und Meetings mit der Zeit ganz aufhörten und sich auflösten, liegt zum großen Theil in der isolirten Stellung, die jeder Verein einnimmt, sowie in der laxen Administration der Vereins-Angelegenheiten. Dieses sehr mühevolle und wichtige Amt des General-Sekretariats ist meistens in Hände von Herren gelegt, die damit dem Verein ein großes Opfer bringen, da ihre Zeit durch andere, für sie wichtigere Aemter und Geschäfte vielfach in Anspruch genommen ist, und somit den Vereins-Angelegenheiten unmöglich die nöthige Thätigkeit zu wenden können, sondern selbe als Nebensache betrachten müssen. Dadurch leidet aber die Sache des Sports gewiß mehr, als man im ersten Augenblick wohl glaubt... Der Breslauer Verein erlaubt sich demnach den übrigen Renn-Vereinen im Preußischen Bundesstaate den Vorschlag zu unterbreiten, die Sekretariate sämmtlicher Vereine in einem Sekretariate – und zwar in Berlin – zu centralisiren, indem er der festen Überzeugung lebt, daß hierdurch die erste und wichtigste Action zur Regeneration des deutschen Sports geschehen dürfte. Wir brauchen unsere Blicke nur nach England, der Wiege des Sports, nach Frankreich, ja selbst nach Oesterreich zu wenden, wo wir in London einen Weatherby, in Paris einen Grandhomme, in Wien einen Cavaliero mit der centralisirten Sekretariatswürde, wenigstens der größten und größeren Rennvereine, bekleidet finden, welche Einrichtung zur Hebung und Förderung des ganzen Rennwesens sehr wesentlich beiträgt und allen Beteiligten Erleichterungen gewährt, sodaß die Zweckmäßigkeit und das Vorteilhafte derselben wohl allen Vereinen einleuchten dürfte... In beiliegender Liste werden nun alle Vereine freundlichst ersucht, ihre Beitrittserklärungen abzugeben, etwaige geeignete Persönlichkeiten für dieses wichtige und möglicherweise sehr gut honorirte Amt in Vorschlag zu bringen und demnächst dieses Cirkular an den in der Liste nächstverzeichneten Verein weiter befördern zu wollen, damit dasselbe baldmöglichst hierher zurückgelange.«

Als Folge dieser Bemühungen und nicht zuletzt aus Einsicht in die Notwendigkeit wurde am 15. Dezember 1867 im Hotel de Rome in Berlin der Union-Klub gegründet. Als deutsches Pendant des englischen Jockey Clubs führte er unseren Turf zu großartiger Blüte und regierte ihn bis zur Machtergreifung des Nationalsozialismus im Jahre 1933. Zu diesem Zeitpunkt wurden seine Funktionen von der Obersten Rennbehörde übernommen. Dieser wiederum folgte nach 1945 das Direktorium für Vollblutzucht und Rennen als oberstes Gremium des Turfs.

Kommandozentralen sind jedoch nur dann funktionsfähig und nicht vom Muff papiergewordener Statuten und Paragraphen umwittert, wenn sie von Persönlichkeiten geleitet werden, die die erlassenen Direktiven kraft ihrer Fähigkeiten und Autorität auch in die Praxis umzusetzen vermögen.

Das war zum Wohle des deutschen Rennsports und seiner Zucht gottlob immer der Fall. Zu jeder Zeit standen den soeben genannten Institutionen Männer vor, die den am Konferenztisch gefaßten Beschlüssen auf dem grünen Rasen Leben einzuhauchen vermochten. Dabei war die Problemstellung aufgrund des zeitlich logischerweise variierenden Entwicklungsgrades der Materie stets unterschiedlich – nie aber größer als in der Periode, die den Pioniertagen folgte. Gewiß, Zucht und Sport waren mit allem Drum und Dran etabliert.

Mehr noch: die Detonationswellen ihrer explosionsartigen Vermehrung waren an allen Ecken und Enden der deutschen Länder zu spüren. 1867 gab es bereits 50 Rennplätze, auf denen von 30 Vereinen 140 Renntage abgehalten wurden. Dabei sind die ländlichen Veranstaltungen und die der vielen Kavallerie-Garnisonen nicht berücksichtigt. Da jedoch jeder Verein mehr oder weniger nach eigenen Richtlinien und Gutdünken vor sich hin wurschtelte, tat die koordinierende und zum Segen des Ganzen richtungweisende Hand bitter not, um die Dinge nicht allzusehr ins Kraut schießen zu lassen.

Es war – wie schon gesagt – der Union-Klub, der Deutschlands Rennsport den Weg wies und ihn zu jener Zeit auf ein Fundament stellte, auf dem er noch heute basiert.

Zu den Baumeistern desselben gehörte vor allem Ulrich von Oertzen. Der 1840 geborene Mecklenburger leistete neben dem preußischen Oberlandstallmeister Graf Georg von Lehndorff dem Vollblutpferd damals wohl die größten Dienste. Als ein deutscher Charles Bunbury war er das Bindeglied zwischen dessen hiesigen Urhebern und deren Nachfolgern – ohne allerdings im Besitz der gleichen materiellen Unabhängigkeit gewesen zu sein wie sein englisches Gegenstück. Trotz der vielfältigen Aufgaben, die er als Gutsbesitzer, Offizier und Staatsbeamter hatte, widmete sich Ulrich von Oertzen bis zu seinem Tod im Jahre 1923 praktisch lebenslang dem Rennsport. Als Sachkenner hohen Grades und Vorsitzender der Technischen Kommission des Union-Klubs – die der eigentliche Leiter und Dirigent aller galoppsportlichen Aktivitäten Deutschlands war – erwarb er sich unschätzbare Verdienste. Dabei schöpfte er während seiner Arbeit aus dem reichhaltigen Fundus eigener Erfahrung. Denn Ulrich von Oertzen war Praktiker. In jungen Jahren ritt er wie sein Vater und seine Brüder Rennen. Als er das wegen allzu großer Gewichtsschwierigkeiten nicht mehr tun konnte, ging er seiner Passion als Züchter und Besitzer nach. Auch in dieser Eigenschaft wurde Ulrich von Oertzens Name unsterblich. Denn seine Farben waren es, die am 11. Juli 1869 der Hengst ›Investment‹ unter dem englischen Jockey W. Little auf dem Horner Moor vor den Toren Hamburgs zum Sieg im ersten deutschen Derby trug.

Das deutsche Derby

Ursprünglich sollte das 1834 erstmals ausgetragene Union Rennen die Hauptprüfung für unsere dreijährigen Vollblüter sein. Aber man folgte auch in diesem Fall dem bewährten Beispiel Englands. Dabei ist interessant, daß es schon von 1842 bis 1844 auf Initiative des agilen Herzogs Wilhelm von Braunschweig auf dessem Heimatplatz »Derby Rennen« gegeben hatte. Mangels ausreichender Beteiligung erfreuten sie sich jedoch keines langen Lebens. 1852 und 1853 machte der Breslauer Verein dann den zweiten Versuch, die Prüfung auf deutschem Boden heimisch zu machen. Aber auch er scheiterte. Dauer war erst dem Unternehmen des Hamburger Renn-Clubs beschieden. Das Deutschlanddebüt des klassischsten aller klassischen Rennen – das übrigens auf Initiative des Grafen Wilamowitz-Möllendorf und Herrn von Schwichow-Margoninsdorf gestiftet und ins Leben gerufen wurde – firmierte allerdings noch unter der Bezeichnung »Norddeutsches Derby«. Seine Ausschreibung hatte folgenden Wortlaut:

»Norddeutsches Derby. Subscriptionspreis 1400 Thlr., gezeichnet von Nordd. Sportsmen, für Pferde in den zum Norddeutschen Bund gehörenden Staaten und Landesteilen, 1866 geb. 25 Thlr. Eins., ganz Reugeld. Gewicht: Hengste und Wallachen 112 Pf., Stuten 109 Pf. Distanz $\frac{1}{4}$ deutsche Meile. Das zweite Pferd erhält aus den Eins. und Reug. 100 Thlr., das dritte Pferd rettet seinen Einsatz.«

Die Ausschreibung fand große Zustimmung, und bis zum 1. November 1867 – dem letzten Termin für die Teilnahmeberechtigung – wurden 31 Pferde genannt. Aber nur 5 von ihnen stellten sich am 11. Juli 1869 Herrn Wackerow, dem Starter. Der hatte zunächst Mühe, das unruhige Feld auf die Reise zu schicken. Als es ihm schließlich glückte, verlor der Favorit ›Investment‹ fünf bis sechs Längen, da es seinem Jockey nicht gelungen war, ihn in die günstigste Startposition zu bringen. Mit anderen Worten: der Hengst hatte falsch gestanden und der Konkurrenz die Kehrseite zugedreht. Der Fehler wurde jedoch bald wieder gutgemacht und der Chronist berichtet, daß Little »das Rennen an der Horner Ecke in der Hand hatte«. Danach brauchte ›Investment‹ nur noch leicht angefaßt zu werden, um gegen ›Rabulist‹ aus dem Königlich Preußischen Hauptgestüt Graditz und Stall Joh. Renards ›Hamlet‹ sicher zu gewinnen. Der ›Erstgeborene‹ und ›Fitz Ignoramus‹ endeten abgeschlagen. ›Investment‹, den Ulrich von Oertzen übrigens nicht selbst gezüchtet, sondern als Zweijährigen vom Grafen Kuno Hahn erworben hatte, lief nach dem Derby noch viermal und wurde danach an den dänischen Hofjägermeister O. von Scavenius verkauft.

20 Jahre nach der Uraufführung erhielt die Prüfung dann den Namen »Deutsches Derby«. Die Übernahme dieses Begriffes beinhaltete gleichzeitig den für jedermann erkennbaren Ausdruck der Tatsache, daß Deutschland sich das Zuchtziel und die Methoden der Leistungsauslese des Mutterlandes von Vollblutzucht und Galopprennsport zu eigen gemacht hatte. Denn bis zu diesem Zeitpunkt haftete den meisten deutschen Rennen – von Berlin und Baden-Baden abgesehen – Provinzcharakter, ohne klar erkennbare züchterische Zielsetzung, an.

Das Derby gilt als die ehrenvollste Prüfung, die ein Vollblutpferd gewinnen kann. Nur einmal in seinem Leben hat es dazu die Möglichkeit. Und zwar deshalb, weil in ihm nur Dreijährige starten dürfen. Hengste und Stuten – Wallache sind ausgeschlossen. Was hätten sie in einem Rennen der höchsten Zuchtwertklasse auch zu suchen?

Die Derbydistanz beträgt eineinhalb englische Meilen oder 2400 Meter. Nach allen bisher gemachten Erfahrungen ist das diejenige Strecke, die bei strammer Pace am ehesten die Spreu vom Weizen sondert und die sicherste Elle für Galoppiervermögen und Speedfähigkeit der Kandidaten liefert. Während es normalerweise üblich ist, den Akteuren unterschiedliche Gewichte aufzubürden, sind diese im Derby gleich – wie übrigens in den anderen klassischen Rennen auch. Ein Unterschied besteht freilich doch: als das schwache Geschlecht des Turfs tragen die Stuten weniger als die Hengste. Für sie sind 56 Kilogramm vorgeschrieben, während die männliche Konkurrenz 58 Kilogramm zu schleppen hat.

Sinn dieses Reglements ist es, unter möglichst gleichen Bedingungen den Jahrgangsbesten zu ermitteln. Trotzdem gewinnt das Derby aus vielerlei Gründen nicht immer das beste Pferd, sondern mitunter das vom Rennglück bevorzugtere.

Die Geschichte des Derbys ist voll von denkwürdigen Begebenheiten und amüsanten Anekdoten. Vieles ließe sich erzählen. Soviel, daß man ein ganzes Buch damit füllen könnte. Der folgende Streifzug durch die Historie des Rennens muß hier jedoch genügen.

1882

In jenem Jahr kam es zu einem dramatischen Zweikampf zwischen dem deutschen Vollblüter ›Trachenberg‹ und dem österreichischen Derbysieger ›Taurus‹. Beide Pferde gingen Kopf an Kopf über die Ziellinie, so daß der Richter auf totes Rennen erkannte. Den damals noch üblichen Entscheidungslauf gewann der charakterlich etwas schwierige, aber mit großartigem Galoppiervermögen ausgestattete ›Trachenberg‹ unter dem energisch reitenden englischen Jockey John Watts dann mit drei Längen Vorsprung.

Am nächsten Tag las man im »Sporn«: Es hätte nicht viel gefehlt und man hätte den Hengst mitsamt dem Jockey auf den Schultern zur Waage getragen. Die Erde wurde mit Champagner getränkt, die Freude pflanzte sich vom Sattelplatz bis in die Stadt hinein fort, wo noch lange nach Mitternacht der Sieg von ›Trachenberg‹ in allen möglichen Tonarten und mit allen möglichen Getränken gefeiert wurde.

›Trachenberg‹ zeugte später mit Ulrich von Oertzens Stute ›Zama‹ – die aus dem Gestüt der Herzogin von Montrose stammte – den hervorragenden Vererber ›Hanibal‹. Dieser gründete eine bis in die heutige Zeit reichende Hengstlinie und war der Vater von ›Fels‹, ›Sieger‹, ›Arnfried‹ und ›Gulliver II‹, die alle das Derby gewannen.

1885

Im Derby von 1885 siegte ein Vollblut mit dem für deutsche Zungen fast unaussprechlichen Namen ›Budagyöngye‹ – was übersetzt ›Perle von Budapest‹ bedeutet. Die Stute hatte die berühmte ›Kincsem‹ zur Mutter – die der Leser bereits aus dem vorigen Buch kennt – und wurde von dieser während der Reise vom heimatlichen Gestüt Tapioszentmarton zum ungarischen Staatsgestüt Kisber in der Neujahrsnacht des Jahres 1882 in einem Eisenbahnwaggon auf dem Budapester Nordbahnhof geboren.

Noch am gleichen Tag bestellte ›Kincsems‹ Besitzer Ernst von Blaskovich den Buchmacher Carl Heinrich Lehmann zu sich und fragte diesen, welche Wette er ihm für den Sieg des erst wenige Stunden alten Fohlens im Norddeutschen Derby von 1885 legen würde. Lehmann war Verrücktheiten dieser Art gewohnt und bot, ohne mit der Wimper zu zucken, 100 für 10 – was bedeutete, daß er im Falle des Erfolges von ›Budagyöngye‹ für 10 gesetzte Piepen 100 auszahlen würde. Ernst von Blaskovich machte daraufhin den unerhörten Einsatz von 10 000 Gulden.

Dreieinhalb Jahre später schien für ihn keine Aussicht mehr zu bestehen, die Wette zu gewinnen. Denn ›Budagyöngye‹ verlor mehr Rennen, als sie gewann. Unter anderem wurde sie vor ihrem Start auf dem Horner Moor im Wiener Derby nur Dritte und erlitt auch in der Hoppegartener Union eine Niederlage. Am 28. Juni 1885 aber traf sie in Hamburg auf Gegner, denen sie das Nachsehen gab. Mit dem britischen Jockey Smart im Sattel ging sie als leichte Siegerin vor der österreichischen Stute ›Anna‹ und dem dänischen Hengst ›Gallus‹ durchs Ziel – womit Ernst von Blaskovich um 100 000 Gulden reicher war. Den gewaltigen Wettgewinn zahlte Buchmacher Lehmann dem Ungarn am nächsten Tag im Alsterpavillon mit größter Gelassenheit auf Heller und Pfennig aus.

1906

Die Droschkenkutscher auf dem Wagenplatz warfen vor Freude die Hüte in die Luft, als ›Fels‹ mit Jockey W. O'Connor für die Herren A. und C. von Weinberg das Derby gewann. ›Fels‹ siegte, verhalten geritten, mit vier Längen – und hatte in der Zeit von 2:35.2 Minuten trotzdem den erst im Jahr zuvor von ›Patience‹ aufgestellten Rekord des Derbys um fast 2 Sekunden unterboten.

Hinsichtlich seines Namens gilt das Wort nomen est omen. Denn der mit Stirnfleck, Milchmaul und drei weißen Beinen auffällig gezeichnete Braune war ein Vollblüter von imposantem Bau. Hinsichtlich des Temperaments war der Sohn der berühmten Zuchtstute ›Festa‹ so ruhig wie die meisten Pferde von außergewöhnlicher Klasse. Im Rennen lag er jederzeit in der Hand des Reiters und war stets bereit, seinen blendenden Galoppsprung voll zu entwickeln: auf jeder Strecke und auf jedem Boden – ganz gleich, ob er knüppelhart oder von strömendem Regen tief aufgeweicht war. Solche »Marschierer« sind im Turf außerordentlich dünn gesät. Aber ›Fels‹ vertrat dieses Kaliber.

›Fels‹ gewann in insgesamt 20 Rennen mit 18 Siegen und 2 zweiten Plätzen 417 310 Mark. Das war eine bis dahin im deutschen Rennsport noch nie erreichte Summe.

1914

Am 28. Juni 1914 herrschte auf dem Derbyplatz friedvolle Sommerstimmung. Durch die Todesschüsse im fernen Sarajewo – denen der österreichische Thronfolger Franz Ferdinand und seine Gemahlin zum Opfer fielen – wurde sie jedoch jäh zerrissen. Als Derbysieger ›Ariel‹ zur Waage zurückkehrte, blieb der obligatorische Tusch aus. Wenige Wochen später begann der Erste Weltkrieg.

1916

›Amorinos‹ Derbyerfolg – der als Sensation gewertet werden mußte, weil der Hengst als krasser Außenseiter startete – kann als Geburtsstunde einer einmaligen Jockey-Karriere gelten. Im Sattel des Überraschungssiegers saß nämlich der Lehrling Otto Schmidt, der später Deutschlands populärster und erfolgreichster Rennreiter wurde.

1930

1930 gewann das Derby ein Pferd von absoluter Ausnahmeklasse: ›Alba‹ aus dem Gestüt Schlenderhan. Mit dem australischen Jockey Jim Munro als Reiter bezwang er die beiden Weinberger ›Ladro‹ und ›Gregor‹. Das war am 19. Juni. Am 18. September erfüllte sich ›Albas‹ Schicksal in tragischer Weise. Bei den Vorbereitungen zum St. Leger brach er sich bei der Morgenarbeit ein Bein und mußte erschossen werden. Anderenfalls hätte der Hengst mit Sicherheit die »Dreifache Krone« des deutschen Turfs gewonnen, zu der Henckel-Rennen, Derby und St. Leger gehören.

1936

Was den Derbysieg der ungeschlagenen ›Nereide‹ so außergewöhnlich macht, war die Zeit, in der er zustande kam. Als die Stute das Ziel passierte, blieben die Uhren nämlich bei 2 Minuten und 28.8 Sekunden stehen. Nie zuvor lief ein Pferd im Hamburger Derby schneller. Und nie danach. Was passierte damals im klassischsten aller klassischen Rennen?

Vor dem Start herrschte Unruhe im Feld, die vor allem der nervöse Waldfrieder ›Periander‹ hervorrief. Dadurch gerieten einige Pferde in bedenkliche Nähe der Bänder, so daß der Starter sie hochgehen ließ, um ein Unglück zu vermeiden. Dabei dachte er allerdings nicht an einen gültigen Ablauf, konnte es jedoch nicht verhindern, daß das eine oder andere Pferd wegbrach – am weitesten ›Periander‹. Für den Hengst bedeutete das natürlich eine nicht zu verleugnende Kraftverschwendung. Nach dem regulären Start stürmte er an die Spitze und machte in rasender Fahrt die Pace. Dabei pullte er so heftig, daß es Jockey Gerhard Streit erst nach der Tribünenkurve gelang, ›Periander‹ besser in die Hand zu bekommen. ›Nereide‹ lag vier, fünf Längen hinter dem führenden Waldfrieder auf dem zweiten Platz und ging dessen Tempo mit. In unverminderter Fahrt wurden Gegenseite und Horner Bogen passiert. Vierhundert Meter vor dem Ziel zeige ›Periander‹ dann Spuren von Ermüdung – was bei dem rasenden, von keiner Atempause unterbrochenen Galopp kein Wunder war. Auf diesen Augenblick hatte ›Nereides‹ Reiter Ernst Grabsch gewartet. Er munterte die Stute kurz auf und hatte wenige Sekunden später die Führung übernommen. ›Periander‹ war »mausetot« und vermochte diesem Angriff nichts mehr entgegenzusetzen. Ernst Grabsch ritt ›Nereide‹ energisch weiter, nahm aber 50 Meter vor dem Ziel die Hände herunter, weil ihm von den anderen Pferden keine Gefahr mehr drohte. Trotzdem ging er mit vier Längen Vorsprung am Pfosten vorbei. Hinter ihm belegten ›Alexandra‹ den zweiten und ›Periander‹ den dritten Platz.

Ein wahrhaft sensationelles Derby war vorüber. Denn zum erstenmal seit 1915 – als ›Pontresina‹ siegte – hatte das Rennen wieder eine Stute gewonnen. Das Sensationellste am Derby von 1936 aber war die Zeit. 2:28.8 Minuten hatte ›Nereide‹ für die 2400-m-Strecke gebraucht und damit den bisherigen Rekord ihres Stallgefährten ›Athanasius‹ aus dem Jahr 1934 um 3.2 Sekunden unterboten. Gründe dafür waren die Klasse der Siegerin, das für sie günstige, abnorm feste Geläuf und der ideale Pacemacher ›Periander‹. Diese Voraussetzungen waren für spätere Derbysieger der Sonderklasse in so ausgeprägter Form wohl nicht mehr gegeben.

Daher konnte ›Nereides‹ Marke 1973 von Zoppenbroichs ›Athenagoras‹ bei gleicher Gelegenheit nur eingestellt, jedoch nicht verbessert werden. Daß letzteres bisher nicht geschah, ist aber auch auf die Tatsache zurückzuführen, daß die Rennen heute sehr stark von der Taktik beeinflußt werden. Das alte Waldfrieder Motto »abspringen und galoppieren« wird kaum noch angewandt. Deshalb hat manches gute Pferd schon verloren, weil seine Galoppierfähigkeit durch eine von taktischen Erwägungen geprägte Reitorder nicht voll ausgenutzt wurde.

Die bisher langsamste Derbyzeit seit Einführung der chronometrischen Messung im Jahre 1887 wurde übrigens im »Sumpfderby« von 1927 erzielt. Damals brauchte der Schlenderhaner ›Mah Jong‹ auf abgrundtiefem Boden vom Start bis zum Ziel stattliche 3:3.2 Minuten.

1938
Der große Tip für das Derby von 1938 hieß ›Adlerfee‹, die als 17:10-Favoritin startete. Doch die Stute rieb sich gegen die Hand ihres Reiters auf und wurde geschlagen. Nach einem taktisch hervorragenden Ritt gewann schließlich ›Orgelton‹ unter Gerhard Streit, der im richtigen Moment in den Endkampf eingriff und den Außenseiter ›Elbgraf‹ – der schon in Front gezogen war – noch um einen Kopf niederringen konnte. Mit ›Orgeltons‹ Erfolg begann gleichzeitig die vierfache Schlenderhaner Serie, die 1939, 1940 und 1941 mit den Derbysiegen von ›Wehr Dich‹, ›Schwarzgold‹ und ›Magnat‹ komplettiert wurde.

1942
Durch den Ausfall des Union-Siegers ›Effendi‹ – der kurz vor dem Derby gestrichen werden mußte, weil er nicht auf dem Posten war – wurde der Ebbesloher Stalljockey Otto Schmidt für den Ritt auf dem Erlenhofer ›Ticino‹ frei. Dabei zeigte ›Otto-Otto‹ seine ganze Kunst und gewann sicher gegen ›Gradivo‹, ›Troll‹ und ›Ortwin‹. Danach holte sich der Hengst in Wien auch noch das österreichische Derby. Als er fünfjährig seine Laufbahn beendete, hatte er 14 Siege errungen und 491060 Mark zusammengaloppiert. Auch in der Zucht leistete ›Ticino‹ Außergewöhnliches oder besser gesagt, Überragendes: 11 seiner direkten und indirekten Nachkommen gewannen wie er das Derby! Durch seine Vererberqualitäten wurde er international als Chef de Race eingestuft.

1948
Nachdem das Derby aufgrund von Kriegsereignissen 1919 in Berlin-Grunewald, 1943 und 1944 in Berlin-Hoppegarten, 1946 in München-Riem und 1947 in Köln stattfand, wurde es 1948 erstmalig nach dem Zweiten Weltkrieg wieder in Hamburg-Horn ausgetragen. Bei tropischer Sommerhitze bejubelten 35 000 Menschen den von unbeugsamen Behauptungswillen geprägten Sieg ›Birkhahns‹, der ›Angeber‹ und ›Salvator‹ auf die Plätze verwies. Die bildschöne Schlenderhanerin ›Aralia‹ – die das Schwarzgoldrennen und den Preis der Diana gewonnen hatte – wurde Vierte.

›Birkhahn‹ war als junges Pferd von dem Leipziger Antiquitätenhändler Karl-Heinz Wieland von seiner Züchterin Madlene von Heynitz gekauft und aus der DDR – wo er keine Gegner fand und alle großen Rennen gewonnen hatte – nach Hamburg entsandt worden. 1959 holte ihn der Schlenderhaner Gestütsleiter Ewald Meyer zu Düte im Austausch gegen den ›Oleander‹-Sohn ›Asterios‹ – dessen Blut man in der DDR ansiedeln wollte – in die Bundesrepublik Deutschland. Der Transfer des klugen und weitsichtigen Züchters trug reife Früchte. Denn trotz der starken Konkurrenz der ›Ticino‹-Nachkommen ›Neckar‹ und ›Orsini‹ wurde ›Birkhahn‹ in seinem neuen Wirkungsbereich viermal Champion der erfolgreichsten Vaterpferde.

1957
Er kam, sah und siegte. Nach diesem Motto gewann der 21jährige Engländer Lester Piggott bei seinem ersten Auftritt in Hamburg mit dem Erlenhofer ›Orsini‹ das Derby von 1957. 150 Meter vor dem Pfosten setzte er zum entscheidenden Vorstoß an und passierte das Ziel mit einem Hals Vorsprung vor dem Favoriten und Union-Sieger ›Windfang‹ aus dem Gestüt Ravensberg. Dritter wurde der Röttgener ›Utrillo‹.

Für Trainer Adrian von Borcke war es der siebente Sieg im Derby. Vorausgegangen waren die Erfolge von ›Athanasius‹, ›Nereide‹, ›Ticino‹, ›Nordlicht‹, ›Niederländer‹ und ›Neckar‹.

In der Folge vertrat ›Orsini‹ den deutschen Galopprennsport sogar im Ausland recht beachtlich – und schließlich wurde er auch in der Zucht eine Größe. Dabei machte er es seinem Vater ›Ticino‹ nach und stellte vier Derbysieger: ›Ilix‹, ›Elviro‹, ›Don Giovanni‹ und ›Marduk‹.

1969
Das 100. Deutsche Derby wurde von ›Don Giovanni‹ gewonnen, dessen Zuchtstätte Schlenderhan in jenem Jahr das gleiche Jubiläum feierte. Nach scharfem Endkampf sicherte der englische Jockey Brian Taylor dem Hengst einen Hals-Vorteil gegen ›Ovid‹. ›Don Giovanni‹ ging nach Beendigung seiner Karriere in die Landespferdezucht und dürfte eines der ganz seltenen Beispiele sein, wonach ein Sieger im bedeutendsten Rennen des Turfs nicht in der Vollblutzucht eingesetzt wurde.

1973

Der Sieg von ›Athenagoras‹ – dessen Heimatgestüt Zoppenbroich 1973 fünfzigjähriges Bestehen feierte – war der erste Erfolg der Rheydter Zuchtstätte im Derby. Unter Harro Remmert schlug ›Athenagoras‹ dabei mit ›Tannenberg‹ den späteren Gewinner des St. Legers sowie den Henckel-Sieger ›Flotow‹ und stellte mit 2:28.8 Minuten den Derbyrekord von ›Nereide‹ ein. Über die 2400-m-Strecke galoppierte der mit einer mächtigen Aktion ausgestattete Hengst 1975 im Großen Preis von NRW allerdings noch schneller. Denn als er auf dem Düsseldorfer ›Grafenberg‹ das Ziel erreichte, blieben die Uhren bei 2:26.7 Minuten stehen.

1977

Nachdem 1961 bei ›Baalims‹ überlegenem Sieg 20 Pferde an den Ablauf kamen und 1972 – als ›Tarim‹ erfolgreich war – sogar 22, wurde 1977 erstmals das für das Derby zulässige Limit von 24 Startern erreicht. Auch die Dotierung von 424 600 DM war nie zuvor so hoch.

Trotz des Riesenfeldes gab es einen klaren Rennverlauf, den Gestüt Fährhofs Union-Sieger ›Surumu‹ – dessen Vater ›Literat‹ 1968 im Derby niederbrach – unter dem walisischen Jockey George Cadwaladr schließlich in souveräner Manier für sich entschied. Die Plätze zwei und drei belegten ›La Tour‹ und ›Pit‹, während mit ›Ziethen‹ – der das Henckel-Rennen gewann – und dem Winterfavoriten ›Cagliostro‹ zwei sehr hoch eingeschätzte Pferde auf der Strecke blieben.

Am Totalisator gab es keine Überraschung: ›Surumus‹ Anhänger kassierten 32 DM für 10 gesetzte. Lediglich die Dreierwette sprengte wie so oft die Normen des Herkömmlichen: hier konnten die Tipper bei richtiger Reihenfolge der Pferde 22 556 DM für 10 eingezahlte vereinnahmen.

Beim Wetten am Totalisator stehen dem jeweiligen Rennverein übrigens 16 Pfennige von jeder gesetzten Mark zu. Der Staat kassiert 0,66 Pfennig und der Rest fließt in Form von Auszahlungen an die Wetter zurück. Dieser Modus ist fair und wird schon seit Jahrzehnten praktiziert. Vor allem durch ihn wird das Geld für die Rennpreise aufgebracht – und damit gleichzeitig die Mittel für eine florierende Zucht. Natürlich stand England auch bei dieser »Erfindung« Pate.

Erst der Totalisator macht es möglich

Als Fürst Hermann Pückler-Muskau im Jahre 1826 eine Reise über den Kanal machte, sah er auf der britischen Insel auch die berühmten Pferderennen von Newmarket. Pückler hatte eine Zeitlang selbst Vollblüter gehalten, einen englischen Jockey beschäftigt und auf dem Festland an Rennen teilgenommen. Doch das, was sich auf dem Kontinent als Turf bezeichnete, konnte sich nicht mit dem vergleichen, was man in England darunter verstand. Dem deutschen Edelmann fiel in Newmarket vor allem die »betting post« auf – eine weiße Stange, um die sich die Wettenden versammelten. Und zwar Herzöge, Lords und Pairs ebenso wie Kaufleute, Bauern, Stallknechte und Spitzbuben. Dieser »Totobetrieb« kam Pückler höchst sonderbar vor. Dabei ahnte er keineswegs, daß er und die Wettsucht der Einheimischen eine der großen Triebkräfte des englischen Rennsports waren.

Auch Baron Gottlieb von Biel berichtete über das Wetten der Briten. In seinem dem Leser schon bekannten Buch schreibt er darüber unter anderem: »Daß übrigens in älterer Zeit die Wetten viel höher als jetzt waren, beweisen jene auf ›Flying Childers‹ im Jahre 1721 und 1722, sowie die bekannte Wette vom 29. October 1764 auf des Herzogs von Cumberland ›King Herod‹ gegen des Herzogs von Grafton ›Antonius‹, um 1000 Guineas jedes Pferd. Der Gesamtbetrag der übrigen Wetten war 100000 Pfund, wobei ein Gentleman allein 5000 Pfund gewettet hatte.«

Auch in der Frühzeit des Rennsports wurden also schon enorme Summen auf Pferde gesetzt. An dem dabei erzielten Gewinn partizipierten damals wie heute die Züchter und Besitzer von Vollblütern. Aber erst als die Wettleidenschaft der Massen in die geregelten Bahnen des Totalisatorwesens gelenkt wurde, entwickelte dieser Spielbetrieb Kräfte, ohne die Vollblutzucht und Galopprennsport – zumindest in dem Ausmaß unserer Tage – gar nicht möglich wären.

Die ersten gewerbsmäßigen Wettvermittler – heute Buchmacher genannt – etablierten sich in England in der zweiten Hälfte des 18., in Deutschland etwa im gleichen Zeitraum des 19. Jh. Daneben wurde von den Rennvereinen, nach französischem Beispiel, ein freilich noch recht bescheidener Totalisator eingerichtet. In Deutschland eröffnete man den ersten 1875 in Berlin. Da dessen Erträge für die Ausstattung der Rennpreise aber nicht langten, mußte die Regierung Zuwendungen leisten. In dieser Beziehung übertraf Preußen aufgrund seiner rennsportlichen Führungsrolle die anderen deutschen Länder vor und nach der Reichsgründung von 1871 um ein Vielfaches. Insgesamt flossen dem Galoppsport aus den preußischen Staatskassen um die Jahrhundertwende Jahr für Jahr etwa 700000 Mark zu. Die anderen deutschen Länder gaben 1906 zusammen nur 43000 Mark. Dabei soll die sächsische Kammer Zeter und Mordio geschrien haben, als sie für die Plätze von Dresden und Leipzig 15000 Mark bewilligte.

Bereits 1905 war das Reichswettgesetz verabschiedet worden. Es ließ allein die Totalisatorwette der Rennvereine zu und verbot die private gewerbsmäßige Wettvermittlung. Damit besaß der deutsche Rennsport ein Monopol, daß ihm zu größtem Vorteil gereichte. Aber auch dem Fiskus – denn mit den Abzügen der Wetteinsätze machten Staat und Rennvereine Halbe-Halbe. Nie ging es unserem Turf so gut wie in jenen Jahren. 1913 beispielsweise betrug das Rennpreisvolumen 11709927 Goldmark. Der Nennwert dieser Summe wurde nach dem Zweiten Weltkrieg erst 1971 wieder erreicht – ihre Kaufkraft freilich bis heute noch nicht.

1922 wurde ein neues Rennwettgesetz eingeführt, das den Buchmachern die erneute Erlaubnis zur Ausübung ihrer Geschäfte gab. Es enthielt jedoch auch die Anordnung, daß diese einen Teil ihrer Erträge an die Rennvereine abzuführen hätten, um deren Einnahmen und Lebensfähigkeit nicht zu schmälern. Nach diesem Prinzip wurde bis 1945 verfahren.

Leider ist eine im Ergebnis ähnliche Regelung bis heute nicht wieder gefunden worden. Vielmehr wurde das einstige Monopol des Rennsports als dessen sicherstes Bollwerk gegen finanzielle Auszehrung durch die Angleichung der Buchmacherwette an die Totalisatorwette sowie die Einführung von Toto und Lotto im Jahre 1949 beziehungsweise 1955 völlig abgetragen. Daher sehen sich die Verantwortlichen des Turfs gezwungen, dem Publikum klarzumachen, daß das Wetten um Sieg und Platz lebendiger Pferde in schöner Natur reizvoller ist als das Setzen auf nüchterne Zahlen.

Daß Vollblutzucht und Galopprennsport trotz der verheerenden Folgen des Zweiten Weltkrieges – der die schöpferische Arbeit von Generationen fast völlig vernichtete und auch hier vielerorts zu absolutem Neubeginn zwang – wieder erstarkten, ist fast ein Wunder. Trotzdem standen ihnen die härtesten Zeiten ihrer Deutschland-Geschichte noch bevor. Denn die schon zitierten Maßnahmen und eine viel später beschlossene andere mergeln sie aus und wirken wie ein schleichendes Gift, gegen dessen unheilvolle Mixtur sich auch der gesundeste Organismus auf die Dauer nicht wehren kann.

Wiederaufbau

Als Vollblutzucht und Galopprennsport nach dem Zweiten Weltkrieg Bestandsaufnahme machten, war deren Bilanz entmutigend. Das Inferno des Krieges hatte auch diesem Bereich menschlicher Kultur schreckliche Wunden geschlagen und seinen Lebensnerv bis ins Mark getroffen. Gestüte und Rennställe waren zerstört oder verwaist, die wertvollen Insassen entweder tot oder in alle Winde verstreut. Die Prüfungsanlagen hatte der Bombenhagel zum Teil förmlich zerfetzt und in Wüsteneien verwandelt. Schäden trugen jedenfalls alle davon. Beispielsweise war die Kölner Bahn schon im Februar 1943 schwer bombardiert worden. Doch erst Ende August 1944 gab man in Weidenpesch wegen der allzu großen Zerstörungen endgültig auf. Über deren Ausmaß berichtet die Vereinschronik im Detail.

»Bereits im April 1944 entstanden durch einen schweren Angriff Bombentrichter auf der Bahn, wobei auch Gebäude zerstört wurden. Der Stall des Trainers E. Wenzel erhielt einen Volltreffer, bei dem neun Pferde ums Leben kamen. Am 5. Oktober wurde schließlich das alte Teehaus zerstört. Mitte Oktober brannte der »alte Hof« ganz aus und am »kleinen Hof« fielen fünf Pferde des Stalles Hermes den Bomben zum Opfer. Ende des Jahres wurden noch der Sattelboxenstand, der Haupteingang und zwei weitere große Rennställe vernichtet. Ein Bombenteppich im Einlaufbogen verursachte schwere Schäden auf dem Geläuf.«

Am schlimmsten hatte es jedoch die Neusser Bahn erwischt. Auf derem Gelände lagen nicht nur sämtliche Gebäude in Schutt und Asche, auch das Rasenoval war durch 200 Einschläge derartig zerbombt worden, daß es einer Kraterlandschaft glich. Aufgrund dieser Verwüstungen gesellte sich der Platz auch als letzter zum Kreis derer, die nach 1945 Galopprennen veranstalteten. Erst am 12. August 1951 – ein Jahr nach dem 75jährigen Bestehen des Vereins – war das der Fall.

Die ersten Nachkriegsrennen auf deutschem Boden hatten auf den Tag genau sechs Jahre früher – also etwa drei Monate nach Kriegsende – in Leipzig stattgefunden. Dabei ritt ein Jockey namens Ossi Langner in bemerkenswerter Form: er gewann 4 der 6 Prüfungen, die beim Neubeginn auf dem Programm standen. Auch Halle und Dresden führten noch im gleichen Jahr Veranstaltungen durch. In Mitteldeutschland war man also am schnellsten wieder startklar.

Im Westen war München die erste Bahn, die ihre Pforten öffnete. Dort nahm man am Ostermontag, den 22. April 1946, den Rennbetrieb wieder auf. Diesem Beispiel folgte am 18. August des gleichen Jahres Frankfurt am Main, und im Oktober 1946 waren dann auch Köln, Düsseldorf und Mülheim-Ruhr wieder betriebsfähig.

1976 wurden in der Bundesrepublik Deutschland auf 32 Bahnen Galopprennen gelaufen. Die größten und umsatzstärksten sind in alphabetischer Reihenfolge Baden-Baden, Bremen, Dortmund, Düsseldorf, Frankfurt, Gelsenkirchen, Hamburg, Hannover, Köln, Krefeld, Mülheim, München und Neuß. Unter diesen wiederum hat Baden-Baden – das pro Saison nur im Frühjahr, Sommer und Herbst je ein Meeting veranstaltet – den größten Wettumsatz. 1976 betrug er bei 85 Rennen 20 214 442 DM. Die Atmosphäre des traditionsreichen Platzes scheint den Wetter also besonders zu stimulieren. Im Vergleich zum Zweiten dieser Statistik wird das noch auffälliger. Denn durch die Totokassen von Köln-Weidenpesch flossen im gleichen Zeitraum für 178 Rennen nur 14 432 927 DM.

Insgesamt setzte der deutsche Galopprennsport 1976 129,4 Millionen DM um und steigerte sich dabei gegenüber 1975 um 10,6%. Möglicherweise werden diese Zahlen den einen oder anderen Leser zu der Annahme verleiten, daß der Sport mit Rennpferden in der Bundesrepublik Deutschland eine blühende Industrie sei. Dem ist leider nicht so, was gleich bewiesen werden soll.

1976 wurden auf unseren Bahnen 2522 Vollblüter geprüft. Bei einem Preisvolumen von 20,01 Millionen DM konnte dabei jeder von ihnen rein rechnerisch 7937 Mark verdienen.

Das war allerdings nicht genug – denn die Unterhaltskosten eines Rennpferdes müssen per anno mit 12 000 bis 15 000 DM veranschlagt werden. Natürlich gibt es auch Großverdiener, deren Sieg- und Platzgelder pro Saison in die Hunderttausende gehen. Aber erstens ist das nicht der Normalfall, und zweitens müssen Cracks dieses Kalibers in der Regel die minderbemittelten und zum Teil jüngeren Stallgenossen miternähren. Am Beispiel von ›Windwurf‹ – der 1976 gewinnreichster deutscher Vollblüter war – wird das besonders deutlich. Mit 475 480 DM galoppierte er allein etwa 80% von den 583 660 DM zusammen, die Ravensberg in jenem Jahr gutgeschrieben wurden. Mit dieser Summe – an deren Zustandekommen außer ›Windwurf‹ auch noch 15 andere Pferde beteiligt waren – ist das außerordentlich rationell geführte Gestüt gut über die Runden gekommen. Auch andere werden das geschafft haben.

Der weitaus größere Teil der 1157 Besitzer, die zu diesem Zeitpunkt in der Bundesrepublik Deutschland Galopprennpferde laufen ließen, konnte das jedoch nicht behaupten. Denn in ihren Büchern standen Soll und Haben in krassem kaufmännischen Mißverhältnis. Und zwar nicht erst seit jenem Datum. In den meisten Bilanzen dieser Branche kehren Defizite – die nicht selten durch sechsstellige Zahlen ausgewiesen werden – nämlich mit der Regelmäßigkeit einer Gezeitenströmung wieder. Das ist nicht nur in unseren Breiten der Fall, sondern mehr oder weniger in der gesamten galoppsporttreibenden Welt.

Wie bereits festgestellt wurde, muß ein Rennpferd hierzulande pro Jahr rund 15 000 DM gewinnen, um seinem Besitzer alle Unkosten zu ersetzen. Welcherart diese sind, wie hoch man sie veranschlagen muß und welches Risiko zu tragen ist, bevor sich für einen Vollblüter zum ersten Mal die Klappe der Startbox öffnet, kann man der Story sowie der Gewinn- und Verlustrechnung von ›Luciano‹ entnehmen, der eines der populärsten Rennpferde des deutschen Nachkriegsturfs war.

Der rein englisch gezogene Vollblüter verdiente während seiner Laufbahn 595 800 DM. Zu seinen Erfolgen gehörten die am höchsten dotierten und an Ehren reichsten deutschen Rennen: die Union, das Derby, der Grand Prix von Nordrhein-Westfalen, der Aral-Pokal, das St. Leger und der Große Preis von Baden-Baden.

Nichts, aber auch gar nichts, kündete diese Triumphe an, als ›Luciano‹ im April 1964 im englischen Buttermilk Stud geboren wurde. Und nachdem er einen neuen Besitzer bekommen hatte, schienen dessen Hoffnungen auf eine hochprozentige Verzinsung des angelegten Geldes kurz nach dem Kauf des Pferdes in Nichts zu zerrinnen.

Der acht Monate alte Hengst war 1964 auf den December Sales im englischen Pferde-Mekka Newmarket nur eines von ein paar hundert Fohlen und keine Rosine in Tattersalls Auktionskatalog. Die 1550 Guineas, die der Brüsseler Kaufmann Albert Marcour in der uralten britischen Währungseinheit für ihn bezahlte, galten keineswegs als Rekord. Einige Monate später schien diese Kapitalanlage eine Fehlinvestition gewesen zu sein. Das junge Pferd hatte sich beim Toben auf der Koppel am rechten Hinterbein so unglücklich und schwerwiegend verletzt – kurz unterhalb des Sprunggelenks war die Haut wie ein großer

Wilhelm Baron von Biel

Rennsport einst und jetzt: oben eine Tribünenansicht der heute nicht mehr existierenden Bahn von Bad Doberan, unten das gleiche Bild von Baden-Baden, des gegenwärtig umsatzstärksten deutschen Rennplatzes

Graf Johann Renard

Ulrich von Oertzen

Graf Wilamowitz-Möllendorffs ›Scherz‹

*Hoppegarten – das ehemalige Paradefeld
der deutschen Vollblutzucht*

Ziel
I. Tribüne
II. Tribüne
III. Tribüne
Poststraße
Bahnhofstraße
Neuenhagener Straße
Reservierter Wagenplatz
Rennbahnweg

›Nereide‹

›Ticino‹

›Trachenberg‹

›Alba‹

›Fels‹

›Athenagoras‹

›Birkhahn‹

›Orsini‹

Lappen heruntergerissen worden –, daß an einen Einsatz auf der Rennbahn kaum noch gedacht werden konnte. Aber tierärztliche Kunst heilte ›Luciano‹ – und zwei Jahre danach war der Hengst Derbysieger und Spitzenpferd des deutschen Rennsports. Weitere zwölf Monate später hatte er den Gewinnrekord des berühmten Schlenderhaners ›Oleander‹ gebrochen und war »leading money winner« aller jemals in Deutschland trainierten Vollblüter.

Aber wieviel blieb von den 595 800 DM nach Abzug aller Unkosten nun eigentlich übrig? Genau 390 242 DM. Denn von ›Lucianos‹ Gewinnsumme mußten folgende Posten subtrahiert werden:

– die Kaufsumme	18 000.– DM
– die Provision an Tattersalls und den Auktionator	1 800.– DM
– der etwa 14tägige Aufenthalt nach der Auktion in England, die Überfahrt nach Deutschland und die Transportversicherung	2 000.– DM
– die Pensionskosten für etwa 15 Monate im Gestüt Alpen	3 094.– DM
– die Kosten der Operation am verletzten Hinterbein	120.– DM
– die Nachbehandlung	138.– DM
– der Transport vom Gestüt Alpen zum Kölner Rennstall	120.– DM
– die Trainingskosten für drei Jahre – inbegriffen Futter, Unterbringung, Schmied und Veterinär	36 000.– DM
– die Nenngelder für die Rennen, in denen ›Luciano‹ startete bzw. gemeldet war	20 000.– DM
– die Transportkosten vom Stall zur jeweiligen Rennbahn	2 000.– DM
– das Reitgeld, die Spesen und der Anteil vom Renngewinn für Lester Piggott, der ›Luciano‹ 1967 in der Union und im Derby ritt	18 000.– DM
– der Anteil vom Renngewinn für Ossi Langner, der normalerweise ›Lucianos‹ ständiger Reiter war	22 790.– DM
– der Anteil vom Renngewinn für Trainer Sven v. Mitzlaff	59 580.– DM
– der Anteil vom Renngewinn für das Personal des Stalles	11 916.– DM
– die Kosten der Expedition nach Paris zum Prix de l'Arc de Triomphe einschließlich Nenngeld, Transport, Unterkunft und Reitgeld für den Jockey Ron Hutchinson	10 000.– DM
	205 558.– DM

Die aufgemachte Rechnung zeigt, wie durch die Unkosten auch die größte Gewinnsumme erheblich zusammenschmilzt – obwohl der verbleibende Rest in unserem Fall immer noch ein hübscher Batzen Geld ist, von dem der Mann an der Theke mit dem Durchschnittsgehalt in der Brieftasche nur träumen kann.

Als ›Luciano‹ von der Rennbahn abtrat, wechselte er erneut den Besitzer. 800 000 DM blätterte das Gestüt Harzburg für den zukünftigen Pascha seiner Zucht auf den Tisch. Daher kann man mit Fug und Recht behaupten, daß Monsieur Marcour mit dem Hengst ein Bombengeschäft gemacht hat und für den Einsatz von 18 000 DM Zinsen kassierte, die ihm keine Bank der Welt gezahlt hätte. Auch das gibt es im Turf. Aber es ist die Ausnahme, die die Regel bestätigt. Und wie die aussieht, wissen wir. Da Sport und Zucht in engstem Zusammenhang stehen und ohne gegenseitige Wechselwirkungen gar nicht existieren können, birgt jedoch jede Schadstelle den Keim zum Zusammenbruch des Ganzen. Das Krebsgeschwür des deutschen Rennsports ist eine seit vielen Jahren nicht den tatsächlichen Bedürfnissen entsprechende Finanzsituation. Trotzdem sieht der Patient aus wie das blühende Leben. Den eigentlich längst fälligen Kollaps verhinderte ausschließlich die Passion von Besitzern und Züchtern. Was auf den Rennbahnen mangels Masse an Preisvolumen beziehungsweise Klasse der Pferde nicht hereinkam, wurde von jenen durch einen Griff in die Privatschatulle ersetzt. In manchen Gestütsverwaltungen ist man allerdings nicht mehr bereit, das mit der gleichen Selbstverständlichkeit zu tun wie früher.

Die Misere des deutschen Turfs

In der Bundesrepublik Deutschland gibt es zur Zeit etwa 700 Vollblutzüchter. Es sind Bankiers, Industrielle, Fabrikanten, Spitzenmanager, Bauunternehmer, Großkaufleute oder Landwirte. Ihre Gestüte sind von der Ostsee bis zu den Alpen – mit einer gewissen Konzentration im Rheinland – über das gesamte Bundesgebiet verteilt. 1976 beherbergten sie 1895 Mutterstuten sowie rund 100 Hengste – von denen ein knappes Dutzend zur Spitzenklasse zählte.

Beim Direktorium für Vollblutzucht und Rennen ist man besonders stolz darauf, daß die Zucht von Vollblütern in unserem Land keineswegs nur die Angelegenheit einiger »Großer« ist, sondern daß die »Kleinen« die Basis bilden. Tatsächlich wird dieses kostspielige Unternehmen zu 75% von Personen gepflegt, die nur 1 bis 3 Stuten besitzen. Mehr als 10 findet man nur bei 4,2% aller Züchter. Aber gerade in deren Gestüten – es sind etwa 30 – sprudelt die Quelle, die alles nährt. Nur dort findet man die durchgezüchteten Stutenherden. Nur dort ist das Fundament breit und sicher genug, um experimentieren zu können. Und nur dort ist man in der Lage, Rückschläge zu verkraften. Vergessen wir nicht: die Vollblutzucht ist eine Inzucht, die aufgrund der reichlich komplizierten Mischung erwünschter und unerwünschter Eigenschaften gute wie schlechte Anlagen trotz aller Auslese in potenzierter Form ans Tageslicht fördert. Daher gehen viele Pedigree-Kombinationen nicht im beabsichtigten Sinn auf. Aber das liegt in der Natur der Sache und wurde von den Züchtern zu jeder Zeit allenfalls als Herausforderung verstanden, doch noch zum Ziel zu kommen. Ungesunde finanzielle Verhältnisse auf dem Prüfstand dieser Bemühungen nahm eine Reihe von ihnen jedoch bald nicht mehr hin.

Schon in den sechziger Jahren trugen einige Zuchtstätten der mangelnden Rentabilität ihrer Aktivitäten auf heimatlicher Scholle Rechnung und gründeten Dependancen im Ausland. Die Gestüte Röttgen und Buschhof beispielsweise verlegten Teile ihrer Betriebe nach England und Irland. Nach Frankreich, ins gelobte Land des europäischen Rennsports, ging die Thyssen-Erbin Margit Gräfin Batthyany.

Während diesen Maßnahmen Erfolg unterschiedlicher Art beschieden war, wuchsen die Kalamitäten in Deutschland von Jahr zu Jahr. Erstaunlicherweise nahm die Zahl der Züchter bis 1975 trotzdem zu. Einige begannen jedoch schon zu diesem Zeitpunkt zu resignieren und verkleinerten den Bestand ihrer Pferde zum Teil recht drastisch – wie die Gestüte Schloß Frens, Hohe Weide, Isarland und Falkenstein. Asta löste sich gar ganz auf und veräußerte das gesamte vierbeinige Inventar unter seinem tatsächlichen Wert für eine halbe Million DM. 1976 schließlich gaben 26 Züchter auf.

Wie konnte es dazu kommen? Obwohl die allgemeine Wirtschaftslage natürlich auch ihr gerüttelt Maß dazu beitrug, ist die Steuerreform vom 5. August 1974 die entscheidende Ursache für die Misere. Durch sie wurde unter anderem eine seit rund 40 Jahren bestehende Regelung über die einkommensteuerliche Behandlung der Vollblutzucht ersatzlos gestrichen. Bis zu diesem Zeitpunkt konnte ein Züchter mit mindestens 2 Stuten pro Jahr für jedes Pferd Verluste bis zur Höhe von 5000 DM abschreiben. Der jetzige Zustand ist kurios, ja absurd. Denn von zwei völlig gleichgearteten Vollblutzuchten wird diejenige, die mit Gewinn arbeitet, in einkommensteuerlicher Hinsicht als landwirtschaftlicher Betrieb behandelt – diejenige, die Verluste erleidet, jedoch als Liebhaberei angesehen. Dabei kann selbst bei kritischster Prüfung beider Unternehmen züchterisch nicht der geringste Unterschied festgestellt werden. Leider bezieht sich der geschilderte Sachverhalt nicht auf Ausnahmefälle, sondern trifft auf das Gesamtbild der deutschen Vollblutzucht zu. Derartiges gibt es in keinem Bereich unserer Wirtschaft – im Ausland auch nicht in der Zucht von Rennpferden. Kein Finanzamt denkt doch daran, irgendein gewerbliches Unternehmen aufgrund einer mehr oder weniger langen Verlustperiode als Liebhaberei zu behandeln und das entstandene Minus steuerlich nicht anzuerkennen. Fälle dieser Art sind bei den heutigen wirtschaftlichen Verhältnissen beileibe keine Seltenheit. Die Tatsache, daß selbst langjährige Verluste innerhalb von Unternehmensgruppen mit Gewinnen anderer Betriebe verrechnet werden, ist keine Ausnahme. So etwas wird vielmehr weitgehend praktiziert und anerkannt. Aber was in der gesamten Wirtschaft als selbstverständlich gilt, gesteht man ausgerechnet der Vollblutzucht nicht zu. Die daraus entstandenen und noch entstehenden Folgen werden in letzter Konsequenz allerdings erst nach Jahren Wirkung zeigen. Dann nämlich, wenn für den sich ständig ausweitenden Rennbetrieb nicht mehr genügend Pferde zur Verfügung stehen. Das wiederum würde bedeuten, daß man auch in diesem Bereich noch mehr auf der Stelle oder gar kürzer treten müßte, was so oder so ein Rückschritt sein würde. Davon wäre dann auch diejenige Institution betroffen, die der Bankrottpolitik grünes Licht gab: der Staat.

Vollblutzucht und Galopprennsport sind ein volkswirtschaftlicher Faktor, der nicht unterschätzt werden sollte. 1976 verdankten rund 2000 Personen – Trainer, Jockeys, Stall-, Gestüts- und Verwaltungsangestellte sowie Arbeiter – ihren Lebensunterhalt der Existenz von Vollblütern. Landwirte, Futtermittelhändler, Schmiede, Drucker, Gastronomen, Verleger und Buchmacher partizipierten ebenfalls von ihnen. Sie alle entrichteten Steuern und Abgaben der verschiedensten Art. Mehrwertsteuer wurde 1976 abgeführt von ca. 20 Mio. DM Rennpreisen, ca. 3,2 Mio. DM Einsätzen, ca. 52,5 Mio. DM Unterhaltskosten für Rennpferde, Zuchtstuten und Zuchthengste, ca. 5 Mio. DM Deckgelder und ca. 7,5 Mio. DM Unterhaltskosten für Fohlen und Jährlinge sowie aus ca. 1600 Pferdeverkäufen. Darüber hinaus wurden im gleichen Jahr rund 32 Mio. DM an Rennwett- und Lotteriesteuer abgeführt, die sich aus etwa 129,5 Mio. DM Totalisatorumsatz, ungefähr 100 Mio. DM Buchmacherwetten und reichlich 61 Mio. DM Rennquintetterlösen ergaben. Gegen diese nicht unbeträchtlichen Summen sind die rund 2 Mio. DM, die der Staat durch den Fortfall des § 82 c des EStG an Mehreinnahmen erhielt, minimal. Das hatten 1961 alle Parteien des Deutschen Bundestages erkannt, die damals die Förderung der Vollblutzucht beschlossen. Aber was 1961 als vorteilhaft angesehen wurde, lehnte 1974 die Mehrheit des eben genannten Gremiums ab. Bereits kurze Zeit später stand die Schrift an der Wand. Doch bis heute ist staatlicherseits nichts geschehen, um der Mahnung des Menetekels zu begegnen. Die Situation ist schizophren. Der Galopprennsport erfreut sich größter Beliebtheit – was ständig steigende Zuschauerzahlen und Wettumsätze beweisen –, aber die Mehrheit der Bonner Parlamentarier tut nichts, um diesen Trend zu unterstützen. Man überläßt die Sache ihrem Schicksal und hofft, daß die Betroffenen sich aus der Bredouille ziehen wie weiland Münchhausen aus dem Sumpf. Dabei wollen diejenigen, die diesen Sport durch ihr vielfältiges Engagement zur Freude breitester Volksschichten und zum Nutzen der Landespferdezucht erst möglich machen, lediglich die Chance zur Deckung ihrer Unkosten haben. Angesichts der bestehenden Situation ist es jedoch nur eine Frage der Zeit, wie lange die großen Gestüte – die bekanntlich die beste Bürgschaft für die Qualität der deutschen Vollblutzucht stellen – die staatliche Nichtachtung ihrer allgemeinnützlichen Interessen noch hinnehmen.

Um betriebsfähig zu bleiben und seinen Standard zu halten oder zu verbessern – wobei letzteres ja der eigentliche Sinn jeder ernsthaften menschlichen Bemühung ist –, benötigt ein Unternehmen von der Größenordnung Schlenderhans pro Jahr mindestens 1 Million DM. Natürlich wirft auch das Gestüt durch Pferdeverkäufe, Hengstverpachtungen, Züchterprämien und nicht zuletzt durch Deckgelder – die hierzulande je nach Klasse des Vererbers 1000 bis 10 000 DM betragen – Geld ab. Den Löwenanteil der Betriebskosten aber muß der Rennstall erwirtschaften. Und wenn dessen Insassen ins Minus laufen, wird die Lage kritisch. Wenn darüber hinaus auch keine Verlustrechnung mehr aufgemacht werden kann, ist es verständlich, wenn vielerorts die Lust an der Vollblutzucht verloren wird – die vielen nützt und wenigen viel kostet.

In der Bundesrepublik Deutschland fehlten 1976 etwa 40 Millionen DM zur effektiven Rentabilität von Vollblutzucht und Galopprennsport. Der Jahresumsatz von ca. 129,5 Mio. DM reichte gerade, um die Prüfungen zu dotieren und die laufenden Ausgaben zu bestreiten. Geldmittel zur Modernisierung der Rennbahnen fehlten nahezu völlig.

Noch vor einiger Zeit hegte man die Hoffnung, daß das Rennquintett dieses Manko beheben könnte. Leider war das nicht der Fall. Vielmehr verzeichnete die Wette 1976 erstmals einen Umsatzrückgang – was viele in der Auffassung bestärkt hatte, daß sie sich beim Tipper keiner allzu großen Popularität erfreut. Daher veränderte bzw. vereinfachte man ab Anfang September 1977 ihren Spielmodus.

Größter Nutznießer des 1971 gegründeten Rennquintetts war natürlich der Staat. Bis 1976 beanspruchte er für seinen Steuersäckel ca. 48 Millionen DM. Im gleichen Zeitraum flossen dem Galopprennsport nur ca. 17 Millionen DM zu. Und das war einschließlich der Erträge aus den Totoumsätzen zu wenig, um den Rennsport aus seiner »Scheinblüte« herauszuführen und zu einem kaufmännisch gesunden Unternehmen zu machen. Um das zu erreichen, ist die Hilfe des Staates unerläßlich. Er sollte endlich den Standpunkt revidieren, daß seine Unterstützung nur ein paar Millionären zugute kommen würde. Ganz abgesehen davon, daß das nicht stimmt, sind Rennbahnen für die Bevölkerung der Großstädte Plätze zur Freizeitgestaltung und Stätten der Erholung. Daher partizipiert auch der sogenannte kleine Mann von einem Sport, der längst nicht mehr elitär ist – und das auch gar nicht sein will. Jedenfalls wäre ihm schon geholfen, wenn der Fiskus einen Teil der Steuern, die er von ihm erhält, an deren Ursprung zurückführen würde. Dieses Verfahren ist in England eine Selbstverständlichkeit. Dort bestreitet man mit den steuerlichen Abgaben der Buchmacher von jährlich 35 bis 40 Millionen einen wesentlichen Teil der Kosten des englischen Rennsports.

Geld vom Pferd für das Pferd – einst wurde auch bei uns nach diesem Motto gehandelt. Es war einmal!

4. Buch

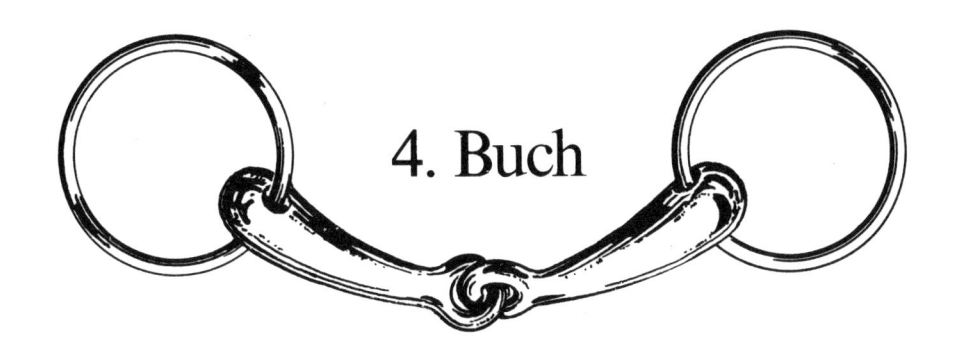

Gestüte in Deutschland

Das Erbe der Scholle

Das Gestüt ist die Heimat des Vollblüters. Hier beginnt und schließt sich der Kreis seines Lebens, wenn er sich auf der Bahn als würdiger Nachfolger seiner Vorfahren erwiesen hat. Aber selbst während er dort seiner Berufung folgt, ist er mit der Scholle verbunden, auf der er geboren wurde. Denn mit ihrem Erbe im Blut und in ihren Farben wird er in den Wettkampf der Rennen geschickt.

Das Schicksal des zukünftigen Cracks beginnt seinen Lauf irgendwann zwischen dem 15. Februar und dem 15. Juni eines Jahres. Das ist die Zeit, in der Vollblüter nach dem vom Menschen diktierten Reglement Hochzeit machen dürfen – oder weniger prosaisch ausgedrückt: es ist die Deckperiode, in der die Stuten dem Hengst zugeführt werden. Rund elf Monate nach dem Zeugungsakt wird dann das Fohlen geboren. Die Stute fohlt ab, wie es in der Fachsprache heißt.

Schon kurz darauf bekommt der vollblütige Dreikäsehoch einen Namen. In Deutschland muß dieser nach der Vorschrift immer mit dem Anfangsbuchstaben des Namens der Mutter beginnen. Bei der Suche nach ihm werden nicht selten Begriffe und Bezeichnungen aus den verschiedensten Gebieten des menschlichen Lebens gewählt. Gestüt Ravensberg beispielsweise entlehnt die Namen der meisten seiner Pferde aus dem Sprachschatz des Waidwerks. Asta wiederum übernahm häufig Worte aus dem maritimen Bereich.

Ob die Stute zeitig im Jahr oder später fohlen sollte, ist eine Frage des klimatischen Standpunktes. Da alle Vollblüter der nördlichen Hemisphäre am 1. Januar Geburtstag haben – ganz gleich, zu welchem Zeitpunkt sie das Licht der Welt erblickten –, wünscht man sich natürlich möglichst »volljährige« Pferde. Im Januar geborene Fohlen aber müssen später trotz des vielwöchigen Vorsprungs nicht besser entwickelt sein als die im April oder Mai gefohlten. Weil ihre Mütter wegen des zu dieser Zeit in unseren Breiten herrschenden Winters auf Grünfutter verzichten müssen, können sie Vitamine, Minerale und andere Aufbaustoffe nämlich nicht in der Form mit der Milch aufnehmen, die ihrer Entwicklung am dienlichsten ist. Außerdem fehlt die für die Bildung von Knochen, Muskeln, Sehnen und Gelenken so überaus bedeutsame Bewegung in Licht und Luft, durch die nicht nur die Futteraufnahme des jungen Pferdes angeregt wird, sondern die Nährstoffe auch besser verwertet werden als im Stall. Für die Stute schließlich ist der Weidegang in dieser Zeit schon deswegen unerläßlich, weil sich dabei sowohl die Zusammensetzung ihrer Milch verbessert, als auch deren Menge erhöht. Bei guten Stuten beträgt sie übrigens 10 bis 22 Liter pro Tag.

Wenn diese Voraussetzungen fehlen, ist der erst wenige Tage oder Wochen alte Vollblüter bereits jetzt gehandicapt. Denn was in einer der wichtigsten Phasen seiner Entwicklung versäumt oder nicht erreicht wird, ist später in der Regel kaum, meistens aber gar nicht mehr wiedergutzumachen. Auch die besten Erbanlagen nützen nichts, wenn das Wechselspiel von Auslauf, Licht, Luft und Aufnahme der am optimalsten wirkenden Nahrung gestört ist. Zwar versucht der Mensch so gut es geht, Ersatz zu schaffen – die Kraft der Natur kann er jedoch bei allem guten Willen nicht hundertprozentig ersetzen.

Das bestätigt eine statistische Untersuchung von Dr. M. Buttgereit über die Beeinflussung der Rennleistung durch den Geburtstermin. Ihr ist zu entnehmen, daß Januarfohlen später die mäßigsten Rennleistungen aufweisen, März- und Aprilfohlen dagegen die besten. Früher geborene Pferde bieten also keine Gewähr dafür, aufgrund ihres höheren Alters den später geborenen überlegen zu sein. Ausnahmen gibt es wie überall natürlich auch hier – Ausnahmen, die die Regel bestätigen.

Ein englischer Fachmann sagte zu diesem Thema einmal: »Die Natur plant, daß die Fohlen, wenn sie geboren werden, Nahrung in Fülle finden. Das ist der Fall, wenn die Sonne kräftigende Wärme spendet und wenn die Stuten für ihre Milchproduktion frisches, kräftiges Futter haben. Wer Fohlengeburten für Januar terminiert, wenn Frost, Schnee und Stürme üblich sind und die ganze Natur schläft, mißachtet eine der Grundregeln.«

Und von einem Trainer stammt die Bemerkung: »Ich hoffe stets, daß mir niemand Januar-Jährlinge in Arbeit gibt. Sie mögen größer sein und frühere Versprechungen machen als Maifohlen, aber ich habe immer gefunden, daß es Blender waren.«

Ungefähr 6 Monate lang bleibt das Fohlen bei der Mutter. So lange saugt es übrigens auch. Danach wird es »abgesetzt« und kann dann noch etwa 1 Jahr im Kreis der gleichgeschlechtlichen und gleichaltrigen Gefährten ein unbeschwertes Dasein führen. Dabei sind seinem Bewegungsdrang auf den großen Koppeln der Gestüte kaum Grenzen gesetzt. Kleinliche Enge wäre dem Vollblüter – der zu schnellem, ausdauerndem Lauf berufen ist – auch nicht zuträglich. Schon in der Jugend gibt man ihm daher die Möglichkeit, sich auf seine Bestimmung vorzubereiten und die Physis beizeiten an deren Anforderungen zu gewöhnen. Eines Tages wird aus dem Spiel dann Ernst. Das Fohlen, das jetzt schon ein Jährling ist, kommt in den Rennstall. Nun heißt es, Farbe zu bekennen und unter vielen kritischen Augen zu beweisen, aus welchem Holz man geschnitzt ist. Ob man nur zum Dutzendpferd taugt – oder sich in den klassischen Rennen und Großen Preisen bewähren und behaupten kann. Nur letzteres bietet in der Regel die Gewähr, an den Ort der Geburt zurückzukehren und im Gestüt einer neuen Vollblutgeneration das Leben zu geben.

Bereits im vorigen Buch wurde festgestellt, daß es in der Bundesrepublik Deutschland 1977 ungefähr 700 Züchter von Galopprennpferden gab, von denen etwa 30 größere bzw. große Betriebe unterhalten. Acht von ihnen werden nachfolgend in ihrem Werden und Wirken beschrieben. Allein wegen des Verdienstes, ein kostbares Kulturgut zu wahren, hätte das von allen Gestüten geschehen müssen. Stellvertretend für die Gesamtheit kann es aber nur eine kleine Auswahl sein, die repräsentativ für die Vergangenheit und Gegenwart der deutschen Vollblutzucht ist.

Das Königlich Preußische Hauptgestüt: Graditz

Dem ständigen Bedarf von Fürsten- und Königshöfen sowie deren Armeen an geeigneten Rossen verdankt in früheren Zeiten manches Gestüt seine Entstehung – auch Graditz, dessen Gründungsjahr zwar nicht mehr genau festzustellen ist, das aber schon 1630 erwähnt wird. Sieben Jahre später meldet ein Brief dann seine Verwüstung durch den Dreißigjährigen Krieg. Danach scheint die Pferdezucht dort jahrzehntelang im argen gelegen zu haben. Erst 1686 befahl Kurfürst Johann Georg von Sachsen den Wiederaufbau durch die Errichtung einer »Stutterey« auf den Elbniederungen in der Nähe von Torgau. Als Kurfürst Friedrich August I., genannt der Starke, an die Regierung kam, vereinigte er auf jenem Areal alle in seinen Stammlanden verstreut liegenden Gestüte. Der Befehl für diese Neugründung an den Oberlandbaumeister Pöppelmann lautet wörtlich:

»Räthe, liebe getreue, Wir sind gemeynet, bey unserm Forwege Gratitz ein neu Gestütte anlegen und ein neu steinern Gebäude dazu nach beigefügtem Risse aufführen zu lassen, und befehlen hiermit, Du der Oberlandbaumeister wolltest Dich aus denen dieserwegen ergangenen und hierbey kommenden Commissions-Actis gnüglich informieren und ohnverzüglich nacher Gratitz Dich begeben, alles selbst in Augenschein nehmen, einen gewöhnlichen Bauanschlag darüber verfertigen, und woher die dazu erforderten Baumaterialien an Holz, Steinen, Kalk, Ziegeln, Leim und was sonst dazu nötig ist, am nächsten zu bekommen und am wohlfeilesten zu haben, Dich erkundigen, an die Oerther Dich selbst verfügen und solche Materialien auf das Genaueste behandeln, nicht minder mit denen sämmtlichen Handwerks-Leuten ein Gedinge treffen und Alles also veranstalten, daß ehesten der Bau würcklich angefangen und wo möglich in diesem Jahre zur Perfection gebracht werde, etc. An dem geschiehet Unser Wille und Meynung Datum Dresden, am 4. Marty A° 1722.«

Das war die Geburtsstunde des späteren Königlich Preußischen Hauptgestüts Graditz, in dem man ab 1833 mit sechs angekauften Stuten auch Rennpferde zu züchten begann. Damals ahnte sicherlich niemand, daß es sich im Laufe der Zeit zu einer Säule der deutschen Vollblutzucht und zum Pendant zu Trakehnen entwickeln würde, wo der Staat auf breitester Basis und mit enormen finanziellem Einsatz einen Mittelpunkt der Warmblutzucht geschaffen hatte. Trakehnen gibt es nicht mehr. Graditz dagegen existiert als volkseigener Betrieb in der DDR noch heute. Seine bis 1945 in Deutschland dominierende Stellung als Vollblutgestüt hat es allerdings verloren. Einst war es ein Born, aus dem alle deutschen Züchter schöpfen konnten. Denn seine Hengste haben für außergewöhnlich billige Taxen – eigentlich nur für eine Anerkennungsgebühr – Stuten anderer Besitzer gedeckt. Schlenderhan beispielsweise erhielt durch Beschäler des Staatsgestüts sowohl für die Bahn als auch die Zucht einige seiner besten Pferde.

Der große Franzose ›Nuage‹, die beiden englischen Derbysieger ›Ard Patrick‹ und ›Galtee Moore‹ sowie deren berühmter »Landsmann« ›Dark Ronald‹ waren wohl die besten Graditzer Vererber. Der bildschöne ›Dark Ronald‹ wurde 1913 im Alter von acht Jahren für 500 000 Goldmark erworben. Das war für damalige Verhältnisse eine riesige Summe. Aber Graditz kaufte eben nur das Beste. Und das hatte schon immer seinen Preis. ›Dark Ronald‹ machte diesen übrigens schnell vergessen. Der Hengst war nämlich ein Pferd, das durch seine Leistungen als Vererber die gesamte deutsche Vollblutzucht beeinflußte. Unter anderem brachte er ›Herold‹ für Graditz und ›Prunus‹ für Schlenderhan. Ersterer wiederum zeugte ›Alchimist‹ – der 1933 das Derby gewann und später Vater von ›Schwarzgold‹ wurde –, letzterer hatte in ›Oleander‹ einen Nachkommen, der nicht nur auf der Bahn, sondern auch im Gestüt Ausnahmeklasse vertrat. ›Dark Ronald‹ führten aber auch der Erlenhofer ›Ticino‹ – der nach dem Krieg unser bestes Vaterpferd war –, die Waldfrieder ›Mangon‹ und ›Masetto‹ sowie der Zoppenbroicher ›Olymp‹ als Ahnen im Pedigree.

Von den Stuten hatte die Linie der ›Antwort‹ – deren Mutter ›Alveole‹ 1905 angekauft wurde – den wohl größten Einfluß auf die deutsche Vollblutzucht. ›Antwort‹ gilt als Stammutter des Königlich Preußischen Hauptgestüts und Gründerin der Graditzer »Heldenfamilie«.

Das erste Pferd, das die traditionsreichen und berühmten schwarz-weißen Farben zum Erfolg trug, hieß ›Sam‹. 1866 gewann es ein Rennen im Wert von 261.50 DM. Diese bescheidene Summe wuchs in den nächsten fünfundzwanzig Jahren durch Sieg- und Platzgelder auf 2 327 514 Mark an. Innerhalb des genannten Zeitraumes siegten Graditzer in Deutschland, Österreich–Ungarn, England und Dänemark 542mal. Danach gab es hierzulande keine Prüfung von Bedeutung, in der Pferde des Königlich Preußischen Hauptgestüts nicht wiederholt den 1. Platz belegten. Beispielsweise gewannen sie bis 1945 68 klassische Rennen – unter denen sich nicht weniger als 12 Derbys befanden.

Diese Erfolge beruhten auf der Trainierkunst von Männern wie Richard Waugh, Robert Utting, Reginald Day und Hans Blume, auf der Jockeyship eines Charles Ballantine, Julius Rastenberger, Ernst Grabsch und Otto Schmidt, last not least aber auf dem züchterischen Wissen von Gestütsleitern wie Graf Georg Lehndorff, Graf Siegfried Lehndorff, Ernst Althaus und Graf Kalnein. Sie sorgten nämlich dafür, daß dem Rennstall Jahr für Jahr überdurchschnittlich gutes Material zugeführt wurde. Dessen Überlegenheit wurde 1908 und 1909 schließlich so drückend, daß die privaten Rennstallbesitzer – an deren Spitze Baron Simon Alfred von Oppenheim stand – für ihre Pferde Gewichtserleichterungen verlangten. Außerdem forderten sie die veranstaltenden Vereine auf, verschiedene Rennen für Graditzer Vollblüter zu sperren. Nach langen Verhandlungen wurde dann vereinbart, daß das Staatsgestüt nicht mehr als 35 Rennpferde halten darf, daß die Hälfte aller Prüfungen zwischen 3000 und 4000 Mark den privaten Ställen vorbehalten bleibt und Graditzer Pferde unter Umständen bis zu 2,5 kg Gewicht mehr zu tragen haben, als nach der Rennordnung notwendig ist.

Graf Siegfried Lehndorff – der damalige Leiter des Gestüts – bemerkte zu diesen »Auflagen«:

»Das Landwirtschafts-Ministerium hätte die Maßnahmen gegen die Graditzer Pferde vielleicht verbieten und mit Entziehung der Staatspreise und Totalisator-Erlaubnis drohen können. Mein Vater, der preußische Oberlandstallmeister, war aber der Ansicht, daß der staatliche Rennstall nicht erdrückend auf die Privatställe wirken dürfe, daß er überhaupt nur so lange eine Daseinsberechtigung habe, als die deutsche Vollblutzucht allein auf zu schwachen Füßen stände, und daß der Staat die Vollblutzucht einstellen solle, sobald die Privatzucht imstande sei, die Konkurrenz mit dem Auslande aufzunehmen und die für die Halbblutzucht erforderlichen Hengste zu liefern. Er hat immer den Standpunkt vertreten, daß der Träger der Vollblutzucht die Privatzucht sein müsse.«

1945 ging die bisher bedeutendste Epoche des Königlich Preußischen Hauptgestüts im Heulen russischer Panzergranaten zu Ende. Sowjetische Soldaten verschleppten oder vernichteten fast alles, was sie vorfanden. Das wichtige Aktenmaterial, das bis ins kleinste Detail Auskunft über jedes Pferd gab, verbrannte oder ging auf andere Weise verloren. Der größte Teil der wertvollen Mutterstutenherde wurde zusammen mit den Hengsten – unter denen sich auch ›Herold‹ befand – fortgebracht. Ein besonders tragisches und grausames Ende fand der als Blutträger nicht zu ersetzende ›Alchimist‹. Der Hengst – der stets sehr empfindlich war, wenn ihn jemand an den Kopf faßte – widersetzte sich dem Verladen und wurde daraufhin mit Knüppelschlägen getötet.

Nach dem Zweiten Weltkrieg wurde das Gestütsgelände zunächst in Neubauern-Parzellen aufgeteilt – später aber doch wieder für die Pferdezucht genutzt. Mit einer Handvoll zusammengelesener Stuten ging Graditz in die vorläufig letzte Periode seiner langen und wechselvollen Geschichte. Durch wertvolle Importhengste – unter anderem wurden die westdeutschen St. Leger-Sieger ›Angeber‹ und ›Wicht‹ aus Ebbesloh bzw. Röttgen aufgestellt – versuchte man, in den fünfziger und sechziger Jahren Anschluß an die führenden europäischen Zuchten zu gewinnen. Inwieweit das gelang, ist nur schwer zu beantworten. Denn zu einem vergleichenden Kräftemessen ist es bisher weder auf einer englischen, französischen, italienischen oder deutschen Bahn gekommen. Allerdings gelangt man durch die Leistungen des ungarischen Derbysiegers ›Seebirk‹ zu einigen Erkenntnissen. Der von ›Birkhahn‹ und einer Graditzer Stute stammende Hengst gewann 1968 in Baden-Baden für den Stall Bakony nämlich das renommierte Fürstenberg-Rennen. Dabei schlug er neben anderen Pferden auch ›Elviro‹ und ›Cortez‹. Da ›Elviro‹ im gleichen Jahr das deutsche Derby gewonnen hatte, ›Cortez‹ 1970 im Preis von Europa und 1971 im Großen Preis von Baden siegte, ist der Erfolg von ›Seebirk‹ für den Kundigen recht aufschlußreich.

Heute stehen in Graditz etwa 110 Mutterstuten. Es soll eine qualitätsvolle Herde sein. Zumindest aber ist sie quantitativ stark genug, um großzügigen züchterischen Experimenten die nötige Basis zu geben. Etwa 65 Jährlinge – die im Gestüt bereits ein Herdentraining absolvieren müssen – werden pro Jahr an die beiden Rennställe geliefert, die in der DDR und bei den Meetings der Ostblockstaaten sehr erfolgreich sind. An die Graditzer Glanzzeiten konnten sie bisher allerdings nicht anknüpfen.

Schwarz-blau-rot ist Trumpf: Schlenderhan

Im Laufe der etwa 175jährigen Geschichte der deutschen Vollblutzucht entstand eine Reihe von Gestüten, die es zu Ruhm und Ehre brachten. Von manchen ist allerdings nur die Erinnerung geblieben. Ihre couleurs sind vergessen. Andere trotzten den wechselvollen Zeitläuften und existieren in ungebrochener Kraft. Zu diesen gehört vor allem Schlenderhan, das älteste deutsche Privatgestüt – und das erfolgreichste überhaupt. Seine Pferde setzten Maßstäbe in Rennen und Zucht. Bis einschließlich 1977 trugen sie die berühmten schwarz-blau-roten Farben in 79 klassischen Prüfungen zum Sieg und ergaloppierten 27mal die höchste Gewinnsumme der Saison. Außerdem sicherten sie ihrem Heimatgestüt 32mal das Championat der Züchter.

Der Gründer Schlenderhans war Eduard von Oppenheim – einer der beiden Söhne des Geheimen Kommerzienrats und Kölner Bankiers Simon Freiherr von Oppenheim. 1869 wandelte er den Sommersitz der Familie in Quadrath-Ichendorf bei Bergheim in ein Vollblutgestüt um und gab ihm den Namen eines Adelsgeschlechts, das einst auf dieser Scholle lebte. Das erste Rennpferd, das Eduard von Oppenheim erwarb, war die Engländerin ›Swordtrick‹. Die blendend gezogene Stute – die von dem französischen Triple Crown-Sieger ›Gladiateur‹ stammte und Nennungen für die Oaks, das St. Leger und den Grand Prix de Paris der Saison 1871 hatte – wurde zunächst allerdings noch im Mutterland des Galopprennsports trainiert. Erst nachdem sich die in sie gesetzten Hoffnungen nicht erfüllten, wurde sie nach Deutschland gebracht. In ›Colonia‹ umbenannt, hielt sie als erste Stute Einzug in Schlenderhan.

Zu den bemerkenswerten Pferden – die in der Gründerzeit der Zuchtstätte den Oppenheimschen Dress trugen – gehören übrigens auch zwei Doppelsieger der Grand National: ›The Colonel‹, der das schwerste Hindernisrennen der Welt 1869 und 1870 gewann – sowie ›The Lamb‹, der sich die berühmte Steeplechase 1868 und 1871 als erster Schimmel holte.

Auch wenn das Gestüt schon früh bedeutende Erfolge hatte – auf den ersten von bisher 16 Derbysiegen mußte es fast vierzig Jahre warten. 1908 konnte sich der Hengst ›Sieger‹ dann mit dem Blauen Band des deutschen Turfs schmücken. Buchstäblich in letzter Stunde gewann Eduard von Oppenheim die höchste Trophäe des Rennsports. Denn im darauffolgenden Januar starb er. Sein Sohn Simon Alfred setzte das begonnene Werk fort – sein Enkel Waldemar brachte es schließlich zur höchsten Blüte. Heute ist die Witwe des letzteren – Baronin Gabrielle von Oppenheim – Schlenderhans Besitzerin.

Obwohl die Geschichte des Gestüts reich an glanzvollen Perioden ist, erreichte sie von 1938 bis 1941 zweifellos einen Höhepunkt besonderer Art. Damals nämlich gewannen die Schlenderhaner ›Orgelton‹, ›Wehr Dich‹, ›Schwarzgold‹ und ›Magnat‹ viermal hintereinander das Derby. Eine derartige Siegesserie im klassischsten aller klassischen Rennen ist in der Welt des Turfs einmalig. Hinter ihr stand freilich auch ein Team von Männern, deren fachlicher Fundus schier unerschöpflich war. Als Gestütsleiter wirkte zu jener Zeit Graf

Sponeck in Schlenderhan, ein überragender Hippologe – dem mit dem Engländer George Arnull ein nicht minder begnadeter Trainer zur Seite stand. Stalljockey war Gerhard Streit, der zu den Besten seiner Gilde zählte und seine Aufgaben kühlen Kopfes und mit einmaligem taktischen Gespür zu bewältigen pflegte. Dieses Trio ist das Paradebeispiel für die kluge Personalpolitik, die Schlenderhan stets betrieben hat. Die enormen Erfolge sind sicherlich auch auf sie zurückzuführen. Mitarbeitern, denen man einmal Vertrauen schenkte, brachte man dieses jahrzehntelang entgegen. Demzufolge gab es in Quadrath-Ichendorf bisher auch nur drei Gestütsleiter. Der Brite George Castle arbeitete dort von 1893 bis 1927. Seine Nachfolge trat bis 1953 der schon erwähnte Graf Sponeck an, der dann von Ewald Meyer zu Düte abgelöst wurde.

Der Westfale aus dem Kreis Tecklenburg – der vorher schon sieben Jahre in Mydlinghoven tätig war – steht seinen Vorgängern in nichts nach. Er züchtete in Schlenderhan unter anderem ›Schönbrunn‹, die 1969 die beiden klassischen Stutenprüfungen und ein Jahr später in den Farben von Daniel Wildenstein den Grand Prix de Deauville gewann, ›Priamos‹, der 1970 Europas bestes Mittelstreckenpferd war, ›Alpenkönig‹, den erfolgreichsten deutschen Dreijährigen aller Zeiten, und ›Lombard‹, der mit 1 097 020 DM als erster deutscher Vollblütler eine Gewinnsumme von mehr als einer Million Mark erreichte. In der züchterischen Konzeption hält übrigens auch Ewald Meyer zu Düte die starke Bindung an England aufrecht, die in Schlenderhan seit eh und je gepflegt wurde, sei es durch Importe oder durch alljährliche Entsendungen von Stuten zu englischen oder irischen Klassehengsten.

Die Namen aller großen Schlenderhaner Pferde aufzuzählen und deren Erfolge zu beschreiben, ist hier unmöglich. Es sind ihrer zu viele. Außer den bereits genannten aber sollten noch ›Saphir‹, ›Dolomit‹, ›Ariel‹, ›Prunus‹ – der fünffache deutsche Beschälerchampion –, ›Wallenstein‹, ›Alba‹, ›Aralia‹, ›Asterblüte‹, ›Aubergine‹ und vor allem ›Oleander‹ erwähnt werden.

Drei Jahre – von 1927 bis 1929 – war er der Heros des deutschen Turfs. Neben 16 anderen Rennen gewann er dreimal den Großen Preis von Baden – was vor ihm nur der ungarischen Wunderstute ›Kincsem‹ gelungen war. Zweimal wurde er im Prix l'Arc de Triomphe aufgeboten – der Superprüfung des Galopprennsports. Beim ersten Versuch wurde er in Longchamp Fünfter – beim zweiten ausgezeichneter Dritter. Diese Niederlage hätte ihm unter Umständen erspart bleiben können. Der Engländer Joe Childs – der in jenem Jahr eigens für die Ritte auf ›Oleander‹ verpflichtet worden war – ging nämlich entgegen der Order zu früh an die Spitze. Er hatte mit dem ›Prunus‹-Sohn in Berlin-Grunewald schon zwei Rennen gewonnen und glaubte, auf einem unschlagbaren Pferd zu sitzen. Das verleitete ihn in Paris zu der unglücklichen Taktik – die ›Oleander‹ möglicherweise den Sieg und den Höhepunkt seiner glorreichen Laufbahn kostete. Joe Childs bemerkt in seinen Memoiren dazu:

»Ich entsinne mich, daß es damals hieß, ich hätte Pech gehabt, geschlagen zu werden. Wenn ich dem zustimme, so deswegen, weil das Rennen in falscher Pace gelaufen wurde. Das war ganz und gar nicht im Interesse meines Pferdes, das über hervorragenden Speed verfügte, durch den es sich beim Zusammentreffen mit Pferden seines Landes immer überlegen zeigte. Ich hatte im Rennen stets einen guten Platz und ging 400 Meter vor dem Ziel mit dem Hengst in Front. Hätte ich ihn nach Übernahme der Führung energisch nach Hause geritten – ›Oleander‹ neigte dazu, einmal in Front, nachzulassen –, so hätte ich vielleicht gewonnen.«

Joe Childs bekam nach dem Rennen jedenfalls entsprechende Kritiken und Trainer George Arnull erinnerte sich noch nach Jahren nur mit Unbehagen an diesen Vorfall. Als ›Oleander‹ von der Rennbahn abtrat, hatte er 580950 DM gewonnen – was hierzulande jahrzehntelang Rekord war. Rekorde stellte er auch in der Zucht auf: neunmal wurde er Beschälerchampion – was außer ihm nur noch ›Ticino‹ zuwege brachte – und zeugte wie kaum ein Hengst vor oder nach ihm ein Klassepferd nach dem anderen. Der Ordnung halber sei jedoch festgestellt, daß es den großen ›Oleander‹ fast nicht gegeben hätte. Nach einem schweren Arbeitsunfall – den er Ende Juli 1926 als Zweijähriger erlitt – war sein Leben nämlich kaum mehr einen Pfifferling wert. Der angebliche Beckenbruch aber verheilte, so daß ›Oleander‹ der Turfwelt erhalten blieb. Als er 1947 im Alter von 23 Jahren starb, stellte sich bei der nachfolgenden Untersuchung dann heraus, daß es eine Fraktur beider Sitzbeine war, die die triumphale Karriere des Schlenderhaners um ein Haar verhindert hätte.

Bisher war fast nur von Oppenheimschen Erfolgen die Rede. Aber jeder Besitzer Schlenderhans – der eine mehr, der andere weniger – erlebte auch Rückschläge. Es gab sogar Zeiten, in denen die Existenz des Gestüts ernstlich gefährdet war. Doch mit Hartnäckigkeit und Können, mit finanziellem Einsatz und sicher auch Glück, erreichte man immer wieder die alte Position: den Platz an der Spitze der deutschen Vollblutzucht!

Der Siegeszug der Inländerrichtung: Waldfried

Waldfried ist neben Schlenderhan das älteste der noch existierenden deutschen Privatgestüte. Seine Gründer waren die Brüder Carl und Arthur von Weinberg – wobei letzterer als ehemals Königlich Bayrischer Kavallerist und erfolgreicher Herrenreiter sicher nicht nur der spiritus rector des Unternehmens war, sondern auch als der versiertere Hippologe gelten kann. Bereits 1891 ließ er die später so überaus populären Farben seines blau-weiß gestreiften Dresses beim Union-Klub eintragen. Als Gründungsdatum der Weinbergschen Zucht aber gilt der 21. März 1896. An jenem Tag brachte die Fuchsstute ›Digitalis‹ mit ihrem Fohlen ›Diligenz‹ nämlich das erste Waldfrieder Eigenprodukt zur Welt.

Als Platz für das Gestüt wurde ein Gelände in der Nähe von Frankfurt ausgewählt, da die Herren von Weinberg infolge ihrer beruflichen Tätigkeit als Leiter einer großen chemischen Fabrik an die Mainmetropole gebunden waren. Das Areal lag westlich des ehemaligen Vorortes Niederrad und ganz in der Nähe der Rennbahn. Diese Scholle war bis Mitte 1949 Waldfrieds Heimat. Danach erfolgte die Übersiedlung nach Römerhof bei Köln, weil sich der Wiederaufbau des Gestüts nach den im März 1944 durch einen Bombenhagel erlittenen schweren Schäden als unmöglich herausstellte.

Zu diesem Zeitpunkt wurden Waldfrieds Geschicke schon seit vielen Jahren von Graf Rudolf Spreti gelenkt. Arthur von Weinbergs Schwiegersohn war es übrigens auch, der als Könner hohen Grades nach 1945 maßgeblichen Anteil am Neuaufbau von Deutschlands Vollblutzucht und Galopprennsport hatte.

1964 wurde Waldfried dann zum zweiten Mal verlegt. Da man in Römerhof nur pachtzahlender Gast war, wurde durch den Erwerb des im Harz gelegenen früheren Heeresgestüts Altefeld die Möglichkeit genutzt, wieder auf eigenem Grund und Boden zu züchten. Der erneute Wechsel vollzog sich bereits unter der Regie von Frau Alexandra Scherping – der Tochter Graf Spretis und Gattin Uwe Scherpings, des jetzigen Vorsitzenden des Direktoriums für Vollblutzucht und Rennen. Alexandra Scherping fungiert allerdings nicht nur als Besitzerin Waldfrieds. Als Gestütsleiterin ist sie auch für die züchterische Konzeption und rennsportliche Zukunft des Unternehmens verantwortlich, was für diesen Bereich menschlicher Aktivitäten zumindest hierzulande einmalig ist.

In der Zucht des Vollblüters ging Waldfried von Anfang an eigene Wege. Für die biologisch umfassend geschulten Brüder von Weinberg war das Rennpferd nämlich kein Prestigeobjekt, sondern das »Versuchskaninchen« für ein auf wissenschaftlicher Grundlage geführtes Experiment. Bereits um die Jahrhundertwende begannen sie daher dem qualifizierten Inländer den Weg zu bahnen – zu einer Zeit also, in der alle Welt noch dem ausländischen Hengst den Vorzug gab. Waldfrieds Gründer waren eben der Meinung, daß es keinen Zweck hat, immer wieder neues Material ins Land zu holen, wenn es nicht gelingt, die Nachkommen dieser Importe bodenständig zu machen. Unter der Voraussetzung, daß sie sich beim Leistungstest auf der Bahn bewährt hatten, wurden von ihnen deshalb ausschließlich jene Pferde als zukünftige Elterntiere benutzt. Natürlich rief eine so konsequente und zum Teil sehr enge Inzucht – der deren Verfechter in vollem Vertrauen auf den untrüglichen Wertmesser der Rennen allerdings ohne jedes Vorurteil gegenüberstanden – viele Kritiker auf den Plan. Die Erfolge auf dem grünen Rasen gaben diesem Prinzip jedoch recht und wirkten bahnbrechend für den Siegeszug der Inländerrichtung.

Als Waldfried im Derby von 1921 mit dem ›Fels‹-Enkel ›Omen‹, dem ›Fels‹-Sohn ›Ossian‹ sowie den beiden ›Fervor‹-Nachkommen ›Perikles‹ und ›Graf Ferry‹ die vier erstplacierten Pferde stellte, neigte sich die Waagschale dann endgültig zugunsten des neuen, auf Bodenständigkeit ausgerichteten Zuchtzieles. Spätestens seit diesem Zeitpunkt wirkte der Weinbergsche »Alleingang« als Kraftquell für die gesamte deutsche Vollblutzucht.

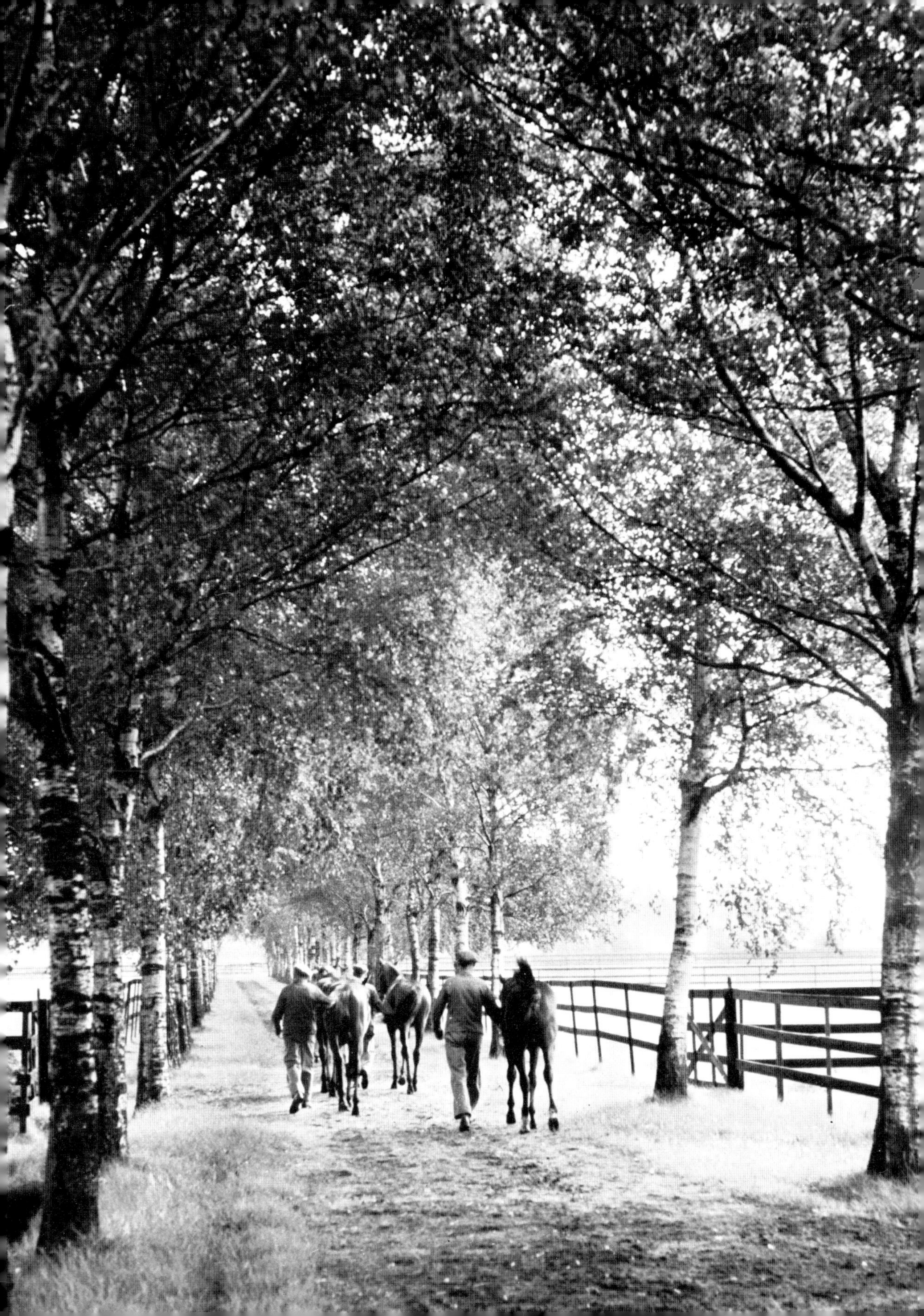

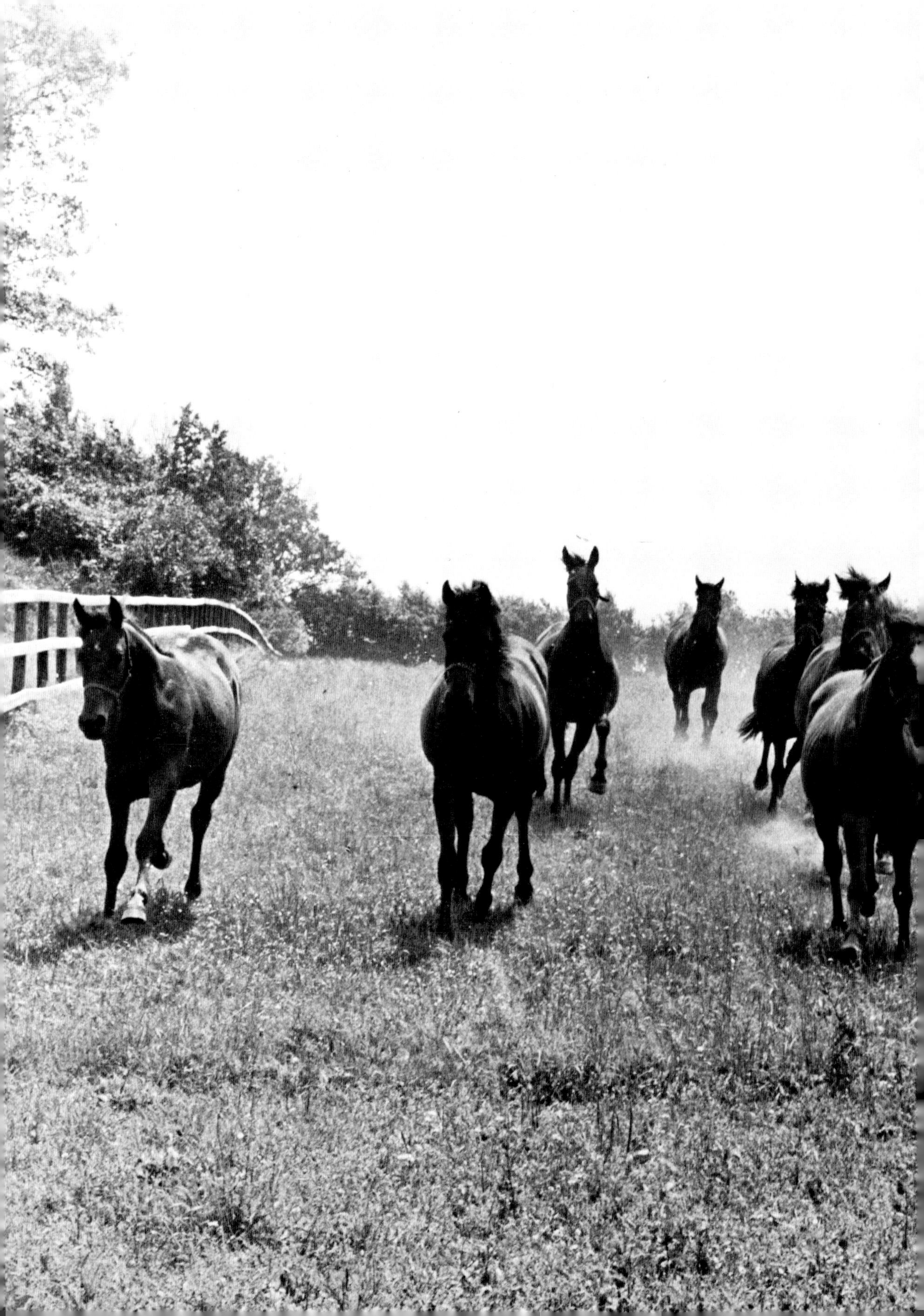

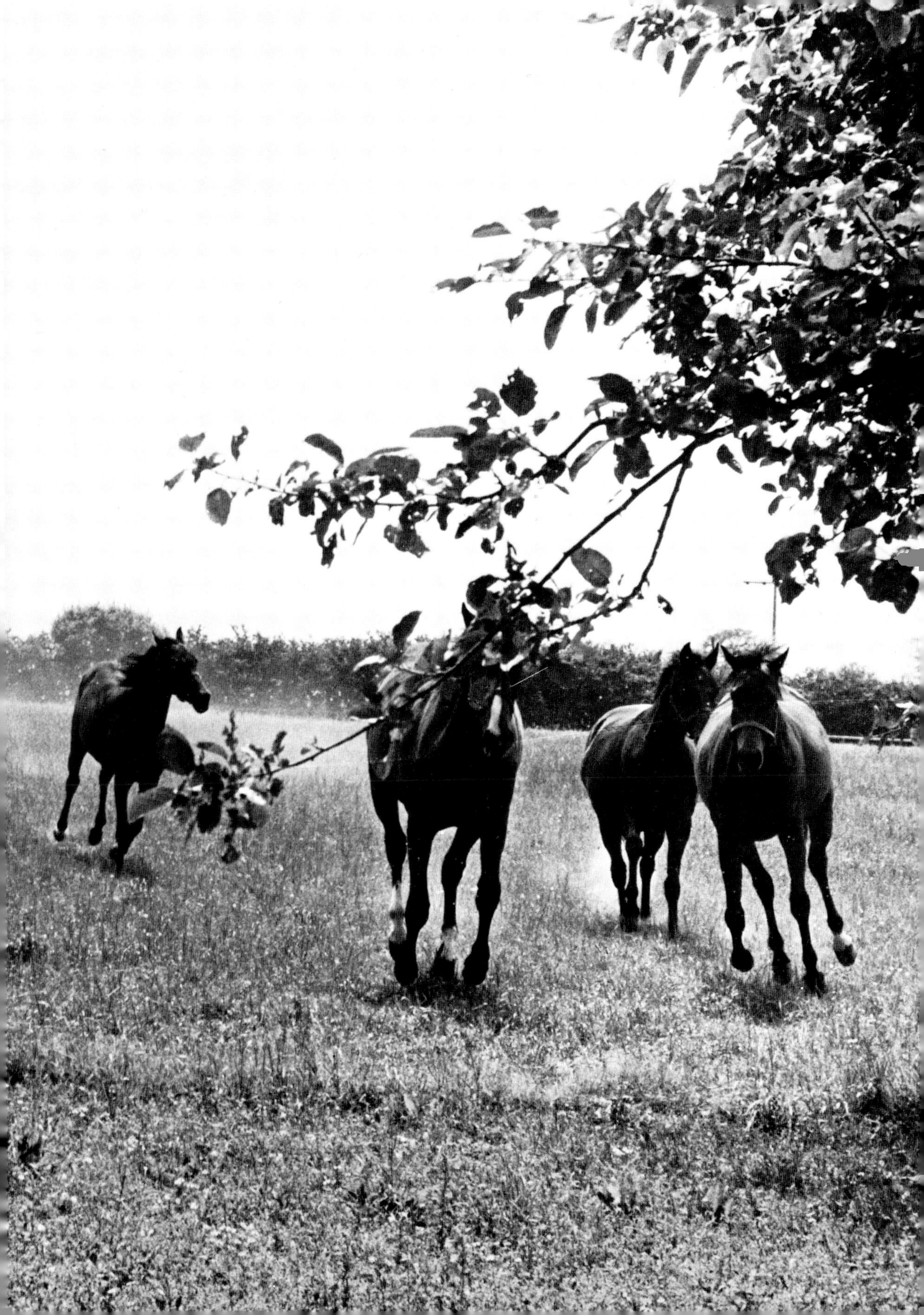

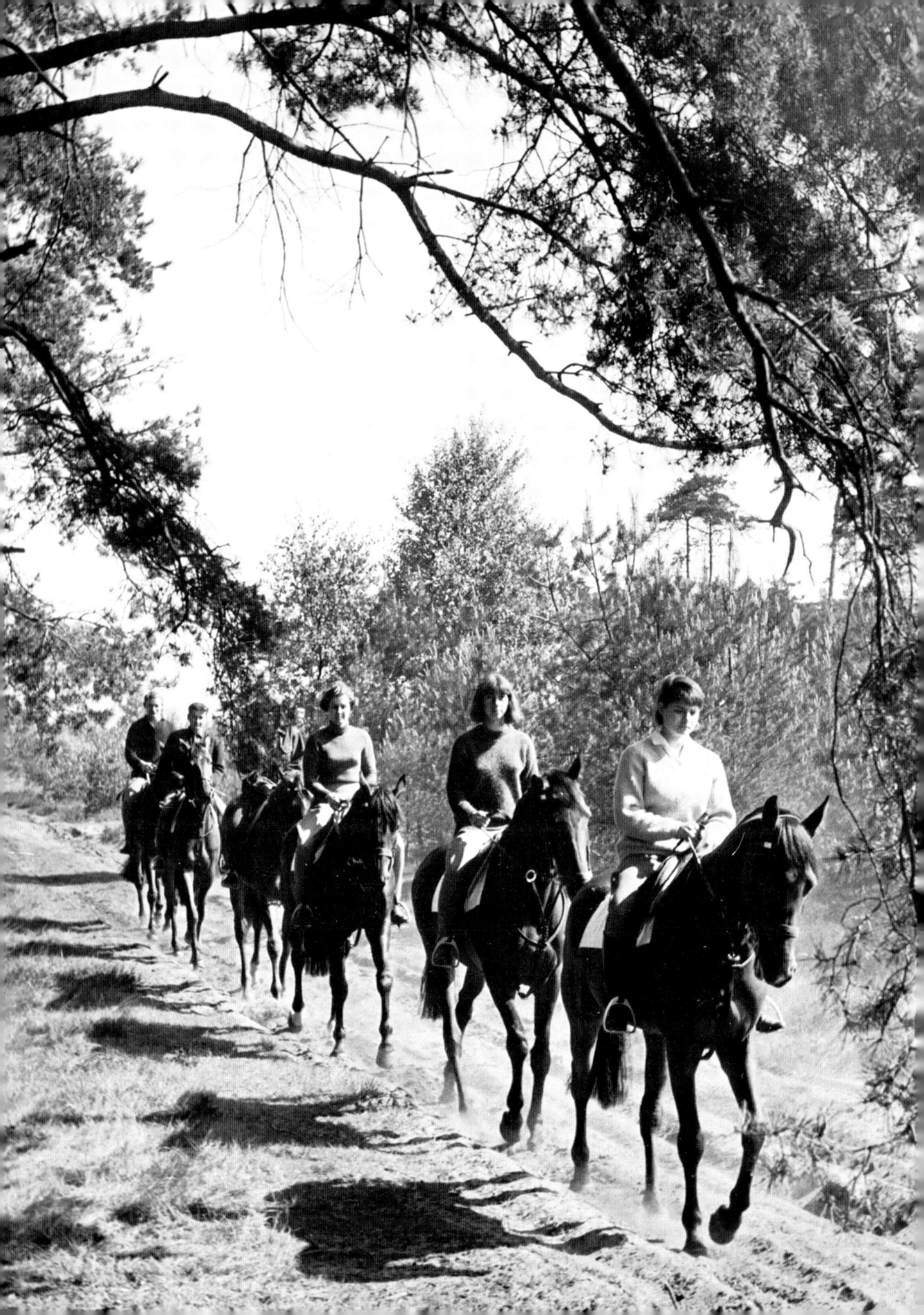

›Festa‹

*Größen aus Schlenderhan:
›Priamos‹, ›Lombard‹ und
›Alpenkönig‹*

›Waldrun‹

*Schrittarbeit auf weichem Sandboden:
einige Gestüte – wie Röttgen,
Ravensberg oder Lindenhof –
trainieren ihre Pferde an Ort und Stelle*

Koppel in Waldfried-Altefeld

»Auszug« in Röttgen

Farben deutscher Gestüte und Rennställe

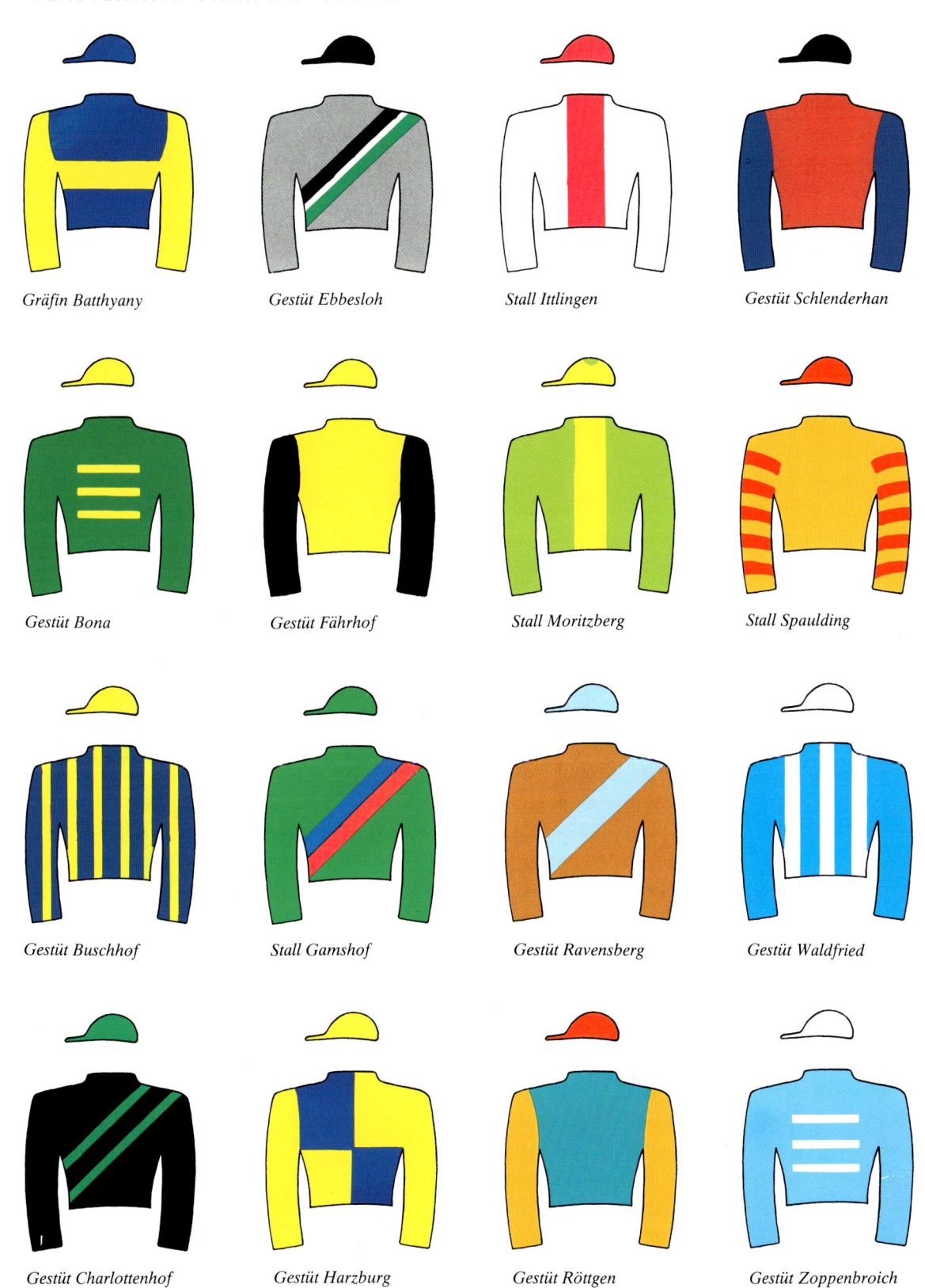

Gräfin Batthyany	Gestüt Ebbesloh	Stall Ittlingen	Gestüt Schlenderhan
Gestüt Bona	Gestüt Fährhof	Stall Moritzberg	Stall Spaulding
Gestüt Buschhof	Stall Gamshof	Gestüt Ravensberg	Gestüt Waldfried
Gestüt Charlottenhof	Gestüt Harzburg	Gestüt Röttgen	Gestüt Zoppenbroich

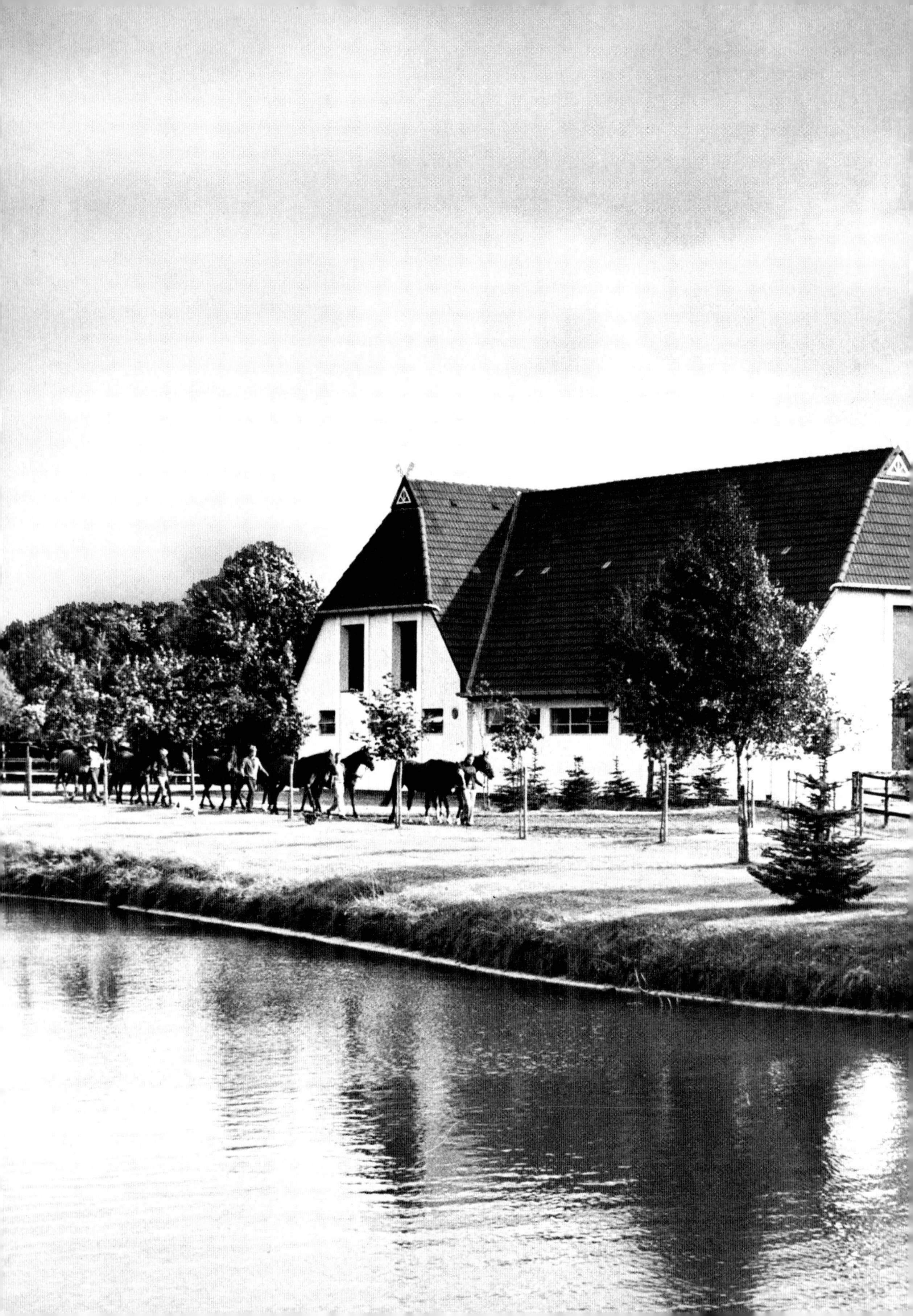

Unter den Stuten, die Waldfried im ersten Jahrzehnt seines Bestehens importierte, befand sich auch eine namens ›Festa‹. Als Rennpferd hatte die Tochter des ungeschlagenen ›St. Simon‹ und der Oaks-Siegerin ›L'Abbesse de Jouarre‹ keine besonderen Leistungen gezeigt. Aber was sie unter dem Jockey nicht zuwege brachte, machte sie im Gestüt mehr als wett. Denn die 1901 auf den Newmarket December Sales erworbene Engländerin wurde die berühmteste Stammutter der deutschen Vollblutzucht. Von 1902 bis 1906 fohlte sie ein Klassepferd nach dem anderen. Ihre Kinder ›Festino‹, ›Fels‹, ›Fabula‹, ›Faust‹ und ›Fervor‹ beherrschten die großen Prüfungen ihrer Zeit derart eindeutig, daß sie durch ihre Erfolge Turfgeschichte machten – und das noch junge Waldfried berühmt. In 134 Rennen – von denen sie 75 gewannen und in fast allen übrigen zweit- und drittplaciert waren – galoppierten sie die immense Summe von 1 630 000 Goldmark zusammen. Der beste Verdiener der Geschwister war ›Fervor‹. Mit 432 590 Goldmark gewann er übrigens so viel wie kein anderes deutsches Pferd vor ihm.

Die Arbeit mit bodenständigen Individuen wurde 1908 durch die Aufstellung von ›Festino‹ und ›Fels‹ eingeleitet. 1914 löste den Erstgenannten dann ›Fervor‹ ab. Von allen ›Festa‹-Söhnen war ihm der größte Zuchterfolg beschieden. Der kleine Schwarze – der sich auf der Rennbahn sowohl über kurze als auch lange Strecken als unermüdlicher Kämpfer bewährt hatte – zeugte mit fast jeder Stute ein gutes Pferd und wurde viermal Deutschlands Beschäler-Champion. Die Statistik sagt aus, daß seine Kinder über 1200 Flachrennen gewannen.

›Fervor‹ ist nur ein Beispiel für den gewaltigen Einfluß, den die Waldfrieder Hengste jahrzehntelang auf die gesamte deutsche Vollblutzucht ausübten. Über ›Pergolese‹, ›Laland‹, ›Graf Ferry‹, ›Augias‹, ›Aurelius‹, ›Ladro‹, ›Janitor‹ und ›Blasius‹ spannt sich der Bogen bis in die Zeit nach 1945, in der ›Gundomar‹, dessen Söhne ›Mangon‹ und ›Baal‹ sowie ›Masetto‹ die große Tradition ihres Heimatgestüts fortsetzten.

1961 feierte Waldfried mit den Siegen von ›Baalim‹ im Union-Rennen, Derby und St. Leger sowie den Erfolgen von ›Alisma‹ und ›Meraviglia‹ in den beiden Stuten-Classics erneut Triumphe. 1968 gewannen ›Ipanema‹ und ›Elviro‹ dann zwei weitere klassische Prüfungen: die Stute den Preis der Diana – der Hengst das Derby. Danach zeigte die Erfolgskurve der blau-weißen Farben absteigende Tendenz – wenn man von ›Domadors‹ Sieg in der Union von 1973 sowie dem einen oder anderen Achtungserfolg einmal absieht. Aber Rückschläge sind in der Vollblutzucht eben unvermeidlich und suchen auch den tüchtigsten Züchter hin und wieder heim. Leider war in dieser Periode das, was einst Waldfrieds Stärke war, seine Schwäche: die Vererber nämlich, die ja das am meisten zu Buche schlagende Kapital jeden Gestüts sind. Daher wurde 1977 der Ravensberger ›Windwurf‹ gepachtet. Falls er in der Deckhalle ebenso erfolgreich sein sollte wie auf der Bahn, wird die Renaissance Waldfrieds sicherlich nicht lange auf sich warten lassen.

›Waldrun‹ und ›Neckar‹ machten es möglich: Ravensberg

Wie in Waldfried nahm auch in Ravensberg eine Stute durch außergewöhnliche Zuchtleistungen wesentlichen Einfluß auf die Geschicke ihres Heimatgestüts. Es war die ›Alchimist‹-Tochter ›Waldrun‹ – die neben ›Festa‹ wohl bedeutendste Stammutter unserer Vollblutzucht. Hauptsächlich ihr und dem von Erlenhof erworbenen ›Neckar‹ ist es zu verdanken, daß Ravensberg nach dem Zweiten Weltkrieg gegenüber den führenden deutschen Zuchten konkurrenzfähig wurde. Natürlich spielte es auch zuvor schon eine bedeutende Rolle. Aber nicht in Hoppegarten – wo sich der Rennsport vor 1945 ja bekanntlich konzentrierte –, sondern im Westen Deutschlands. In der damaligen Provinz waren zu jener Zeit Pferde wie ›Eisenkanzler‹ oder ›Lockfalke‹ die Ravensberger Cracks.

Das in der Nähe von Gütersloh gelegene Gestüt wurde von Paul Niemöller gegründet. Wann das war, vermag niemand genau zu sagen. Auch Niemöllers Enkel Reinhard Delius, der Ravensberg 1948 von seinem Großvater erbte, kann darüber keine exakte Auskunft geben. Irgendwann kurz vor dem Ersten Weltkrieg oder im Verlauf desselben soll es gewesen sein, weil Paul Niemöller sich schon damals als Züchter betätigt hat. Fest steht jedenfalls, daß seine hippologische Saat aufging und reiche Früchte trug, nicht zuletzt dank ›Waldrun‹.

Die Stute war allerdings kein Ravensberger Eigengewächs, sondern wurde 1943 von Max Herding in Vinsebeck gezogen. Nach einer unbedeutenden Rennlaufbahn – während der sie von 17 Prüfungen nur eine gewann, außerdem aber vier zweite und zwei dritte Plätze belegte – verkaufte man sie 1949 für 5500 DM an Ravensberg. Danach machte ›Waldrun‹ Turfgeschichte. Denn mit jedem ihrer Partner brachte sie ein gutes oder sogar sehr gutes Pferd. Insgesamt gewannen ihre neun Kinder ›Windstille‹, ›Waldschnepfe‹, ›Wildbahn‹, ›Witterung‹, ›Windfang‹, ›Wilderer‹, ›Waidmann‹, ›Waidmannsheil‹ und ›Waidmannsdank‹ 57 Rennen im Wert von 754 600 DM.

Erfolgreich in Sport und Zucht waren aber auch ›Waldruns‹ Kindeskinder sowie deren Nachkommen. Die Familie blüht in ungebrochener Kraft und stellte bis einschließlich 1977 sieben klassische Sieger, von denen ›Wilderer‹ und ›Waidwerk‹ 1958 bzw. 1965 das Derby gewannen. Von ihren vielen bemerkenswerten Mitgliedern sollen hier nur noch zwei genannt werden: ›Windbruch‹ und ›Windwurf‹.

Ersterer war eines unserer populärsten Rennpferde, das nach ausgezeichneten Leistungen auf der Bahn wegen eines Hodenleidens nicht im Gestüt eingesetzt werden konnte – letzterer schließlich ist mit einer Gewinnsumme von 1 315 640 DM nicht nur der bisher erfolgreichste Vertreter der Ravensberger W-Linie, sondern auch einer der besten Vollblüter der deutschen Zucht überhaupt. Der Ururenkel ›Waldruns‹ wurde vier Jahre lang hart geprüft und gewann dabei 11 der 26 bestrittenen Prüfungen. Unter anderem siegte er im Union-Rennen und St. Leger, den Großen Preisen von Nordrhein-Westfalen, Düsseldorf, Berlin und Baden sowie zweimal im Preis von Europa. Nachdem ›Windwurf‹ seine »aktive

Laufbahn« im Oktober 1977 beendet hatte, wurde er als Deckhengst an Waldfried verpachtet, da in Ravensberg bereits sein Vater ›Kaiseradler‹ für Nachwuchs sorgte. Außerdem wäre ein Einsatz im Heimatgestüt wegen seiner Abstammung und der geballten Anhäufung von ›Waldruns‹ Blut in der dortigen Stutenherde wohl nicht unproblematisch gewesen.

Bevor ›Kaiseradler‹ in Ravensberg zu Beschäler-Ehren kam, war ›Neckar‹ dort Pascha. Der beste Sohn ›Ticinos‹ kann in seiner Bedeutung für die westfälische Zuchtstätte als das männliche Pendant zu ›Waldrun‹ bezeichnet werden und war viele Jahre eine Säule des Delius'schen Gestüts. ›Neckar‹ wurde nach einer brillanten Karriere auf der Bahn – wo er 1951 als heißer Favorit auch das Derby gewann – im September 1953 von Ravensberg gekauft und entwickelte sich in der Folge zu einem Beschäler von absoluter Sonderklasse. Obwohl sein Wirken natürlich am deutlichsten in Deutschland festzustellen ist, führen die Spuren seiner diesbezüglichen Fähigkeiten aber auch nach Frankreich, England und Italien. Jenseits der Alpen zeichnete er sich hauptsächlich durch ›Tadolina‹ und ›Hogarth‹ aus. ›Tadolina‹ gewann vor allem die beiden italienischen Stuten-Classics – ›Hogarth‹ neben bedeutenden anderen Rennen auch das Derby Italiano.

Hierzulande stellte ›Neckar‹ an ›Wilderer‹, ›Zank‹ und ›Waidwerk‹ drei Derbysieger. Insgesamt zeugte er zehn Gewinner von klassischen Prüfungen. Außerdem stand er fünfmal an der Spitze der erfolgreichsten deutschen Vaterpferde und machte sich darüber hinaus auch als Erzeuger von erfolgreichen Mutterstuten einen glänzenden Namen.

›Neckar‹ wurde am 5. April 1974 aufgrund seines schlechten Zustandes – der nicht zuletzt durch Schwierigkeiten bei der Futteraufnahme hervorgerufen worden war – im Alter von fast 26 Jahren eingeschläfert. Sein Einfluß aber wird kraft seines Blutes nicht nur in Ravensberg – das er zusammen mit ›Waldrun‹ zu so großartiger Blüte führte – noch manches Jahr spürbar sein, sondern in der gesamten deutschen Vollblutzucht.

Glanz und Gloria: Erlenhof

Erlenhof wurde 1901 im Taunus-Ort Dornholzhausen bei Bad Homburg von Landgraf Ritter von Marx gegründet – und zunächst Fohlenweide genannt. Bis nach dem Ersten Weltkrieg züchtete man dort allerdings nur Trabrennpferde. 1922 übernahm der Frankfurter Großindustrielle M. I. Oppenheimer dann den Besitz, auf dem von nun an unter dem Namen Erlenhof Vollblüter gezogen wurden. Oppenheimer war innerhalb von relativ kurzer Zeit sehr erfolgreich – neben anderen klassischen Rennen gewann er 1929 mit ›Graf Isolani‹ auch das Derby –, verkaufte das Gestüt 1933 aber wegen finanzieller Schwierigkeiten an

Baron Heinrich Thyssen – Bornemisza. Nach dem Tod des Stahlmagnaten war eine Zeitlang dessen Sohn der Herr von Erlenhof, bis es Ende der fünfziger Jahre schließlich in die Hände der Tochter des Verstorbenen gelangte. Von diesem Zeitpunkt an war der rotgeärmelte, mitternachtsblaue Erlenhofer Dress auf den Rennbahnen freilich passé. Denn Margit Gräfin Batthyany ließ ihre Pferde unter den eigenen blau-gelben Farben laufen. Und zwar nicht nur hierzulande – sondern auch in England und Irland. Vor allem aber in Frankreich. Das Schlaraffenland des europäischen Turfs wurde schon bald der Mittelpunkt eines Vollblutimperiums, das zeitweise sogar in den USA eine Niederlassung unterhielt.

Nachdem 1965 fast der gesamte Erlenhofer Rennstall nach Lamorlaye in der Nähe der französischen Trainingszentrale Chantilly verlegt worden war, stellten sich kurz darauf bereits die ersten großen Erfolge ein: 1967 gewann ›Samos‹ nämlich den Prix Royal Oak, das französische St. Leger – und 1968 holte sich ›Pia‹ die Oaks, das englische Stutenderby. Beide Pferde wurden zwar im irischen Ballykeane Stud der Gräfin Batthyany gezogen – waren aber mütterlicherseits reine Erlenhofer.

1970 baute die Thyssen-Erbin mit dem Erwerb des in der Normandie gelegenen Haras du Bois-Roussel – das eines der größten Gestüte Frankreichs ist – ihr Rennsport-Unternehmen noch weiter aus. Zwei Jahre später machte sie durch die Siege der Stute ›San San‹ im Prix de l'Arc de Triomphe und Prix Vermeille erneut Schlagzeilen. Nicht zuletzt aber auch ein glänzendes Geschäft. Denn die Amerikanerin ›San San‹ wurde auf einer Auktion in Keeneland/Kentucky für lumpige 15 000 Dollar äußerst preiswert gekauft – nach ihren Erfolgen in den beiden hochdotierten Rennen dagegen für 600 000 Dollar sehr teuer verkauft. Aber Transaktionen dieser Art tätigen im kostenanfälligen Metier von Vollblutzucht und Galopprennsport die meisten guten Kaufleute – falls sich die Gelegenheit dazu ergibt.

Doch zurück nach Erlenhof, das derweil von seiner Tradition zehrte. In einer Zeit, in der die Werte der Vergangenheit kaum noch etwas bedeuten, ist jedoch gerade sie ein sich schnell verflüchtigendes Kapital. Daher gewann ›Marduk‹ 1974 das Derby im rechten Moment, um den mattgewordenen Erlenhofer Glanz aufzupolieren und in Erinnerung zu bringen. Zwar trug dessen Reiter in Hamburg den Dress der Gräfin Batthyany, aber nichtsdestotrotz verkörperte ›Marduk‹ ein echtes Produkt der Scholle, auf der eine ganze Reihe von Derbysiegern gezüchtet wurde und die die Heimat des erfolgreichsten Mannesstammes von Gewinnern dieses Rennens ist. Deren direkte Linie beginnt 1917 mit ›Landgraf‹ und setzt sich über ›Ferro‹ auf die Erlenhofer ›Athanasius‹, ›Ticino‹, ›Orsini‹ und ›Marduk‹ fort. Außer den eben Genannten waren aber auch noch ›Nereide, ›Nordlicht‹, ›Niederländer‹, ›Neckar‹ und ›Fanfar‹ als Vertreter ihrer Zuchtstätte auf dem Horner Moor erfolgreich.

Eines der berühmtesten Pferde Erlenhofs war die in 10 Rennen ungeschlagene ›Nereide‹. Die Wunderstute wurde 1933 geboren und brachte durch ihre Mutter ›Nella da Gubbio‹ die weit über die Grenzen Italiens hinaus bekannte N-Linie Federico Tesios nach Deutschland – der nebenbei bemerkt auch der große ›Nearco‹ angehört, einer der bedeutendsten Vererber in der Geschichte der Vollblutzucht. ›Nella da Gubbio‹ war übrigens noch von M. I. Oppenheimer gekauft worden und hatte nie die Bahn gesehen, da sie schon als Zweijährige ins Gestüt genommen wurde. Betreffs ›Nereides‹ väterlicher Abstammung scheint allerdings Uneinigkeit zu herrschen, da sowohl ›Graf Isolani‹ als auch ›Laland‹ ihr Erzeuger gewesen sein könnte. Der »dunkle Punkt« im Pedigree hinderte sie aber ebenso wenig daran, eines der größten deutschen Rennpferde zu werden, wie die Tatsache, daß ihre Mutter ungeprüft war. Bekanntlich gewann ›Nereide‹ 1936 in der bis heute noch nicht unterbotenen Rekordzeit von 2:28.8 Minuten das deutsche Derby. Im gleichen Jahr schlug sie im Braunen Band von München aber auch die Boussac'sche ›Corrida‹ – die als das beste Pferd des Kontinents, ja ganz Europas galt – und avancierte durch diesen Erfolg zu einem Crack allererster internationaler Klasse.

Von den Erlenhofer Hengsten gebührt ohne jeden Zweifel ›Ticino‹ die Krone. Der Derbysieger von 1942 – der erst als Fünfjähriger den Höhepunkt seiner Leistungsfähigkeit erreicht hatte und in diesem Alter zum dritten Mal den großen Preis von Berlin gewann – war wie Schlenderhans ›Oleander‹ neunmal Champion der Vererber. Obwohl er nur 10 Jahrgänge stellte, weil er bereits mit 17 unfruchtbar war und mit 18 getötet werden mußte! Abgesehen von einer Anzahl absoluter Klassepferde zeugte der ›Athanasius‹-Sohn auch ›Niederländer‹, ›Neckar‹, ›Lustige‹ und ›Orsini‹, die sich wie er das Derby holten. Gleiches brachte vor ihm nur ›Hannibal‹ fertig – und nach ihm nur sein neben ›Neckar‹ an Renn- und Zuchtleistung bester Sohn ›Orsini‹, der Vater der Derbysieger ›Ilix‹, ›Elviro‹, ›Don Giovanni‹ und ›Marduk‹.

Letzterer deckt seit 1977 an gleicher Stelle, wo schon sein Großvater und Vater aufwuchsen und wirkten: in Erlenhof. Dabei wird es für Gestütsleiter Ferdinand Leisten – der dort seit 1973 zusammen mit Gräfin Batthyany Mitpächter ist, aber nach wie vor auch noch als Besitzer von Charlottenhof verantwortlich zeichnet – sicherlich nicht nur eine geschäftlich hochinteressante Frage sein, ob ›Marduk‹ imstande ist, in die Fußstapfen seiner Vorfahren zu treten und in der deutschen Vollblutzucht ebenso markante Spuren zu hinterlassen wie sie.

Eau de Cologne und Pferde: Röttgen

Röttgen ist das Parade-Gestüt der Bundesrepublik Deutschland. Und das größte. Mehr als 100 Vollblüter – Mutterstuten, Fohlen, Jährlinge, Hengste und Rennpferde – sind hier zu Hause. Auf 240 Hektar – oder umgerechnet 2,4 Millionen Quadratmeter. Sie leben in sogenannter »splendid isolation«, in vornehmer Zurückgezogenheit. Denn das Gestütsareal der

Land- und Forstwirtschaftlichen Betriebe Röttgen ist von einer massiv gebauten, acht Kilometer langen und zweieinhalb Meter hohen Mauer umgeben. Innerhalb derselben befindet sich eine Anlage, die zum Schönsten gehört, das die Branche zu bieten hat. Besitzerin des hippologischen Kleinods ist Frau Maria Mehl-Mülhens, deren Vater Peter Mülhens das Gelände bereits 1909 gepachtet und in der Sylvesternacht von 1918 schließlich gekauft hatte. Anschließend schuf der Kölner Duftwasserfabrikant dann ein Werk, dessen gediegene Ausführung noch heute beeindruckt.

Röttgen liegt etwa 15 Kilometer von den Toren der Domstadt entfernt auf dem rechten Rheinufer. 1924 wurden hier die ersten Stuten eingestellt. Die Qualität des Zuchtmaterials war zunächst allerdings noch ziemlich »bunt«, besserte sich aber zusehends und genügte schon bald den Ansprüchen, die man an eine Hochzucht stellen muß. Nach und nach bildeten sich wie in jedem Gestüt natürlich auch in Röttgen bewährte Familien, von denen die der ungarischen Wunderstute ›Kincsem‹ im Laufe der Zeit den größten Einfluß erlangte. Dieser Linie entstammt vor allem ›Wahnfried‹, der wohl beste Hengst, den die Mülhens'sche Zucht bisher lieferte. Mitglieder des Clans sind jedoch auch Pferde wie ›Wacholdis‹, ›Waldcanter‹, ›Wettcoup‹, ›Wicht‹, ›Weltwunder‹ und ›Widschi‹, die nach dem Zweiten Weltkrieg Furore machten – aber alle auf ›Winnica‹ zurückgehen, der Urururenkelin ›Kincsems‹.

Bereits ehe das erste Jahrzehnt nach der Gründung des Gestüts zu Ende gegangen war, gewann Röttgen das Derby. Es war der ›Prunus‹-Sohn ›Palastpage‹, der die 4711-Farben 1932 im klassischsten aller klassischen Rennen in Front brachte. Das schien hinsichtlich dieser von allen Züchtern und Besitzern so sehr begehrten Prüfung ein guter Anfang zu sein, denn in der Regel muß man länger warten, um auf dem Horner Moor Erfolg zu haben. In den kommenden Jahren hatten die Pferde der rheinischen Zuchtstätte aber gerade im Derby ausgesprochenes Pech. Genau zweiundzwanzigmal versuchten sie den Gegnern die Eisen zu zeigen, ehe es 1959 ›Uomo‹ gelang, der Konkurrenz und den eigenen Stallgefährten davonzulaufen. Zuvor waren ›Sonnenorden‹ 1939, ›Orator‹ 1941, ›Stolzenfels‹ 1943, die großartige ›Wacholdis‹ 1951 und ›Utrillo‹ 1957 jeweils nur knapp geschlagen worden. ›Uomo‹ gewann übrigens in der vierten Farbe, weil der Stall den Mitstreitern ›Waldcanter‹, ›Wettcoup‹ und ›König Oscar‹ mehr zutraute. Da die »Überraschung« jedoch aus den eigenen Reihen kam, wird es allenfalls bei dem einen oder anderen Wetter ein langes Gesicht gegeben haben. Nach seinem Hamburger Erfolg zeigte ›Uomo‹ dann nicht mehr viel, so daß man ihn schließlich auf der Hindernisbahn einsetzte. Außerdem wurde er gelegt, das heißt, zum Wallach degradiert. Womit ›Uomo‹ ein Schicksal erlitt, das unter Derbysiegern außerordentlich selten ist. Im Jahr seines sensationellen Sieges dominierten auf den Rennbahnen die Farben seines Heimatgestütes übrigens in einer Weise, die man nicht oft erlebt. Selten beherrschte ein Stall das Geschehen auf dem grünen Rasen in derart überlegener Manier. Daher ging die Saison 1959 als das Röttgener Jahr in die Turfgeschichte ein.

Daß dem so war, verdankt man in nicht geringem Maße einem Hengst, der zunächst auf allgemeine Ablehnung stieß. Denn der 1955 in Röttgen aufgestellte Italiener ›Caran d'Ache‹ war ein ausgesprochen grober und schwerer Vollblüter, der wahre Riesen zeugte. Und um diese Typen reißt man sich im Rennsport nicht gerade. Hier entspricht das mittelgroße, weder zu leichte noch zu schwere Pferd so etwas wie der Idealvorstellung. ›Caran d'Aches‹ Kinder aber legitimierten ihren Vater auf die einzige Art, die in der Welt des Turfs zählt: indem sie nämlich Erfolg an Erfolg reihten. 1960 taten das unter anderem ›Santa Cruz‹ und ›Wicht‹, die vor allem im Schwarzgoldrennen, Preis der Diana und St. Leger triumphierten.

In den klassischen Rennen schlug sich Röttgen auch danach recht beachtlich. Im Derby blieb ihm allerdings auch jetzt das Pech treu. 1974 verwehrte die Mißgunst der Umstände einem der besten Pferde, die das Gestüt je züchtete, den Sieg. Als ›Lord Udo‹ in jenem Jahr während des hart geführten Endkampfes unter der Peitsche leicht zur Seite schrägte und ›Marduk‹ schließlich mit denkbar knappem Vorsprung gewann, waren nicht wenige der Meinung, daß der Hengst durch das Abweichen von der geraden Linie seinem Konkurrenten zwei, drei Meter geschenkt habe. Derartiges ist mehr als ärgerlich und kann auch durch einen noch so bedeutenden anderen Erfolg kaum wettgemacht werden.

So einen hatte Röttgen im Jahr zuvor. Damals sorgte ›Prince Ippi‹ in Mailands Hippodrom San Siro für einen Paukenschlag allererster Güte. Denn am 10. Juni 1973 gewann er auf einer der schwersten Bahnen Europas als erster deutscher Vollblüter mit dem über 2400 Meter führenden Großen Preis von Italien eines der bedeutendsten internationalen Rennen. In ihm schlug der nicht voll ausgerittene Europa-Preis-Sieger von 1972 in der Superzeit von 2:28.2 Minuten so renommierte Gegner wie ›Card King‹, ›El Toro‹ und ›Funny Fellow‹ mit glatten 2 Längen. Auf ausländischen Bahnen hatten vor ihm unter anderem schon ›Thila‹, ›Orsini‹ und ›Priamos‹ Ehre für Deutschlands Zucht eingelegt. Meriten, die mit denen von ›Prince Ippi‹ vergleichbar wären, erwarben sie damit freilich nicht.

Doch bereits 1975 waren diese nur noch zweite Wahl – weil sie von noch gewichtigeren übertroffen wurden. Das zu tun, blieb ›Prince Ippis‹ Zuchtgefährten ›Star Appeal‹ und seinem Sensationssieg im Prix de l'Arc de Triomphe vorbehalten. Allerdings trug der englische Jockey Greville Starkey bei jener Gelegenheit nicht die türkisfarbene Jacke mit den altgoldkolorierten Ärmeln und die rote Kappe Röttgens, sondern den apfelgrünen Dress des Stalles Moritzberg. An dessen Besitzer Waldemar Zeitelhack war ›Star Appeal‹ im August 1973 für 60000 Mark verkauft worden. Der in Röttgens irischer Filiale Baronrath von dem italienischen Derbysieger ›Appiani II‹ und der ›Neckar‹-Tochter ›Sterna‹ gezogene Braune amortisierte den Ankaufspreis schon bald und schraubte den Gesamtstand seines Gewinnkontos im letzten Jahr seiner phänomenalen Karriere mit 1 527 836 DM in ungeahnte Höhen. Zu dieser Zeit hatte er als bereits Fünfjähriger den Gipfel seines Leistungsvermögens erreicht. Im übrigen erregte der Weltenbummler – den der einsatzfreudige Nürnberger Stahlkaufmann Waldemar Zeitelhack in allen Gegenden der rennsportlichen Windrose an den Start brachte – durch die Siege im Gran Premio di Milano und den Eclipse Stakes schon vor seinem Pariser Kabinettstückchen Aufsehen. Daher war ›Star Appeals‹ Verkauf für

Röttgen eine fatale Angelegenheit. Denn Rennen dieser Bedeutung und Dotierung schreibt man sich natürlich am liebsten dem eigenen Konto gut. Womit selbstverständlich nicht gesagt ist, daß ›Star Appeal‹ sie auch in den 4711-Farben gewonnen hätte. Außerdem kommen Fehlverkäufe immer einmal vor. Wobei in diesem Zusammenhang auf den Schlenderhaner ›Dschingis Khan‹ und den Erlenhofer ›Mercurius‹ hingewiesen sei.

Röttgen gebührt jedenfalls die Ehre, den ersten deutschen Arc-Sieger gezüchtet und den ersten deutschen Hengst für das englische Nationalgestüt geliefert zu haben. Daß man sich auf diesen Lorbeeren ausruhen wird, ist bei der großen Passion des Ehepaars Mehl-Mülhen kaum denkbar. Ob die Pfunde wuchern werden, ist angesichts der Natur der Sache und der mehr als flauen gesamtwirtschaftlichen Lage jedoch nicht vorauszusagen.

Der weite Weg zum Horner Moor: Zoppenbroich

Die Geschichte großer Gestüte ist entsprechend dem Wechselspiel von Zucht und Sport stets mit der Geschichte großer Rennen verknüpft. Vor allem natürlich mit dem Derby. Auch Zoppenbroich macht da keine Ausnahme. Allerdings mußte sich das 1923 von Walther Bresges in Rheydt gegründete Gestüt ein halbes Jahrhundert lang in Geduld fassen, bevor in der bedeutendsten Prüfung des Turfs für eines seiner Pferde ein Sieg fällig war. Denn erst 1973 trug ›Athenagoras‹ die hellblauen Zoppenbroicher Farben im Derby zum Erfolg. Eine derartige »Durststrecke« ist fast ohne Beispiel. Kaum eine andere der führenden deutschen Zuchten mußte so lange warten, um dieses Rennen zu gewinnen. Einige waren in ihm sogar relativ früh erfolgreich – wie Waldfried, Röttgen, Erlenhof oder Asta, das erst 1951 zu züchten begann, sich aber bereits 1954 mit ›Kaliber‹ in seine Siegerliste eintrug. 1956 holte es sich das Derby mit dem ebenfalls von ›Kirschfliege‹ stammenden ›Kilometer‹ dann bereits zum zweiten Mal.

Zoppenbroich war dem größten Erfolg seiner diesbezüglichen Bemühungen allerdings schon vor ›Athenagoras'‹ Triumph mehrmals sehr nahe. Fünfmal liefen seine Pferde zuvor im Derby auf den zweiten Platz. Dabei erlitt ›Kaiserstuhl‹ 1962 gegen ›Herero‹ die knappste Niederlage. Nur das Zielfoto sprach damals zugunsten des Römerhofer Hengstes. Parallelen zu Röttgens am gleichen Ort und bei gleichen Gelegenheiten entwickeltem Pech sind hier sicherlich nicht von der Hand zu weisen. Derbyhoffnungen mußte Zoppenbroich aber oft genug auch schon vor einem Start in Hamburg begraben. Beispielsweise dann, wenn hochveranlagte Pferde wie ›Carpe diem‹ krank wurden oder ganz einfach nicht das hielten, was man von ihnen erwarten durfte.

Aber es heißt nicht umsonst, daß der Jährling die Hoffnung, der Zweijährige die Enttäuschung und der Dreijährige die Entsagung ist. Mit den Konsequenzen des von Ulrich von Oertzen stammenden, für das Hoffen und Bangen des Vollblutzüchters so bezeichnenden Satzes sahen sich auch Walther Bresges und sein 1977 verstorbener Sohn Kurt als der Wahrer und Mehrer des züchterischen Erbes seines Vaters mehr als einmal in ihrem Leben konfrontiert.

Zusammen mit dem bisher einzigen Derby hat Zoppenbroich bis einschließlich 1977 zwölf klassische Rennen gewonnen. Außerdem war es unter anderem viermal in den Großen Preisen von Nordrhein-Westfalen und Baden, dreimal im Aral-Pokal und einmal im Preis von Europa erfolgreich. Pferde wie ›Olymp‹ und ›Nebelwerfer‹, ›Kaiseradler‹, ›Kronzeuge‹, ›Kaiserstuhl‹ und ›Kronenkranich‹ – die der Familie der ›Kaiserwürde‹ in Rheydt das Primat sicherten –, die erstklassigen Stuten ›Ordinate‹, ›Ordenstreue‹, ›Ordinanz‹, ›Ordinale‹, ›Friedensbotschaft‹ und ›Friedrichsruh‹ sowie ›Cortez‹ und ›Athenagoras‹ waren im Verlauf der Jahre die besten Vertreter der Zucht. Das Prädikat des Allerbesten gebührt jedoch trotz der nicht makellosen Rennlaufbahn ohne Zweifel ›Athenagoras‹, der seit 1977 im Heimatgestüt daran mitwirkt, daß das Stehvermögen Zoppenbroichs bis zum nächsten Derbysieg nicht noch einmal auf eine derartig lange Probe gestellt wird wie beim letzten Mal.

Auf Erfolg programmiert: Fährhof

Unter den Gestüten, die nach dem Zweiten Weltkrieg in Deutschland gegründet wurden, ist Fährhof das erfolgreichste, obwohl der Bremer Kaffee-König Walter J. Jacobs diese Passion erst seit 1964 pflegt, nachdem er zuvor Hannoveraner gezüchtet hatte. ›Organza‹ war die erste Vollblutstute, die im bereits 1960 erworbenen Fährhof in der Nähe von Rotenburg an der Wümme eingestellt wurde. Bis 1977 wuchs dessen Stutenherde durch wertvolle Ankäufe im In- und Ausland sowie Produkten aus der eigenen Zucht auf 31 Köpfe an.

Den ersten großen Erfolg auf der Bahn hatte Fährhof schon 1966 mit dem Sieg von ›Chevalier‹ im Ratibor-Rennen. 1968 gewann es mit dem vom Gestüt Rösler gekauften ›Birkhahn‹-Sohn ›Literat‹ dann das Henkel-Rennen und die Union – lernte im gleichen Jahr aber auch die Kehrseite der Medaille kennen. Denn ›Literat‹ zog sich im Derby als dessen heißer Favorit eine Knochenabsplitterung zu, die ihn möglicherweise um den Sieg brachte – auf jeden Fall aber seine Rennlaufbahn beendete. Später erlitten die hochveranlagten Hengste ›Mamori‹ und ›Harar‹ so schwerwiegende Unfälle, daß ersterer nie mehr eine Bahn betreten konnte und letzterer sogar getötet werden mußte.

Nachdem ›Caracol‹ 1972 neben anderen Prüfungen für Fährhof erneut das Henkel-Rennen gewann und sich in Baden-Baden innerhalb von einer Woche das Fürstenberg-Rennen und den Großen Preis geholt hatte, nachdem die Gewinnsumme 1974 mit 508 215 DM zum ersten Mal die halbe Million überschritt und ›Honduras‹, ›Teotepec‹, ›Palmares‹ sowie ›La Dorada‹ den gelbschwarzen Farben zu weiteren Erfolgen verhalfen, siegte ›Literats‹ Sohn ›Surumu‹ 1977 nach der Union schließlich auch im Derby.

Ohne Zweifel war das für Fährhof die Krönung des Rennjahres und der bisherigen Gestütsgeschichte. Trotzdem hielt Fortuna für 1977 noch etwas parat: ›Ebanos‹ Sieg im Preis von Europa nämlich – der durch den nicht nachlassenden Einsatz in einem unerhört packenden Finish zustande kam, das der Fährhofer gegen den in vielen Rennen des internationalen Turfs bewährten ›On My Way‹ ausfocht. ›Ebano‹ hatte sich damit innerhalb eines Jahres um etwa vier Klassen verbessert oder – wie ein Chronist schrieb – die Position vom kleinen Angestellten zum Generaldirektor im Eiltempo erreicht. Dank seines Kampfwillens wurde dem Fährhofer Konto aber auch ein ordentlicher Batzen Geld gutgeschrieben, der entscheidend dazu beigetragen hat, dem Gestüt mit 1 040 774 DM das erste Besitzer-Championat zu sichern. Angesichts der Zielstrebigkeit, mit der in Fährhof die Dinge angepackt werden, kann man nicht annehmen, daß es das letzte war.

5. Buch

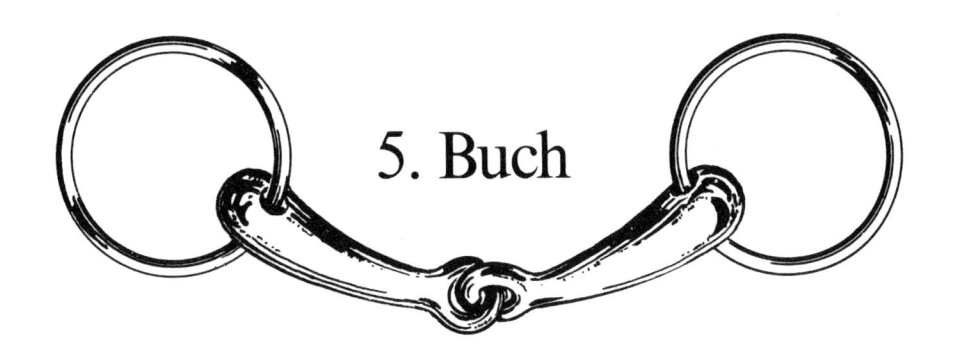

100 Pfund und 1 PS

The monkey on a stick: Tod Sloan

Galopprennen sind aus mancherlei Gründen faszinierend. Nicht zuletzt wegen der Jockeys, die hoch über dem Sattel in den Bügeln stehend – hingegeben an die Bewegung des Pferdes – um Sieg und Platz reiten. Nur wenige werden sich angesichts ihres artistischen Tuns desjenigen erinnern können, der den modernen Stil als erster erfolgreich kreierte. Es war James Forman Sloan, der bewies, daß Rennen leichter gewonnen werden können, wenn man »stehend« reitet, anstatt mit dem Gesäß am Sattel zu kleben. Die Idee stammt freilich nicht von ihm. Aber er kultivierte sie.

James Forman Sloan war ein amerikanischer Jockey, der 1897 nach England kam. Seine Ritte auf den dortigen Rennbahnen glichen zunächst einer Sensation. Bis zu diesem Zeitpunkt beherrschte nämlich der viktorianische Reitstil eines Fred Archer den englischen Turf. Das hieß, daß der Jockey mit nahezu gestreckten Beinen aufrecht im Sattel saß, höchstens einmal den Oberkörper nach vorn beugte, jedoch auch im schnellsten Galopp immer Verbindung mit dem Pferderücken hatte.

»Toddy« Sloan aber stand im Sattel – besser gesagt in den Steigbügeln. Seine Sitzfläche berührte während des Rennens nicht ein einziges Mal den Rücken des Pferdes. Zunächst lachte man über ihn und nannte den Amerikaner den »monkey on a stick« – den Affen auf der Stange. Aber schon bald erkannte man die Vorteile seines Stils, der den Pferderücken entlastete und dem Galopp mehr Schwung, mehr Spannung und als Folge davon mehr Tempo gab. So dauerte es nicht lange, bis Sloans Reitweise von allen Kollegen übernommen wurde. Als amerikanischer Stil ging sie in die Geschichte des Rennreitens ein.

Als Tod Sloan mit dreizehn Jahren als Stallbursche zum ersten Mal auf einem Pferd saß, war der Ritt nur von kurzer Dauer. Bereits nach wenigen Galoppsprüngen fand er sich auf dem Boden wieder und wollte danach verängstigt das Reiten aufgeben. Später aber dachte er sich, daß er diese Kunst genauso erlernen könne wie andere Jungen in seinem Alter.

Doch der Anfang war schwer und nicht sonderlich ermutigend oder begeisternd. Die Wende in Sloans Laufbahn brachte der »Affensitz«. Der Jockey bekannte später, daß er diesen Stilwechsel einem puren Zufall verdankt habe. Als er einmal zusammen mit Hughie Penny – der später ein erfolgreicher Rennreiter wurde – zum Start geritten sei, hätte er das heftig pullende Pferd nicht mehr halten können. Er sei aus dem Sattel nach vorn gerutscht und bis auf den Hals des Tieres gezogen worden. Penny habe sich vor Lachen gebogen – aber plötzlich habe das Pferd mit Pullen aufgehört und er hätte es wieder in die Hand bekommen.

Damals gewann gerade ein Jockey namens Henry Griffin eine Menge Rennen. Er ritt stets mit kurzgeschnallten Bügeln und weit über den Widerrist des Pferdes nach vorn gebeugt. Sloan fand, daß an der Sache etwas dransein müsse und begann in der gleichen Art zu reiten. Zunächst erntete er nur Gelächter. Aber schließlich fing er an, Rennen zu gewinnen.

Obwohl James Forman Sloan strenggenommen nicht der erste war, der den »monkey seat« demonstrierte, hatte er doch den meisten Erfolg damit.

In seiner nur etwa sechs Jahre währenden Laufbahn ritt er ungefähr 2000 Rennen – unter anderem trug er auch die Farben des Prinzen von Wales, des späteren König Edward VII. – und gewann davon rund 700. Seine Erfolge im Sattel hätten ihn zum reichen Mann gemacht, wenn er sein Geld zusammengehalten und der Neigung zum »süßen Leben« nicht allzusehr nachgegeben hätte. Das Ende seiner Karriere kam 1900. Als er im Cambridgeshire – einem berühmten englischen Rennen – mit ›Codoman‹ verlor, sagten die einen, Sloan habe das Pferd absichtlich zurückgehalten, die anderen, er habe es mit riesigen Summen gewettet. Sei es wie es sei: beides widersprach den Regeln und der Jockey mußte dem Renngericht Rede und Antwort stehen. Danach empfahl man ihm, im folgenden Jahr keine neue Lizenz zu beantragen. Tod Sloan nahm das zunächst nicht ernst, mußte aber schon bald erfahren, wie weit der Arm des englischen Jockey Clubs reichte.

Von da an führte sein Weg von den höchsten Gipfeln sportlichen Ruhms unaufhaltsam in die tiefsten Niederungen menschlichen Elends. Nahezu 30 Jahre währte die Odyssee, die der einst gefeierte Jockey schließlich als Alkoholiker beendete. 1933 starb er an einer schweren Lebererkrankung – arm und vergessen.

Sein sportliches Erbe aber existierte weiter. Auf jeder Bahn der Welt reiten die Jockeys heute im »monkey seat«. Viele entwickelten sich dabei zu wahren Balancekünstlern – wie beispielsweise Lester Piggott oder Bill Shoemaker. Ihre Leistungen im Rennsattel sind akrobatisch-sportliche Darbietungen, die man bewundern muß. Aber auch die alten Meister, die in weit, weit zurückliegenden Tagen im Dämmerlicht der Rennsportgeschichte um die Wette ritten, sollen im tiefen, beingestreckten Sitz hohe Jockeykunst gezeigt haben.

Die Oldtimer

Der Jockey als professioneller Sportler ist beileibe keine Figur aus der Gründerzeit der Pferderennen. Vielmehr trainierten und ritten damals die Züchter – meistens Herren von Rang und Stand – ihre Pferde selbst. Erst als die Gewichte niedriger und die Chancen der Konkurrenten gegeneinander »aufgewogen« wurden, bildete sich der spezielle Beruf des Jockeys. Naturgemäß entwickelte er sich in England, dem Mutterland des Galopprennsports. C. J. Apperley beschreibt in einem seiner Bücher, das 1838 ins Deutsche übersetzt wurde, welche »körperliche Bildung« ein Jockey haben sollte.

»Seine Größe muß 1,65 m sein. Wir wissen allerdings, daß es viele vortreffliche Jockeys gibt, die viel kleiner sind, aber sie nehmen sich zu Pferde nicht so gut aus; sie können sich auch nicht so fest im Sattel halten, weil ihre Beine nicht lang genug sind, um den Leib des Pferdes gut zu umschließen. Ein guter Jockey muß einen im Verhältnis zu den unteren Gliedern etwas kurzen Oberleib haben, mit breiten Schultern, etwas langen Armen, einem Hals von mäßiger Länge, einem kleinen Kopf und einem sehr schnellen Blick. Es ist gut, wenn er von Natur mager ist, damit seine Constitution unter einer gezwungenen Abmagerung nicht leidet, aber er muß in den Beinen und Schenkeln so viel Muskelkraft haben, als sein kleiner Wuchs gestattet; mit einem Wort: um gewisse Pferde reiten zu können, und so wenig Gewicht haben, daß er ein kleiner Herkules ist. Seine Stellung darf jedoch nichts Steifes haben; er muß im Gegenteil eine große Biegsamkeit in den Armen und Schultern haben, damit Alles in vollkommener Übereinstimmung zwischen ihm und seinem Pferde sei. Er muß sich mit vieler Gewandtheit seiner Hände zu bedienen wissen, damit er in einem Wettlauf die Zügel aus der einen in die andere bringen, und im Fall es nöthig ist, das Pferd so gut mit der linken als mit der rechten Hand peitschen könne. Schließlich verlangen wir von ihm eine große Kaltblütigkeit und die Nüchternheit eines Braminen.«

Rennfarben tragen die Jockeys schon seit dem 16. Jh. Jedenfalls stammt deren erste Erwähnung aus jener Zeit. Aber neu war dieser Brauch nicht. Bereits im antiken Rom wurden bei den Wagenrennen zur besseren Unterscheidung der Gespanne die Farben Rot, Blau, Weiß, Grün, Gelb und Purpur verwandt. Die Engländer übernahmen diese Sitte, webten in Seidenblusen alle möglichen Kombinationen und Muster des Spektrums und schufen auf diese Art und Weise die neuzeitlichen Rennfarben – die sich jedoch nur langsam durchsetzten. Vor allem in der Provinz stopften sich die Jockeys noch geraume Zeit die Schöße ihrer Röcke einfach in die Hosen und ritten mit Knickerbockers, weißen Baumwollstrümpfen und flachen, schwarzen Schuhen Rennen.

Auf den großen Bahnen wie Newmarket, Ascot oder Goodwood jedoch – wo sich Adel und Hofstaat ein regelmäßiges Stelldichein gaben – gehörten die bunten Jerseys schon bald zum gewohnten Bild eines Renntages.

Am 4. Oktober 1762 fand dann ein in dieser Hinsicht bedeutendes Ereignis statt: an jenem Tag nämlich trugen 19 honorige Herren ihre Farben in das Register des Jockey Clubs ein. 1784 wurde das Tragen von »Seide« schließlich offiziell angeordnet. Seit dieser Zeit hat sich die Tracht der Jockeys kaum geändert. Heute gibt es in England übrigens rund 7000 verschiedene Rennfarben – in Deutschland waren es 1976 1393.

Chifney & Sons

Schon sehr früh verdingten sich schlanke, kleinwüchsige Männer als Reiter schneller Pferde. Aus der Zeit Heinrich VIII. – der von 1509 bis 1547 regierte – ist bekannt, daß im Falle eines Sieges 23 Schilling an sie gezahlt wurden. Der 1715 geborene John Singleton aber soll der erste Jockey gewesen sein, der diesen Namen verdiente. Sein gleichnamiger Neffe gewann 1776 mit Lord Rockinghams ›Alabaculia‹ übrigens das erste klassische Rennen, das jemals gelaufen wurde – das St. Leger. Der Star jener Zeit aber hieß Sam Chifney, der als Reiter ein Genie gewesen sein soll. Während die meisten der damaligen Jockeys rauh, ja brutal ritten und sich ihrer harten Arbeit mit scharfen Sporen und langen Peitschen rühmten, tat Sam Chifney das Gegenteil: er suchte das Vertrauen der Pferde und pilotierte sie im Rennen ohne jede Gewaltanwendung. Unter seiner erstaunlich leichten und weichen Hand – einer der schätzenswertesten Vorzüge, deren ein Jockey sich rühmen kann – wurden störrische Pferde lammfromm. Zum Beispiel eines namens ›Eagle‹.

Der träge, verdorbene Hengst wurde vom Herzog von Dorset auf Anraten Sam Chifneys gekauft, obwohl der frühere Besitzer des Pferdes, Sir Frank Standish, den Hocharistokraten über seine Neuerwerbung nicht im unklaren ließ.

»Wetten Sie ihn nicht, Euer Gnaden! Nicht einmal für einen Penny! Der Jockey ist noch nicht geboren, der ›Eagle‹ Beine macht!«

Als diese Worte Sam Chifney hinterbracht wurden, reagierte der sehr gelassen. »Sir Frank wird ja sehen, ob ich ihn in Bewegung bringe oder nicht. Und er wird auch sehen, daß ich weder Sporen noch Peitsche benutzen werde.«

Das Rennen war vier Meilen lang und das Feld bummelte. Wahrscheinlich wäre ›Eagle‹ eingeschlafen, wenn man das Tempo plötzlich nicht doch verschärft hätte. Als der Endkampf einsetzte, war ›Eagle‹ zum Erstaunen aller immer noch mit dabei. Sam Chifney hatte es fertiggebracht, das langsamste Pferd des Feldes durch ein Schnalzen seiner Zunge in Linie mit den Favoriten zu bringen. ›Eagle‹ gewann schließlich mit einem Hals – ohne mit der Peitsche oder den Sporen in Berührung gekommen zu sein.

In seinem 1804 erschienenen Buch »Genius genuine« – dem ersten, das ein Jockey über sein Leben und seine Karriere schrieb – erklärte Sam Chifney allen, die bereit waren, pro Exemplar die für die damalige Zeit enorme Summe von 5 Pfund zu zahlen, sein »unfehlbares System«, Rennen zu reiten.

»Beim Rennreiten muß zuallererst darauf geachtet werden, daß das Pferd leicht im Maul geht. Dann kann man es nämlich besser zusammenhalten, seine Beine sind mehr unter ihm, die Sehnen strecken sich weniger aus und werden weniger angestrengt. Außerdem geht sein Atem freier. Das Pferd galoppiert also so, wie es sein soll. Dabei fühlt es jederzeit, was sein Reiter wünscht und alle seine Körperpartien sind lockerer und reagieren besser. Darüberhinaus wird es, falls nötig, erheblich schneller sein als beim unkontrollierten, widerspenstigen Laufen mit dem Gewicht des Reiters im Maul.

Wenn das Pferd zur letzten Anstrengung aufgefordert wird, wenn es also das Finish austragen soll, wird es nicht nur williger galoppieren, sondern mit einem leichten Zügeldruck auch besser geradegehalten werden können. In dieser Situation sollte das Maul des Pferdes erleichtert werden, indem man die Zügel nachgibt. Geschieht das nicht, hält man das Pferd mehr oder weniger zurück. Vor allem ein verschlagenes Pferd sollte auf diese Art geritten werden, besonders dann, wenn es Raum gewinnen soll. Anderenfalls wird es um so langsamer sein oder schnell ermüden.

Eine stehende Redensart in Newmarket ist, daß man die Zügel anziehen soll, um das Laufen des Pferdes zu erleichtern. Aber obwohl viele Sportsleute das wünschen, sieht man ihm trotzdem keine Erleichterung an, wenn es mit größter Anstrengung galoppiert.

Je nachdem, wie es die Situation verlangt oder erlaubt, sollte man dem Pferd zentimeterweise nachgeben. Das muß so geschehen, als reite man mit einem seidenen Zügel – so fein wie ein Haar –, um dessen Zerbrechen man Angst hat. Das ist der wahre Weg.«

Er ist es wirklich! Sam Chifney muß ein Reiter par excellence gewesen sein. Denn das von ihm vor mehr als 170 Jahren empfohlene »unfehlbare System« könnte in seinen Grundzügen aus einer modernen Reitlehre stammen.

Der Altmeister der Rennreiter fordert nichts anderes, als daß das Pferd am Zügel stehen und sich nicht auf das Gebiß legen soll. In Verbindung mit seinem sicheren, ausgewogenen Sitz und einer feinen, einfühlsam nachgebenden bzw. aufnehmenden Hand wird es bei entsprechender Hilfengebung jederzeit in der Lage sein, die »Beine mehr unter sich zu haben« – sprich, hinten vermehrt unterzutreten. Die Folge davon ist ein kräftigerer und federnderer Galoppsprung. Das Pferd ist dabei gleichzeitig gut zusammengestellt, geht ohne unnötige Kraftverschwendung in rhythmischer Balance und wird den jeweiligen Bemühungen seines Reiters willig Folge leisten.

Das Ende von Sam Chifney war unrühmlich. Nachdem er die von seinem königlichen Gönner – dem Prinzen von Wales – ausgesetzte Pension von 200 Guineas pro Jahr verschwendet hatte und seine Schulden beim Sattler Latchford nicht bezahlen konnte, steckte man ihn ins Londoner Fleet Gefängnis. Dort starb er 1807 im Alter von 57 Jahren.

Auch einer seiner Söhne machte mit dem Gefängnis Bekanntschaft. Es war William, der zu diesem Zeitpunkt bereits ein bekannter Trainer war und ebenso wie früher Sam Chifney hoch in der Gunst des Kronprinzen stand. Die wurde ihm allerdings für eine Weile entzogen, nachdem er Colonel Leigh – den königlichen Stallmeister – mit einem Faustschlag in die Gosse der Hauptstraße von Newmarket gestreckt hatte, weil dieser sich kränkend über seinen verstorbenen Vater äußerte. Als Folge dieser Tätlichkeit an einem Mitglied des Hofes mußte er eine sechsmonatige Haft in Cambridge verbüßen.

William war zu groß und zu schwer, um professionell Rennen reiten zu können. Sein Bruder Sam Chifney der Jüngere war mit einem durchschnittlichen Gewicht von 54 kg besser dafür geeignet und trat erfolgreich in die Fußstapfen seines berühmten Vaters. Fast 50 Jahre war er einer der besten Jockeys seiner Zeit.

Stilstudie aus der Zeit der Jahrhundertwende: Viktorianischer Sitz und rückenentlastender Balanceakt

Der Stil unserer Tage

Sam Chifney jun.

Internationale Spitzenjockeys aus Vergangenheit und Gegenwart

John Singleton

Sam Chifney sen.

Francis Buckle

James Robinson

Fred Archer

George Fordham

»Tod« Sloan

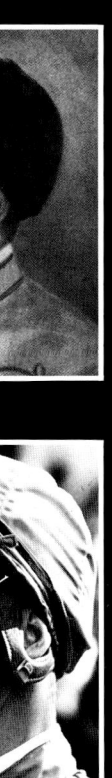

Steve Donoghue

Gordon Richards

Lester Piggott

Yves St. Martin

Willie Shoemaker

Deutsche Spitzenjockeys von einst und jetzt

Otto Schmidt	Julius Rastenberger	Kurt Narr
Gerhard Streit	Hein Bollow	Micky Starosta
Ossi Langner	Fritz Drechsler	Peter Alafi
Joan Pall	Peter Remmert	Horst Horwart

Sam Chifney der Jüngere war ungeheuer begabt – andernfalls hätte er sich wohl kaum zu den bedeutendsten Vertretern seines Berufes zählen können. Denn er war von Natur aus faul. Von disziplinierten Eß- und Trinkgewohnheiten hielt er nicht viel, und ihn zur Morgenarbeit für ein bedeutendes Rennen zu bewegen, war ein äußerst schwieriges Unterfangen. Am liebsten bummelte er mit der Flinte unter dem Arm über Wiesen und Felder, um Federwild zu jagen, das sein braun-weiß gefleckter Pointer Banker vorstand. Wenn er im Sattel saß, war es mit seiner Lethargie allerdings vorbei. Niemand tat auf dem Rücken eines Pferdes für sein Geld mehr als Sam Chifney der Jüngere. Seine besten Rennen ritt er unter anderem für Beau Brummels Freund George IV., den er seit frühester Jugend kannte. Auf dessen Knien sitzend, hatte er als Knirps von drei, vier Jahren manche Guinea aus der großzügigen Hand Seiner Königlichen Hoheit empfangen. Als exzellenter Finishreiter gewann er meistens mit dem bei allen Kollegen gefürchteten »Chifney Rush«: Sam, der Sohn, tat es Sam, dem Vater, nach!

Einer der größten Gegner des jüngeren Chifney war James Robinson, ein glänzender Reiter und ausgezeichneter Taktiker. Unter den zwei Dutzend klassischen Rennen, die er gewann, befinden sich sechs Derbys. Das letzte holte er sich 1836 mit dem großen ›Bay Middleton‹. 140 Jahre war kein Jockey im klassischsten aller klassischen Rennen erfolgreicher. Erst 1976 brach Lester Piggott mit seinem siebenten Sieg im Epsom Derby den Rekord von James Robinson.

Eine weitere Bestleistung aus jenen Zeiten ist allerdings nach wie vor ungebrochen: die 27 Erfolge von Francis Buckle in den englischen Classics. Bis zum Erscheinen dieses Buches hat keiner mehr Sieger der ehrenvollsten Dreijährigen-Rennen geritten als dieser Mann.

Der Herkules im Taschenformat: Francis Buckle

Mit neun legte Francis Buckle zum ersten Mal seine Beine um den Leib eines Pferdes – mit siebzehn ritt er sein erstes öffentliches Rennen. Danach folgt eine Karriere, während der er neunmal die Oaks, sechsmal die 1000 Guineas, je fünfmal die 2000 Guineas sowie das Derby, und zweimal das St. Leger gewann. Sein Ruhm drang weit über die Landesgrenzen Englands hinaus. In Deutschland beispielsweise gab es auf der Doberaner Bahn seit 1829 ein »Rennen um Francis Buckles Peitsche«, die dem veranstaltenden Verein von Richard Tattersall geschenkt worden war.

Der Herkules in Taschenformat – wie Buckle von den Zeitgenossen scherzhaft und respektvoll zugleich genannt wurde – hatte nicht die feine Hand der Chifneys oder den eleganten Sitz Robinsons. Seine Stärken waren Kraft, Ausdauer und enormer Schneid. Wenn ein Jockey zu üblen Tricks griff, um sich einen Vorteil zu verschaffen – den Konkurrenten gegen die Rails drängte oder sein Knie vor das des Gegners schob, um diesen am Reiten bzw. Vorwärtskommen zu hindern –, war es nie Francis Buckle, der so etwas tat. In einer Zeit, in der solche Methoden während eines Rennens gang und gäbe waren, ohne geahndet zu werden, suchte er den Erfolg ausschließlich durch fairen Einsatz seines reiterlichen Könnens zu erreichen. Auch außerhalb der Rennbahn waren Buckles Lauterkeit und durch und durch ehrliche Gesinnung sprichwörtlich.

Der Jockey wurde 1766 als Sohn eines Sattlers in Newmarket geboren. Als junger Mann lebte er jedoch in Peterborough, von wo aus er Tag für Tag zum Training in seine Geburtsstadt ritt. Rechnet man die Strecken, die er für den Hin- und Rückweg brauchte, zusammen, so muß Francis Buckle einschließlich der Arbeitsgalopps an den meisten Tagen der Woche mehr als 140 Kilometer geritten sein. Das allerdings ist zu bezweifeln – obwohl er sich die besten Reitpferde der Grafschaft hielt. Unabhängig von der Frage, ob er dieses enorme Pensum tagtäglich wirklich bewältigt hat oder nicht, steht jedoch fest, daß es hauptsächlich stundenlanges Reiten war, das ihn für seine Aufgabe fit hielt. So soll er es nie nötig gehabt haben, überflüssige Pfunde abzuschwitzen. Wo hätte er die bei seiner frugalen Lebensweise auch hernehmen sollen? Allenfalls am Schluß einer Saison brachte er etwas mehr auf die Waage als sein normales Gewicht von 50 kg. Dann nämlich leistete er sich stets eine gebratene Gans und ein paar Pinten Ale. Auf diese Schmauserei freute er sich stets schon lange vorher.

Berichten der Zeit zufolge hätte es Francis Buckle aufgrund seiner vielseitigen Begabungen auch in anderen Berufen zur Meisterschaft gebracht. Aber er lehnte es ab, Geld anders zu verdienen als auf dem Rücken der Pferde. Die ritt er übrigens nicht nur in Rennen, sondern als bekannter Master of Hounds während des Winters auch hinter der Meute. Er züchtete Jagdpferde, Windhunde, Bulldoggen und Kampfhähne. Seine Interessen waren damit allerdings noch nicht erschöpft. Denn er war außerdem ein Liebhaber der Musen. Vor allem Thalia verehrte er, und er nahm jede Theateraufführung wahr, für die er Zeit erübrigen konnte. Ohne Zweifel war Francis Buckle ein erstaunlicher Mann. Der erstaunlichste der frühen englischen Jockeys ist er ohnehin. Noch im Alter von 65 Jahren stieg er in den Sattel. Als er am 5. Februar 1832 starb, waren seit seinem letzten Rennen nur drei Monate vergangen.

Sicher – es gab damals glänzendere Reiter. Aber keiner war so erfolgreich und populär wie Francis Buckle. Er galt in vielem als Vorbild. Vor allem seine Lebensweise als Grundlage für die Erfolge auf der Rennbahn wurde nachgeahmt. Während der Herkules im Taschenformat jedoch nie Mühe hatte, das jeweils geforderte Gewicht zu reiten, mußten sich viele seiner Kollegen einem wesentlich härteren Training unterwerfen. Von welcher Art das war, schildert ein Mitte des 19. Jh. lebender Arzt namens Sandiver. Sein Report ist nicht nur in seiner Aussage, sondern auch in deren Darlegung modern. Mr. Sandiver bedient sich nämlich eines fiktiven Interviews, um die Eßgewohnheiten und das Fitnessprogramm der Oldtimer zu erläutern.

»Wie lange ist ein Jockey im Training?
Die Spitzenjockeys sind etwa von Ostern bis Ende Oktober im Training. Aber eine Woche oder zehn Tage sind für einen Reiter ausreichend, um sein natürliches Gewicht um ungefähr 20 Pfund zu senken.

Wie ernähren sich die Jockeys?
Das Frühstück besteht aus einem kleinen Stück Brot mit Butter und Tee in Maßen, das Dinner aus ein bißchen Pudding und noch weniger Fleisch. Wenn allerdings Fisch zu erhalten ist, sollte weder das eine noch das andere erlaubt sein. Das übliche Getränk sind Wein und Wasser im Verhältnis von einer Pinte Wein zu zwei Pinten Wasser. Am Nachmittag gibt es Tee mit wenig oder gar keinem Brot. Abends wird überhaupt nichts gegessen.

Welche Übungen machen die Jockeys und wieviel Stunden ruhen sie?
Nach dem Frühstück ziehen sie sich dick an – je zwei Paar Jacken und Hosen sind üblich – und machen einen scharfen Spaziergang, der zwischen 10 und 15 Meilen lang ist. Nach Hause zurückgekehrt, wird die durchschwitzte Kleidung durch trockene ersetzt und bei starker Ermüdung vor dem Dinner eine Stunde geruht. Danach werden keine harten Übungen mehr gemacht, sondern der restliche Teil des Tages in angenehmer Weise verbracht. Im allgemeinen wird um 9 Uhr zu Bett gegangen und bis 6 oder 7 Uhr morgens geschlafen.

Welche Medizin nehmen die Jockeys?
Einige von ihnen, die das lange und harte Laufen nicht lieben, nehmen Zuflucht zu abführenden Mitteln. Meistens wird Glaubersalz benutzt.

Mr. Sandiver, ist ein ähnliches Verfahren auch für andere Personen zu empfehlen, um Übergewicht zu reduzieren?
Vorausgesetzt, daß die allgemeine körperliche Verfassung darunter nicht leidet, ist dieses Verfahren sowohl für Männer als auch für Frauen zu empfehlen. Leider aber ist zu befürchten, daß kaum jemand dazu zu bewegen sein wird, sich einer so harten Disziplin zu unterwerfen, wenn er es nicht von Jugend auf gewöhnt ist!«

Zur Bekräftigung seiner Ausführungen, vielleicht auch zum Beweis ihrer Richtigkeit – obwohl ein solcher angesichts der Leistungen von Buckle & Co. gar nicht nötig war – fügt Mr. Sandiver seinem Report die Aussage Dennis Fitzpatricks bei. Der irische Jockey war 1799 im berühmten Match zwischen ›Diamond‹ und ›Hambletonian‹ der Reiter des erstgenannten Pferdes. Er erklärte, daß er weniger schnell ermüde und mehr Kraft habe, in einem schweren Rennen ein heftiges Pferd zu reiten, wenn er sein Körpergewicht in Maßen reduziere, als untrainiert in den Sattel zu steigen.

Das Sandiversche Interview ist deshalb so interessant, weil es aus unseren Tagen stammen könnte. Ganz abgesehen davon, daß auch die meisten der heutigen Jockeys so asketisch leben wie die Rennreiter vor 150 und mehr Jahren, wird ja uns allen aus den verschiedensten Gründen viel Bewegung und kalorienarme Nahrung empfohlen. Der konditionsfördernde und schlankhaltende Effekt der Bewegungstherapie bei gleichzeitig sparsamen Eß- und Trinkgewohnheiten ist also keinesfalls eine Erfindung unserer Zeit. Aber auch Mr. Sandiver war nicht der erste, der zu derartigen Erkenntnissen gelangte. Bereits die Ärzte und Trainer des Altertums wußten genau um den Zusammenhang zwischen Leistung, vernünftiger Ernährung und regelmäßiger Bewegung.

Aber nicht alle Jockeys paßten ihr Gewicht auf natürliche Art und Weise den Erfordernissen ihres Berufes an. Viele waren beispielsweise zu bequem, die Mühsal langen, schweißtreibenden Laufens auf sich zu nehmen. Der Griff zur Glaubersalzflasche oder zu noch intensiver wirkenden Drogen war einfacher und weniger anstrengend. Außerdem erreichte man damit das gleiche – ohne allerdings an die gesundheitlichen Schäden zu denken, die sich durch ständiges Einnehmen von Abführmitteln zwangsläufig einstellen mußten. Nicht wenige Jockeys starben dadurch einen frühen Tod. Einer von ihnen war James Frederick Archer, der gefeierte Star der zweiten Hälfte des 19. Jh. und vielleicht beste Jockey, der jemals ein Rennpferd um die Bahn pilotierte.

Genie im Rennsattel: Fred Archer

Am 11. November 1886 hingen über Newmarket dunkle Gewitterwolken. Es regnete. Trotzdem drängten sich auf dem uralten Friedhof des kleinen englischen Städtchens Tausende von Menschen. Sie gaben einem Mann das letzte Geleit, der bereits zu seinen Lebzeiten eine Legende und von der gesamten rennsporttreibenden Welt als Genie vergöttert worden war. Man trug Fred Archer zu Grabe – den größten Jockey, den man bis dato kannte. Er starb nach einer phänomenalen Karriere mit 29 Jahren durch Selbstmord.

Fred Archer war nur siebzehn Jahre Jockey. In dieser Zeit aber drückte er dem englischen Rennsport in einer bis dahin nie dagewesenen Art den Stempel seiner Persönlichkeit und seines Könnens auf. Der etwa 1,75 m große Archer – der in der Saison durchschnittlich 52 kg auf die Waage brachte – gewann 2747 Rennen und war von 1874 bis zu seinem Tode dreizehnmal hintereinander Champion der englischen Jockeys. Die Summe seiner Gesamterfolge wurde erst 50 Jahre später von Gordon Richards übertroffen. Diese Zahlen als sportliche Bilanz eines Lebens sind beeindruckend. Ihr Zustandekommen aber ist faszinierend.

James Frederick Archer wurde am 11. Januar 1857 in Cheltenham geboren. Sein Vater William war ein erfolgreicher und populärer Steeplechase-Jockey. Unter anderem gewann er 1858 das Grand National, nachdem er zuvor eine Zeitlang in Rußland die Pferde von Zar Nikolaus I. geritten hatte. Fred Archer war also vorbelastet. Bereits mit vier Jahren saß er zu Pferde. Dabei versicherte er dem Groom jedesmal, daß er später Jockey werden würde. Im Alter von acht Jahren nahm er zum ersten Mal an einem Rennen teil und bekam nur kurze Zeit später ein Pony geschenkt, mit dem er hinter den Hunden Jagden ritt. Dabei sprang der schmale, zarte Junge hanebüchen steife und schwere Hindernisse. Aber hier fing er an, sein großes Talent zu bilden, und hier lernte er so gut zu sitzen, daß es schien, als wäre er ein Teil des Pferdes. Alle, die ihn reiten sahen, waren schon zu diesem Zeitpunkt von seinem Stil beeindruckt.

Durch die Leistungen des Sohnes im Sattel bestärkt, ließ der Vater ihn Jockey werden. Mit elf Jahren trat Fred seine Lehre bei Matthew Dawson in Newmarket an.

Dawson war auf seinem Gebiet eine Koryphäe und neben John Porter der berühmteste Trainer seiner Zeit. Archer hat diesem Mann, der in väterlicher Weise um ihn besorgt und bemüht war, viel zu verdanken. Nicht zuletzt die Tatsache, daß er seiner Bildung etwas mehr Schliff gab. Als der angehende Jockeylehrling in Newmarket eintraf, konnte er nämlich kaum lesen und schreiben. Der Sattel war eben öfters und länger gedrückt worden als die Schulbank. Eine gewisse Unsicherheit im Umgang mit der Feder konnte Fred Archer daher sein Leben lang nicht verleugnen. Briefe aus seiner Hand sind rar. Meistens mußten andere sie für ihn schreiben. Das war das Resultat einer Erziehung, über die es im Elternhaus zwischen Vater und Mutter oft Meinungsverschiedenheiten gegeben hatte. Entsprechende Vorhaltungen seiner aus gutem Hause stammenden, wohlerzogenen Frau aber ignorierte William Archer. »Laß den Jungen in Ruhe«, pflegte er zu sagen, »er wird aus dem Reiten mehr machen als aus aller Bücherweisheit!«

Matthew Dawsons Trainingsbetrieb in Heath House/Newmarket war in jeder Weise vorbildlich. Es herrschte größte Sauberkeit, Ordnung und Disziplin. Keinem Mitarbeiter war es erlaubt, an ein Pferd scharfe oder laute Worte zu richten. Einen Stock oder eine Peitsche zu benutzen, wurde als ein »verbrecherischer Anschlag« betrachtet. Festigkeit und Freundlichkeit waren die Mittel, die in der Behandlung der Pferde angewendet werden mußten. In dieser gediegenen Atmosphäre wurde Fred Archer zum Jockey ausgebildet. Schon bald spürte Dawson die Genialität, die in dem wiß- und lernbegierigen Jungen schlummerte. Er förderte sie behutsam, aber nach besten Kräften. Sein erstes Rennen ritt der neue Lehrling im Oktober 1869 – seinen ersten Sieg holte er allerdings erst im September 1870. In diesem Jahr hatte er insgesamt 15 Verpflichtungen und gewann zweimal. Trotzdem war das Rennbahnpublikum auf ihn aufmerksam geworden. Und auch die Kollegen merkten bald, welche Konkurrenz da heranwuchs.

Fred Archers fünfjährige Lehre endete Weihnachten 1872. Damals konnte er ohne Schwierigkeiten 37 kg reiten und wurde daher sofort Leichtgewichtsjockey seines Stalles.

Das Tor zu seiner großen und einmaligen Karriere öffnete sich bereits im Sommer des nächsten Jahres. Zu diesem Zeitpunkt starb Tom French, der erste Jockey Matthew Dawsons.

French, ein brillanter Reiter und ähnlich groß wie Archer, litt infolge des ständigen Gewichtmachens durch Schwitzen an der Auszehrung. Das kostete ihn schließlich das Leben.

French und Archer hatten übrigens eine Menge gemeinsam: beide starben mit 29 Jahren. Beide identifizierten sich mit ihrem Stall und ordneten alles ihren Interessen unter. Beide liebten ihren Beruf abgöttisch und machten ein Sakrileg aus ihm. Beide unterwarfen sich den größten Torturen, um das Renngewicht zu bringen – und beide starben daran!

»Fred Archer schoß wie eine Rakete in den Ruhm, als er fast noch ein Kind war«, schrieb im vergangenen Jahrhundert ein englischer Chronist.

Seine Worte sind keine Übertreibung. 1873 hatte Archer 422 Ritte, 107 davon gewann er. 1874 stieg er 530mal in den Sattel und wurde als Siebzehnjähriger mit 147 Siegen zum ersten Mal Champion. Im gleichen Jahr gewann er sein erstes klassisches Rennen. 22 weitere sollten folgen. Seine Laufbahn führte steil nach oben und kulminierte schließlich in der Zahl der Erfolge im Jahr 1885, in dem er in 667 Rennen 246mal als Erster den Zielpfosten passierte. Längst war er ein gemachter Mann. Seine Popularität hatte ungeheure Dimensionen erreicht. Überall wo er ritt, stauten sich die Massen. In Manchester waren eines Tages die Straßen vor seinem Hotel verstopft, weil jeder den berühmten Jockey – das sportliche Idol der damaligen Zeit – von Angesicht zu Angesicht sehen wollte. Aber nur wenige wußten, welch hartes Leben Archer zu diesem Zeitpunkt schon führte und mit welch übermenschlichen Anstrengungen er sein Körpergewicht niedrig hielt. Tagelang lebte er nur von ein paar Bissen Weißbrot, einigen Austern, etwas Hummer und einigen Schlucken Champagner. Außerdem schwitzte er in seinem türkischen Bad – weil er von natürlicher Gewichtsabnahme durch Laufen nichts hielt – und unterminierte seine Gesundheit durch regelmäßiges Einnehmen eines hochbrisanten Abführmittels, das ihm ein Quacksalber in Newmarket zusammengebraut hatte.

Die Wirkung dieser »Medizin« bekam eines Tages ein Bekannter Archers zu spüren, der den Jockey zu Rennen nach Irland begleitete. Als man in Dublin ankam, fühlte er sich unpäßlich und bat Archer um das Mittel. Der gab ihm davon einen Teelöffel, während er selbst ein Sherryglas voll davon austrank. Die Folge war, daß Archers Freund die ganze Nacht zwischen dem Bett und einem gewissen Örtchen hin- und herlief, außerdem am nächsten Tag das Hotel nicht verlassen konnte – Archer dagegen nicht nur das geforderte Gewicht auf die Waage brachte, sondern auch noch das Rennen gewann.

Fred Archer ist von Freunden oft auf die gesundheitsschädigende Wirkung seiner »Medizin« hingewiesen worden. Wohlmeinende Ratschläge trafen in dieser Hinsicht jedoch stets auf taube Ohren. Der geniale Jockey war viel zu ehrgeizig, um von ihr zu lassen. Er brauchte sie, um Rennen reiten und gewinnen zu können, denn beides war sein Lebensinhalt.

Nach Thomas Mann summiert sich ein Genie aus Fleiß, Können, Diziplin und Charakter. Alle diese Eigenschaften besaß Fred Archer in höchstem Maße. Hinzu kam ein unbändiger, fast krankhafter Ehrgeiz, der mehr als einmal die Grenzen des Vertretbaren überschritt. Um ein Pferd zum Erfolg zu reiten, benutzte Archer alle ihm zu Gebote stehenden Mittel. Selten war der Wille zum Sieg bei einem Jockey so ausgeprägt wie bei ihm. Vor bedeutenden Rennen überdachte er oft stundenlang die anzuwendende Taktik, wobei er in seine Überlegungen alle sich möglicherweise ergebenden Umstände einbezog. Er sezierte seine Gegner förmlich. Wenn das Ergebnis dieser Gedanken und die eigene Reitkunst nicht genügten, um zu siegen, griff Fred Archer hin und wieder allerdings zu Mitteln, die auch damals nicht den Regeln entsprachen. Eine derartige Situation beschreibt der Herzog von Portland in seinen Memoiren:

»Der Doncaster Cup von 1879 war in jeder Hinsicht ein wundervolles Rennen. ›Isonomy‹, geritten von Tom Cannon, war heißer Favorit. Fred Archer saß auf ›Janette‹, die im Jahr zuvor die Oaks und das St. Leger gewonnen hatte. Nach einem außergewöhnlichen Rennverlauf gab es ein mitreißendes Finish, das ›Isonomy‹ gewann. Als die Pferde angehalten wurden, sah man Blut an der Schulter des Hengstes. Was war geschehen? Als Tom Cannon zwischen ›Janette‹ und den Rails durchkam, »berührte« Archers linker Sporn das gegnerische Pferd. Wenn ›Isonomy‹ nicht einer der unerschrockensten und besten Vollblüter der Turfgeschichte gewesen wäre und nicht einen so überragenden Jockey im Sattel gehabt hätte, wäre er wohl kaum als Sieger durchs Ziel gegangen. Als das Rennen vorbei war, notierten wir alle, daß Cannon über seinen Gegner – gelinde gesagt – sehr ungehalten war. Man hörte nachher, daß Fred Archer sich damit entschuldigte, daß seine Füße so platt und seine Knöchel so schwächlich wären, daß er sie nicht immer kontrollieren könne. Daher würden sie sich mitunter – natürlich aus Versehen – nach auswärts drehen.«

Natürlich hatte Archer ›Isonomy‹ absichtlich mit dem Sporn traktiert, um einen Sieg des überlegenen Pferdes zu verhindern. Normalerweise hatte er solche Praktiken allerdings nicht nötig. Dazu war er als Jockey zu brillant. Er hatte wundervolle Hände und einen phantastischen Sitz. Wenn er sich auf ein Pferd schwang, schienen Tier und Mensch im nächsten Moment miteinander zu verwachsen. In höchstem Maße ausgeprägt war die Beurteilung der Pace. Darüber hinaus imponierte er durch enorme Schärfe und Schnelligkeit des Verstandes. Die Engländer nannten ihn einen »brainy« Jockey – einen Jockey also, der mit Hirn reitet. Sehr clever und mit ausgezeichneten Nerven ausgestattet, reagierte er im Bruchteil von Sekunden. Auf der anderen Seite aber besaß er auch die Gabe des Wartenkönnens. Auch dann, wenn er eingeschlossen war – was selten vorkam. Immer wußte er exakt, was seine Konkurrenten tun würden. Er studierte ihre Reitmethoden und das Verhalten ihrer Pferde in bestimmten Situationen, um diese Erkenntnisse dann zu seinem Nutzen anzuwenden. Fred Archer brachte es fertig, in einem großen Feld im Canter zu gewinnen, wenn andere verloren hätten. All diese Eigenschaften wurden ergänzt durch unglaubliche Energie, wagemutige Entschlossenheit und draufgängerischen Schneid. Das Wort Furcht existierte in seinem Vokabular nicht. Um ein Rennen als Erster zu beenden, riskierte er Kopf und Kragen. Er ritt oft so eng an den Rails, daß er sich die Stiefel zerfetzte und humpelnd zur

Waage zurückkam – nur um im nächsten Rennen das gleiche noch einmal zu tun. Eines Tages soll er in Epsom mit einem Bein über den Rails den Hügel von Tattenham Corner heruntergekommen sein.

Im Endkampf rutschte er fast bis auf den Widerrist und beugte sich dann auch noch auf den Hals des Pferdes, so daß er die letzten Meter oft mit völlig durchhängenden Zügeln ritt. Archers Reitweise muß eine gewisse Ähnlichkeit mit dem heute üblichen Stil gehabt haben. Daher ist nicht auszuschließen, daß seine Siege zum Teil auch darauf beruhen.

Über Archers Gebrauch von Peitsche und Sporen gibt es unterschiedliche Meinungen. Die einen sagen, er wäre mit ihnen unbarmherzig umgegangen, wenn ein Rennen auf andere Art nicht zu gewinnen gewesen wäre. Manches Pferd hätte dabei gesiegt, um danach nie mehr laufen zu können. Andere wiederum behaupten, daß er ein Pferd nur selten schlug und auch die Sporen – an denen sich übrigens keine Rädchen befanden – nur sparsam benutzte. Daß er seine außergewöhnlichen Erfolge dem Einsatz rüder Mittel zu verdanken hatte, ist kaum glaubhaft. Die Wahrheit wird wohl, wie so oft, in der Mitte liegen. Das bestätigt in etwa ein Interview, das der berühmte Jockey 1884 einer Rennsportzeitung gab.

»Es ist ein großer Fehler, ein Pferd zu sehr zu schlagen«, sagte er. »Ich weiß und gebe zu, daß ich vor ein paar Jahren ein rauher Reiter gewesen bin. Aber die Erfahrung hat es mich besser machen gelehrt. Jetzt schlage ich ein Pferd im Finish nicht mehr als zweimal und benutze kaum oder niemals Räder an den Sporen. Sicher, man kann ein Pferd auch ohne Rädchen verletzen – aber es ist nicht klug, das zu tun!«

Als Mensch wurden Fred Archer Liebenswürdigkeit, Bescheidenheit und gute Manieren bescheinigt. Sein Erfolg und die unbestreitbare Tatsache, in einer Reihe von außergewöhnlich hervorragenden Jockeys der Beste zu sein, sind ihm nie zu Kopf gestiegen. Auch sein Verkehr in den höchsten Kreisen der englischen Gesellschaft – die ihn verwöhnte und verehrte – ließ ihn nie seine einfache Herkunft vergessen. Daß die Frauen den gutaussehenden, berühmten Mann mit den melancholischen blauen Augen umschwärmten, versteht sich von selbst. Eine Herzogin hatte sogar die Absicht, ihn zu heiraten. »Deswegen werde ich doch kein Herzog«, war Archers sicher nicht sehr galante, jedoch treffende und lakonische Antwort an die Dame des Hochadels.

Der Volksmund nannte den Jockey »The Tinman« – den Geizhals. Das war Archer sicher nicht, denn Sparsamkeit ist nicht Geiz. Man darf nicht vergessen, daß er aus Verhältnissen kam, in denen finanzielle Not nichts Unbekanntes war. Kein Wunder, daß er mit seinen enormen Einkünften haushälterisch umging. Nicht alle Jockeys taten das. Viele verschleuderten ihr oft hart verdientes Geld und führten im Alter ein Leben in Armut und Not. Von Fred Archer sagt man, daß er in derartigen Fällen mehr als einmal geholfen habe.

Eines Tages schrieb eine arme Witwe an ihn und bat darum, die dem Brief beiliegenden fünf Schillinge auf ein Pferd zu setzen, das sicher gewinnen würde. Sie fügte hinzu, daß sie das Geld dringend brauche und sich nicht leisten könne, es zu verlieren. Archer beantwortete die Bitte mit der Empfehlung, das Geld nicht in einem so riskanten Geschäft wie einer

Wette anzulegen – und fügte seinem Schreiben eine Pfundnote bei. Als Entschädigung für den »unschmackhaften« Rat, den er gegeben habe.

Das ist eine Begebenheit von vielen der gleichen Art, die beweist, daß Fred Archer wirklich generös war. Außerdem zeigt die Geschichte, wie sehr man seinen Fähigkeiten vertraute, wie populär der Jockey beim Volk war und wie hoch man ihn verehrte. Daß seine Kollegen letzteres taten, kann nicht behauptet werden. Sein hemmungsloser Ehrgeiz, sein Können und seine Erfolge schüchterten eine Reihe seiner Berufsgenossen zweifellos ein und rückten ihn in die Nähe eines Tyrannen. Mancher Jockey fürchtete sich sogar vor ihm. Von einem ließ er sich freilich selbst Bange machen – von dem listigen George Fordham nämlich, der neben ihm beste Jockey des ausgehenden 19. Jh. Mehr als einmal lehrte Fordham dem ungekrönten König der Rennreiter Mores. Vor allem in Matches – in Rennen also, in denen nur zwei Pferde liefen – gab jener diesem meistens das Nachsehen. Aufgrund dieser Tatsache herrschte zwischen den beiden ein gespanntes Verhältnis. Archer nannte Fordham nur »the old devil« und reizte den wesentlich älteren Mann häufig. Dessen Revanche bestand darin, daß er Archer manches Rennen verdarb. Bei einer dieser Gelegenheiten soll dieser sich in einen Schlamassel geritten haben, der sehenswert gewesen sei. In jenem Rennen trug Archers Pferd mehr als das Fordhams, das zudem noch einen feinen Speed hatte. Archer konnte nur eines tun: warten – und kurz vor dem Zielpfosten mit einem Rush die Entscheidung suchen. Fordham jedoch sorgte dafür, daß Archer den besseren Start hatte und vorn mit dem Höchstgewicht das Rennen machen mußte. Sein Plan ging auf. Anstatt sicher »nach Hause« zu kommen, wurde Archers Pferd müde – und Fordham kam kurz vor dem Pfosten so stark auf, daß er mit einem Hals gewann. Archer sagte danach zu einem Freund, daß er immer darüber im Bilde sei, was seine Gegner zu tun beabsichtigen – nur bei Fordham wisse er es nicht.

George Fordham war ein wundervoller Jockey. Es gibt nicht wenige, die der Meinung sind, daß er Archer durchaus ebenbürtig gewesen sei. Der bessere Horseman war er ohnehin. Nie ritt er ein Pferd voll aus, wenn er glaubte, mit diesem später noch gewinnen zu können. Die Zahl seiner Siege beträgt 2369. Unter den gewonnenen Rennen befinden sich 15 klassische. Im Derby war er allerdings nur einmal erfolgreich. Fred Archer dagegen gewann das berühmteste Rennen des Turfs fünfmal in England und zweimal in Frankreich. Dabei bot er vor allem auf ›Bend Or‹ – den er 1880 zum Derbysieg ritt – eine bewundernswerte Leistung.

»Wir geraten wegen großartiger Rennen nicht so schnell aus dem Häuschen, weil es für uns normal ist, so etwas zu sehen«, sagte Matthew Dawson nach Archers Bravourritt. »Aber als Fred das Derby mit ›Bend Or‹ gewann, war auch ich mehr als begeistert.«

›Bend Ors‹ Gegner im Epsom-Derby von 1880 war ›Robert the Devil‹ – der im Nu an die Spitze ging, als das Feld in die Gerade kam. Der Sieg schien ihm sicher. Aber Archer setzte sich tief und ritt, als ob es um sein Leben ginge. Der Abstand zwischen ›Bend Or‹ und ›Robert the Devil‹ wurde immer geringer. Dann erschien der Hengst des Herzogs von Westminster an der Seite seines sich verzweifelt wehrenden Gegners. Dessen Jockey schwang die Peitsche – und so war ›Robert the Devil‹ kurz vor dem Pfosten noch immer im Vorteil. Archer jedoch konnte noch zulegen. Er war ja berühmt dafür, daß er die Pferde besonders während der letzten Galoppsprünge entscheidend in Front bringen konnte. Seine große Kunst bestand auch darin, dafür den genau richtigen Moment zu wählen. In diesem Fall schien er ›Bend Or‹ mit allen ihm zur Verfügung stehenden Kräften förmlich hochzuheben und nach vorn zu wuchten. Der Erfolg dieser Anstrengung war, daß ›Bend Or‹ knapp gewann.

Der Sieg war neben der Klasse des Pferdes Archers großartiger Jockeyship zu verdanken, der sein Konkurrent nichts entgegenzusetzen hatte. Er ist um so bemerkenswerter, weil er praktisch mit nur einem Arm herausgeritten wurde – anderenfalls wäre er sicherlich deutlicher ausgefallen.

Archer war am 1. Mai des Jahres von einem Pferd gebissen worden, wobei sein rechter Arm schrecklich zerfleischt wurde. Als Sir James Paget – ein Chirurg – die Wunde behandelte, wollte der Jockey von ihm wissen, wie lange die Heilung dauern würde. Dabei kam es zu folgendem Dialog.

»Ich glaube, daß Ihr Arm in drei oder vier Wochen wieder in Ordnung sein wird.«

»Schön. Aber werde ich fit für das Derby sein?«

»Ja – ich glaube, Sie werden zum Derby gehen können.«

»Sie verstehen mich nicht ganz richtig, Sir James. Werde ich so weit hergestellt sein, daß ich reiten kann?«

»Besser fahren, Mr. Archer, besser fahren.«

»Sir, ich fürchte, Sie wissen nicht, um wen es sich hinsichtlich meiner Person handelt.«

»Nein, ich weiß nur, daß ich die Ehre habe, Mr. Archer zu behandeln. Aber...«

»Gut – dann erlauben Sie mir, Ihnen mitzuteilen, daß ich in meinem Beruf eine ebenso große Kapazität bin wie Sie in Ihrem.«

Danach legte Fred Archer dem Mediziner die Art seiner Profession dar, sagte ihm, daß er eine Derbyverpflichtung habe und ungefähr 2000 Pfund verlieren würde, wenn er diese nicht wahrnehmen könne.

Worauf Sir James antwortete: »Sie haben gut sagen, daß Sie in Ihrem Beruf eine ebensolche Größe sind, wie ich in meinem. Ich wünschte, ich würde mit meiner Arbeit nur halb soviel verdienen wie Sie mit Ihrer!«

Als Fred Archer ›Bend Or‹ im Derby ritt, war die Verletzung noch nicht geheilt. Der Arm war geschient, bandagiert und keineswegs voll funktionsfähig. Daß das Rennen trotz dieses enormen Handicaps siegreich beendet wurde, ist mehr als bezeichnend für die Reitkunst und Energie dieses legendären Jockeys.

Den Dress und die Kappe, die Archer in jenem denkwürdigen Derby trug, konnte man übrigens vor nicht allzu langer Zeit im Hintergrund des Ladens von Ducker Gilbert bewundern – des Ausrüsters der englischen Jockeys, der seinen Shop in Newmarket hat.

Allerdings ist das Derby von 1880 nur eine Begebenheit von vielen, die beweist, wie großartig zu reiten Archer imstande war und mit welcher Entschlossenheit er potentielle Siegritte wahrnahm. Er war überhaupt sehr darauf erpicht, in den bedeutenden Prüfungen die besten Pferde zu reiten. Auch im Manchester Cup von 1881 war das der Fall.

In diesem Rennen wollte Fred Archer gern das Pferd ›Peter‹ reiten. Aber dessen Besitzer Sir John Astley hatte für den Ritt schon Charles Wood verpflichtet und sah keinen Grund, diesen guten Jockey wieder vom Pferd zu setzen. Daher ritt Archer ›Valour‹ – und zwar so brillant, daß er gewann. Astley soll durch die Niederlage ›Peters‹ 12 000 Pfund verloren haben.

›Valour‹ gewann das Rennen nur durch ein Meisterstück von Archer. Der wußte genau, daß das Pferd kein Steher war und die Distanz von 2800 m nicht siegreich bewältigen konnte. Daher ritt Archer praktisch zwei Rennen. Über den größten Teil der ersten Meile trieb er den Hengst, dann gab er ihm eine Verschnaufpause, und in der Geraden brachte er ihn noch einmal für das »zweite« Rennen. Das langte genau bis zum Zielpfosten und um ›Peter‹ sensationell zu schlagen.

Nachdem Archer im gleichen Jahr Partner seines ehemaligen Lehrherrn Matthew Dawson geworden war, heiratete er 1883 dessen Nichte Nellie. Die Ehe bestand nur 20 Monate; denn Mrs. Archer starb – erst 23jährig – im November 1884 nach der Geburt einer Tochter. Der Tod seiner Frau brach Fred Archer fast das Herz. Fortan war er nicht mehr der gleiche Mann. Wenn es eine Leistung zu erzielen galt, konnte er sich schinden und quälen. Dabei war er – wie wir wissen – gegen sich selbst von gnadenloser Härte. Seelischen Druck aber konnte er, wie viele erfolgreiche Männer, kaum aushalten. Um sich abzulenken, nahm er eine Einladung nach Amerika an. Am 15. November 1884 stach er mit der Bothnia in See. In den USA ging er allerdings kaum zu Rennen und ritt dort auch nicht. Er bereiste von New York aus das Land intensiv und war unter anderem in Chikago, New Orleans und Kentucky – wo bereits damals die besten amerikanischen Vollblüter gezüchtet wurden.

Als er 1885 nach England zurückkehrte, war er heiteren Gemüts und voller Tatendrang. Die Saison wurde dann auch die beste seiner ruhmvollen Laufbahn. Er gewann 246 Rennen, unter denen sich die 2000 Guineas, das Derby, die Oaks, das St. Leger und der Grand Prix de Paris befanden. Fred Archer erreichte in diesem Jahr den Zenit seines Ruhms. Die Begegnung mit dem möglicherweise besten Pferd, das er je ritt, stand ihm aber noch bevor.

Im Verlauf seiner einmaligen Karriere als Jockey saß er im Sattel einer Reihe von außergewöhnlichen Pferden. Zu diesen zählt auch ›Ormonde‹, der nicht nur die 2000 Guineas, das Derby und das St. Leger gewann – also die Triple Crown des englischen Turfs –, sondern auch zu der kleinen Gruppe jener Pferde gehört, die niemals geschlagen wurden. Sein enormes Leistungsvermögen hatte er sowohl von seinem Vater ›Bend Or‹ als auch von seiner Mutter ›Lily Agnes‹ geerbt. Letztere soll als Rennpferd ziemlich fleischig, unregelmäßig, lendenlahm und hängeohrig gewesen sein. Ihrer Galoppierfähigkeit tat das allerdings keinen Abbruch, denn ›Lily Agnes‹ gewann nicht weniger als 21 Rennen.

›Ormonde‹ war ihr drittes Fohlen und von der Sorte, die langsam reift. Aber nach und nach entwickelte er sich zu einem blendend aussehenden, kraftstrotzenden Pferd – und als er vom Gestüt kommend im Rennstall eintraf, war Trainer John Porter der Meinung, daß der Hengst der beste Jährling sei, den er je erhalten habe. Er sollte recht behalten.

›Ormonde‹ gewann alle Rennen, in denen er aufgeboten wurde, und galt als unschlagbar. Einmal mußte er sich allerdings über Gebühr anstrengen und siegte nur mit einem Hals. Das freilich hatte Gründe. Erstens litt er zu diesem Zeitpunkt bereits an einer krankhaften Veränderung der Stimmbänder – die ihn in der Folge zum Kehlkopfpfeifer machte – und zweitens wurde er in jenem Rennen überaus hart angaloppiert. Daß er trotzdem gewann und dabei ein so erstklassiges Pferd wie ›Minting‹ schlug, das immerhin den Grand Prix de Paris gewonnen hatte, spricht für seine überragenden Fähigkeiten. Die zeigte er vor allem in den klassischen Rennen des Jahres 1886. Die 2000 Guineas gewann er trotz hartnäckigster Gegenwehr seiner Konkurrenten so klar, daß daraufhin einige sehr gute Pferde für das Derby gestrichen wurden. Man tat gut daran, denn in Epsom zeigte er sich dann weiter verbessert und siegte im Canter mit eineinhalb Längen Vorsprung. Im St. Leger schließlich passierte ›Ormonde‹ ebenso selbstverständlich als Erster den Zielpfosten wie in seinen früheren Rennen.

Der Hengst war ohne Zweifel ein Gigant unter seinesgleichen. Aber war er das beste Pferd, das Fred Archer je ritt? Die Antwort auf diese interessante Frage gab der Jockey selbst. Als er einst nach einem Rennen von ›Ormonde‹ absaß, wurde er von einem der Umstehenden gefragt, welches von allen Pferden, die er geritten habe, denn nun das beste gewesen sei. Rundum verbreitete sich peinliche Stille. Man schaute sich konsterniert an und schüttelte den Kopf über die törichte Frage. Hatte denn ›Ormonde‹ nicht vor wenigen Minuten ein weiteres Beispiel seines fabelhaften Könnens gezeigt? Hatte der Mann denn keine Augen im Kopf? Das Pferd war doch sagenhaft und Archer hatte nie ein besseres geritten. Der aber drehte sich, schon auf dem Weg zur Waage begriffen, um und erwiderte: »St. Simon.«

Über den Ausnahmehengst des Herzogs von Portland braucht an dieser Stelle nichts mehr gesagt zu werden, da seine Leistungen als Rennpferd und Vererber bereits im ersten Teil dieses Buches geschildert wurden.

Am 22. Oktober 1886 erhielt Fred Archer ein Telegramm, dessen Inhalt die Dinge ins Rollen brachten, die zu seinem Tode führten. Es lautete: »Mein Pferd ›St. Mirin‹ läuft im Cambridgeshire. Ich rechne damit, daß Sie es reiten. Montrose«

Archer sagte zu, obwohl er wußte, daß er fürchterliche Strapazen auf sich nehmen mußte und fast verhungern würde, um das erforderliche Gewicht zu bringen. In Wirklichkeit hatte er nämlich schon beschlossen, nicht mehr unter 55,5 kg zu reiten. Ein Sieg im Cambridgeshire aber fehlte ihm noch. Neben dem Ascot Gold Cup war es das einzige Rennen, das er noch nicht gewonnen hatte. Seine Freunde warnten ihn. Harry Custance – früher selbst ein erfolgreicher Jockey und nun einer der begehrtesten Starter – sagte:

»Du glaubst doch nicht im Ernst, daß Du im Cambridgeshire 54 kg reiten kannst?«

»Natürlich werde ich das Gewicht auf die Waage bringen. Den Winter über habe ich genügend Zeit, um mich zu erholen.«

»Fred, ich habe viele Jockeys gekannt, die sich mit Abführtabletten gewaltsam leicht hielten. Am Ende einer Saison konnte man sie auspusten wie eine Kerze.«

»Ob ich verlösche oder nicht: ich werde ›St. Mirin‹ reiten – denn ich möchte auch dieses Rennen gern gewinnen. Aber wenn es wieder nicht klappt, werde ich es nie mehr versuchen!« Das waren prophetische Worte!

Im Cambridgeshire benutzte Fred Archer den leichtesten Sattel und trug nur das nötigste am Leibe. Trotzdem ritt er mit etwa einem Pfund Übergewicht. Alle Anstrengungen, das geforderte Limit zu erreichen, waren also vergeblich gewesen. Der ausgemergelte Körper und die seit vielen Jahren geschundene Physis waren verschlissen.

Es war ein großes Rennen. Aber ›St. Mirin‹ wurde um einen Kopf geschlagen. Das wäre nicht schlimm gewesen. Doch die mit den Vorbereitungen auf das Cambridgeshire verbundenen Anstrengungen und das Rennen selbst – in dem sich Archer stark erkältete – legten den Keim zu der Krankheit, die dem König der Jockeys das Leben kosten sollte.

Nach dem Cambridgeshire-Meeting stieg Fred Archer noch auf zwei weiteren Veranstaltungen in den Sattel, zuletzt in Lewes. Dort sah man ihn auf ›Tommy Tittlemouse‹ zum letzten Mal auf dem Rücken eines Pferdes. Danach fühlte er sich so schlecht, daß er sofort nach Hause fuhr. Die an das Krankenbett gerufenen Ärzte diagnostizierten hohes Fieber und eine typhoide Infektion. Obwohl sich sein Befinden in wenigen Tagen besserte, griff Fred Archer am 8. November 1886 kurz nach 14.00 Uhr zum Revolver und beging entweder im Fieberdelirium oder im Verlauf einer depressiven Gedankenverwirrung Selbstmord. An letztere Version glaubte jedenfalls sein Hausarzt Dr. Wright. Das offizielle Bulletin zu seinem Tode lautete dann auch: »Das Ableben erfolgte durch Selbstmord in einem Moment geistiger Umnachtung.«

Der Tod von Fred Archer wurde in der ganzen galoppsporttreibenden Welt mit Bestürzung aufgenommen. Selbst auf der kleinsten Provinzbahn, irgendwo in Australien oder Amerika, herrschte bei Bekanntwerden der traurigen Nachricht minutenlanges, ergriffenes Schweigen. In England selbst hätte der Tod eines Mitglieds der Royal Family keine größere Trauer hervorrufen können als das plötzliche Hinscheiden des vergötterten Jockeys. Die Zeitungshäuser in Londons Fleet Street stoppten die Rotationsmaschinen, um in großer Eile Sonderausgaben zu drucken. Als sie erschienen, kam in der Innenstadt der Verkehr zum Erliegen, so sehr stauten sich die Menschenmassen. Nicht anders war es am 11. November in Newmarket, als Fred Archer zur letzten Ruhe gebettet wurde.

In einer Zeit, in der es wie in keiner anderen Periode des Rennsports eine große Zahl von Klassejockeys gab, war Fred Archer primus inter pares.

Aber war er der beste Jockey, der jemals auf dem Rücken eines Pferdes saß? Vieles spricht dafür. Um diese Frage jedoch klipp und klar beantworten zu können, müßte man eine Reihe von Vergleichen anstellen. Und das ist schwer. Da die verschiedensten Bedingungen im Turf immer wieder einem Wechsel unterworfen waren, kann man kaum zu einem objektiven Urteil kommen. Lassen wir's dabei, daß Fred Archer in seiner Branche ein Genie war. Er hat mit seiner phänomenalen Jockeyship zu viele Rennen gegen wirkliche Ausnahmereiter gewonnen – und zu viele, die er eigentlich hätte verlieren müssen.

»Der Prüfstein für einen guten Jockey sind nicht die gewonnenen Rennen, die er ohnehin gewinnen mußte – es sind diejenigen, die er gewinnt, obwohl er sie nicht zu gewinnen brauchte«, sagte Charlie Smirke einmal, der 50 Jahre nach Fred Archers Tod eine Größe im Rennsattel war und eine lange Reihe bedeutender Sieger für den Aga Khan ritt. Wobei wir schon fast in der Jetztzeit sind; denn Charlie Smirke gab das Rennreiten erst 1959 auf, nachdem er ein Jahr zuvor mit ›Hard Ridden‹ noch im Derby erfolgreich war.

Es ist einmal gesagt worden, daß die Kunst des Rennreitens nie zuvor einen solchen Gipfel erreicht habe wie in Fordhams und Archers Tagen. Das mag stimmen. In ihrer Art aber war es bereits eine sterbende Kunst. Als man Fred Archer zur letzten Ruhe geleitete, waren auch zur Grabaushebung der alten Reitweise schon die ersten Spatenstiche getan worden. Weit weg von England freilich. Fern in Amerika.

Der neue Reitstil und eine effektivere Art, die Pferde auf ihre Aufgaben vorzubereiten, eroberten jedoch schon bald auch das Mutterland von Vollblutzucht und Galopprennsport. Bereits 1881 hatte der in den USA gezogene und vom Yankee-Trainer Jacob Pincus betreute Hengst ›Iroquois‹ das Derby gewonnen. 1897 kam Tod Sloan dann nach England – kurze Zeit danach seine amerikanischen Landsleute J. H. Martin, Danny Maher sowie die Brüder Lester und Johnny Reiff. Bereits jenseits des Atlantiks waren sie erfolgreiche Jockeys – nun wurden sie es auch diesseits.

Lester Reiff beispielsweise gewann schon 1900 das englische Championat. Immer stärker unterhöhlten amerikanische Praktiken jetzt einige der alten Traditionen. Und wenn die einheimischen Trainer die »ausländischen Teufel« zunächst noch geringschätzig verspottet hatten, so mußten sie bald einsehen, daß deren Methoden der Entwicklung des Rennsports wertvolle Impulse gaben. Nicht nur ein neues Jahrhundert brach an – auch ein neues Zeitalter im Turf.

*Die »spindeldürre Karikatur«
Fred Archers*

Psychologe in Sachen Vollblut: Steve Donoghue

Die Reihe der Namen, die das Erbe von James Forman Sloan antraten, ist lang und reicht bis in unsere Tage. Unter den Abertausenden von Jockeys, die seit der Einführung des amerikanischen Sitzes im Rennsattel Ruhm und Ehre suchten, findet man allerdings nicht viele, deren Leistungen und Persönlichkeit den Rahmen des Durchschnittlichen sprengen. Ein solcher Mann war jedoch Stephan Donoghue.

Als er 1884 im kohleverrußten Warrington als Sohn eines Hüttenarbeiters geboren wurde, wagte dem kleinen Steve keiner zu prophezeien, daß er eines Tages zu den populärsten englischen Jockeys aller Zeiten gehören würde. Rund 25 Jahre später aber war er diesem Ziel ein bedeutendes Stück näher gekommen. Auf Umwegen freilich: denn die ersten Siege seiner Laufbahn feierte Steve Donoghue in Frankreich und Irland. Erst ab 1908 ritt er in England. Und zwar mit solchem Erfolg, daß er zehnmal hintereinander Champion Großbritanniens wurde.

Steve Donoghue liebte die Pferde und die Pferde liebten ihn. Intuitiv wie kein Zweiter vermochte er das Wesen des Vollblüters zu ergründen und zu erfassen. »Deswegen haben die Pferde auch immer ihr Bestes für mich gegeben«, schlußfolgerte er dann auch daraus.

Bei ›Humorist‹ – dem Derbysieger von 1921 – scheint das in besonderem Maße der Fall gewesen sein. Der Hengst war ein sehr gutes Pferd, gab seiner Umgebung hinsichtlich seines Gesundheitszustandes allerdings große Rätsel auf. Er vermochte nämlich an einem Tag wie das blühende Leben auszusehen, um am anderen alle Zeichen einer schweren Krankheit zu zeigen – die dann doch nicht ausbrach. Auch im Rennen war das mitunter so. Während er in einem aufopfernd kämpfte, steckte er im anderen auf. Daher war er im Derby auch nicht Favorit. Trotzdem gewann er mit einem Hals. Kurz danach löste sich das Rätsel um ›Humorist‹. Als der berühmte Pferdemaler Sir Alfred Munnings den Hengst porträtierte, sah er eines Nachmittags – als er vom Mittagessen zu seiner Arbeit zurückkehrte – Blut aus dem Stall sickern. Als man die Tür öffnete, lag der Derbysieger tot auf dem Boden. Die Autopsie ergab, daß ›Humorist‹ nur einen Lungenflügel hatte.

»Ich liebte den kleinen Hengst wie ein Kind. In allen Rennen ritt ich ihn mit der größten Zärtlichkeit, deren ich fähig bin. Es war seine Liebe zu mir, die ihn veranlaßte, so mutig zu kämpfen und das größte Rennen der Welt mit nur einer Lunge zu gewinnen, die sein unerschütterliches Herz nährte. Er war das tapferste Pferd, das jemals gelebt hat«, sagte Steve Donoghue danach. ›Humorist‹ war aber nur einer der bemerkenswerten Vollblüter, die der auffallend kleine Jockey ritt. Ein anderer war der Flieger ›The Tetrarch‹, das schnellste Rennpferd, das es jemals gegeben haben soll. Steve Donoghue bezeichnete ›The Tetrarch‹ – den man wegen seiner vielen weißen Flecken »Spotted Wonder« nannte – als ein Geschoß in Tierform.

Der Hengst, der als Zweijähriger sieben Rennen hintereinander gewann und als Dreijähriger aufgrund einer Verletzung nicht mehr starten konnte, muß eine Laune der Natur gewesen sein; denn woher er seine phantastische Schnelligkeit hatte, ist unerklärlich. Sein Vater ›Roi Herode‹ gewann nämlich nur ein paar längere Handicaps. Im Gestüt war das Wunderpferd zwar nicht gerade ein Ausfall, zeugte in 20 Jahren jedoch nur 130 Fohlen. 80 davon gewannen Rennen, unter denen sich vier klassische befanden.

Steve Donoghue ritt bis 1937. In jenem Jahr steigerte er seine Erfolge in den Classics durch Siege in den 1000 Guineas und den Oaks auf vierzehn. Mehr erreichte auch der Jockey nicht, mit dem Steve Donoghue bereits in den letzten zehn Jahren seiner Karriere die Gunst des Publikums teilen mußte. In der Summe seiner Gesamterfolge und Meisterschaften aber übertraf dieser jenen bei weitem. Es war Gordon Richards, der in 23 834 Rennen 4870 Sieger ritt und von 1925 bis 1953 sechsundzwanzigmal Champion der englischen Jockeys war.

Sein Aufstieg vom bettelarmen Bergmannssohn zum gefeierten Rennreiter und Ritter des englischen Königreiches mutet zwar wie ein modernes Märchen an, beweist aber letzten Endes nur, was menschlicher Wille im Verein mit Begabung zu leisten imstande ist.

Der Wille zum Sieg: Gordon Richards

An einem Sommertag des Jahres 1953 nahm im Thronsaal des Buckingham Palastes Elizabeth II. – sie war gerade erst zur Königin von England gekrönt worden – die feierliche Akkolade all jener vor, die sie wegen ihrer Verdienste in den Ritterstand erheben wollte. In einem Zimmer – das nicht weit vom Ort dieser Handlung entfernt war – schritt ein kleiner, säbelbeiniger Mann nervös hin und her. Er war nicht mehr jung, sondern stand am Vorabend seines 50. Geburtstages. Daher hatte er allen Anlaß, in diesen Minuten auf sein Leben zurückzublicken.

Gordon Richards wurde 1904 in Shropshire geboren, wo sein Vater als Bergmann arbeitete. Damals gab es keine Sozialgesetze, die die Bürger vor Hunger und Kälte schützten. Die Söhne der großen Familie mußten die Volksschule daher schon frühzeitig verlassen, um zum Unterhalt beizutragen. Gordon begann als Lehrling im Büro eines Bergwerks. Aber er liebte das Leben in Gottes freier Natur mehr als das Einerlei des erwählten Berufes und beantwortete eines Tages das Inserat von Trainer Martin Hartigan, der einen Jockeylehrling suchte. Er war noch nicht fünfzehn Jahre, als der Vater dem Drängen des Sohnes schließlich nachgab und ihn zu Hartigan in die Ausbildung schickte. Der Aufstieg begann langsam, war aber in keiner Phase aufzuhalten. Bereits 1921 ritt Gordon Richards seinen ersten Sieger und begann damit eine Karriere ohnegleichen. Vier Jahre später – als er gerade mündig geworden war – gewann er zum erstenmal die Meisterschaft der englischen Jockeys, der fünf-

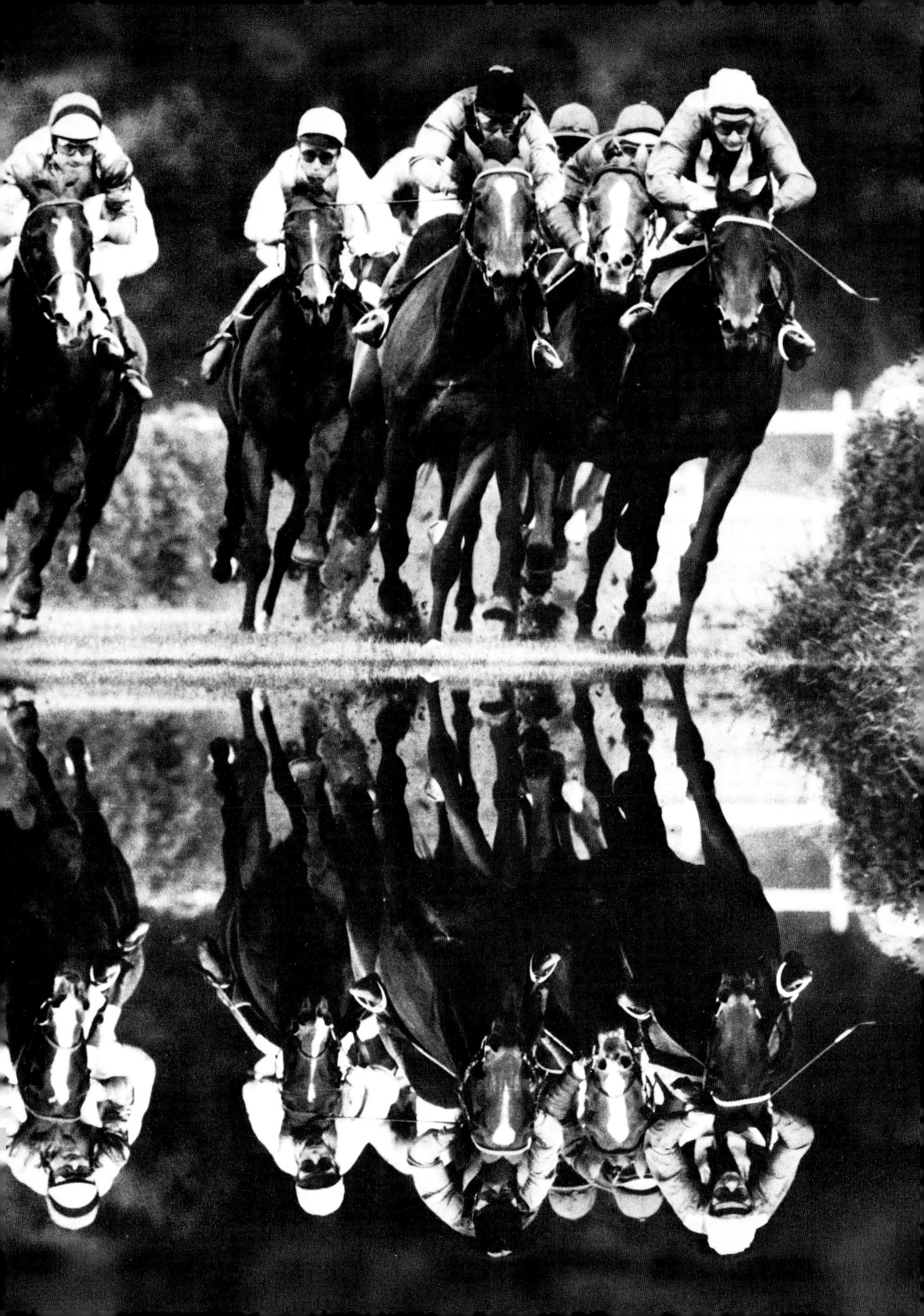

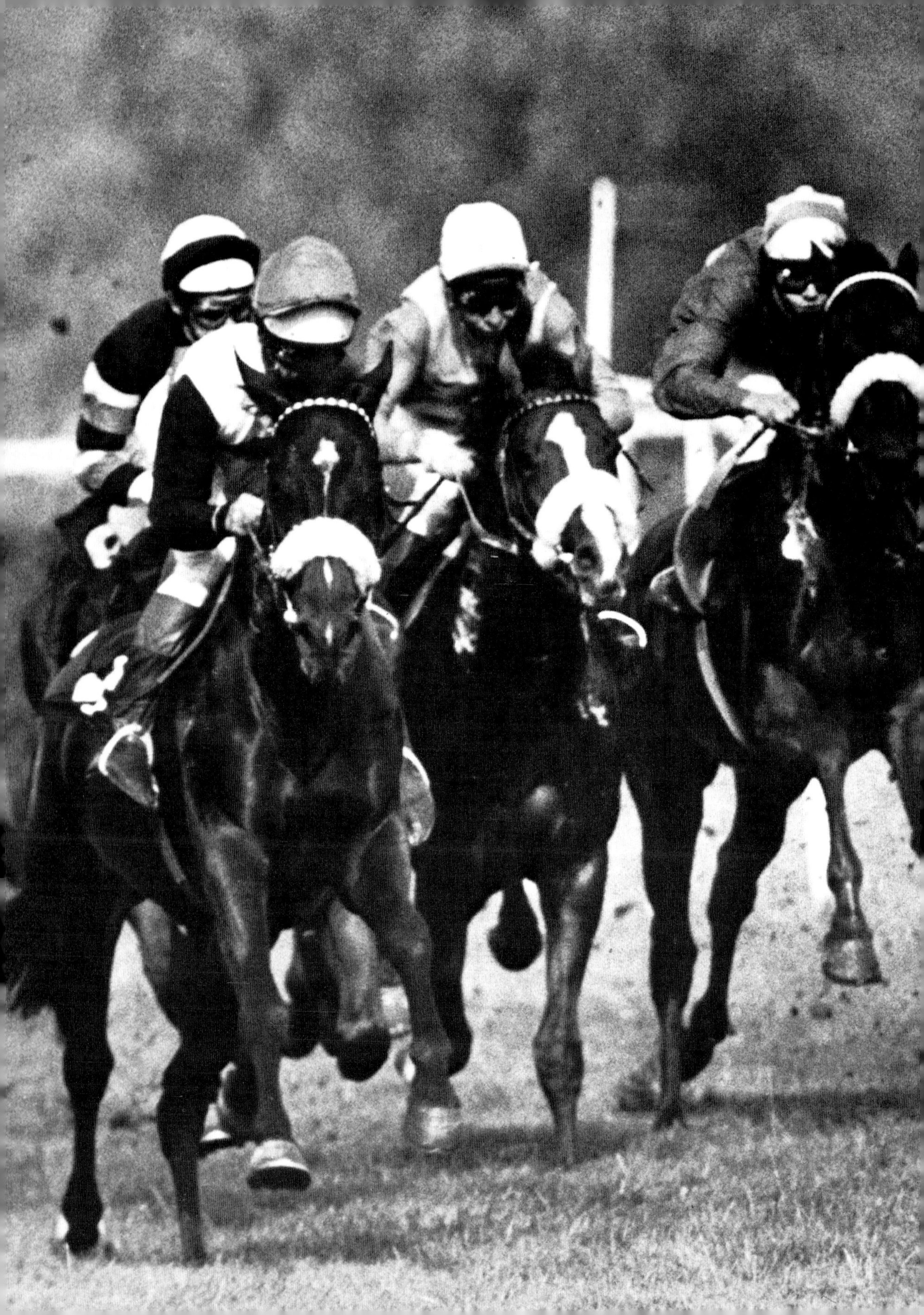

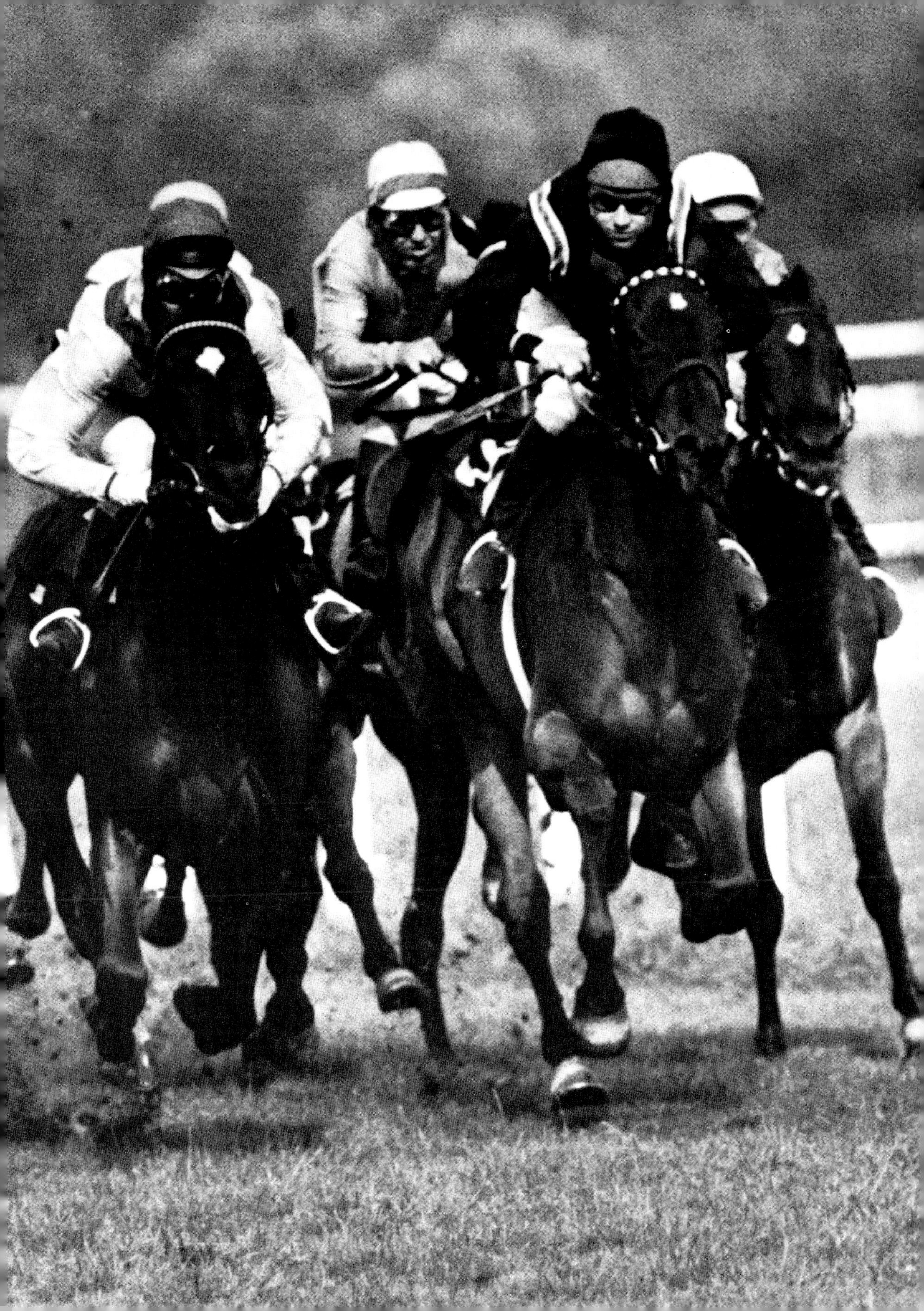

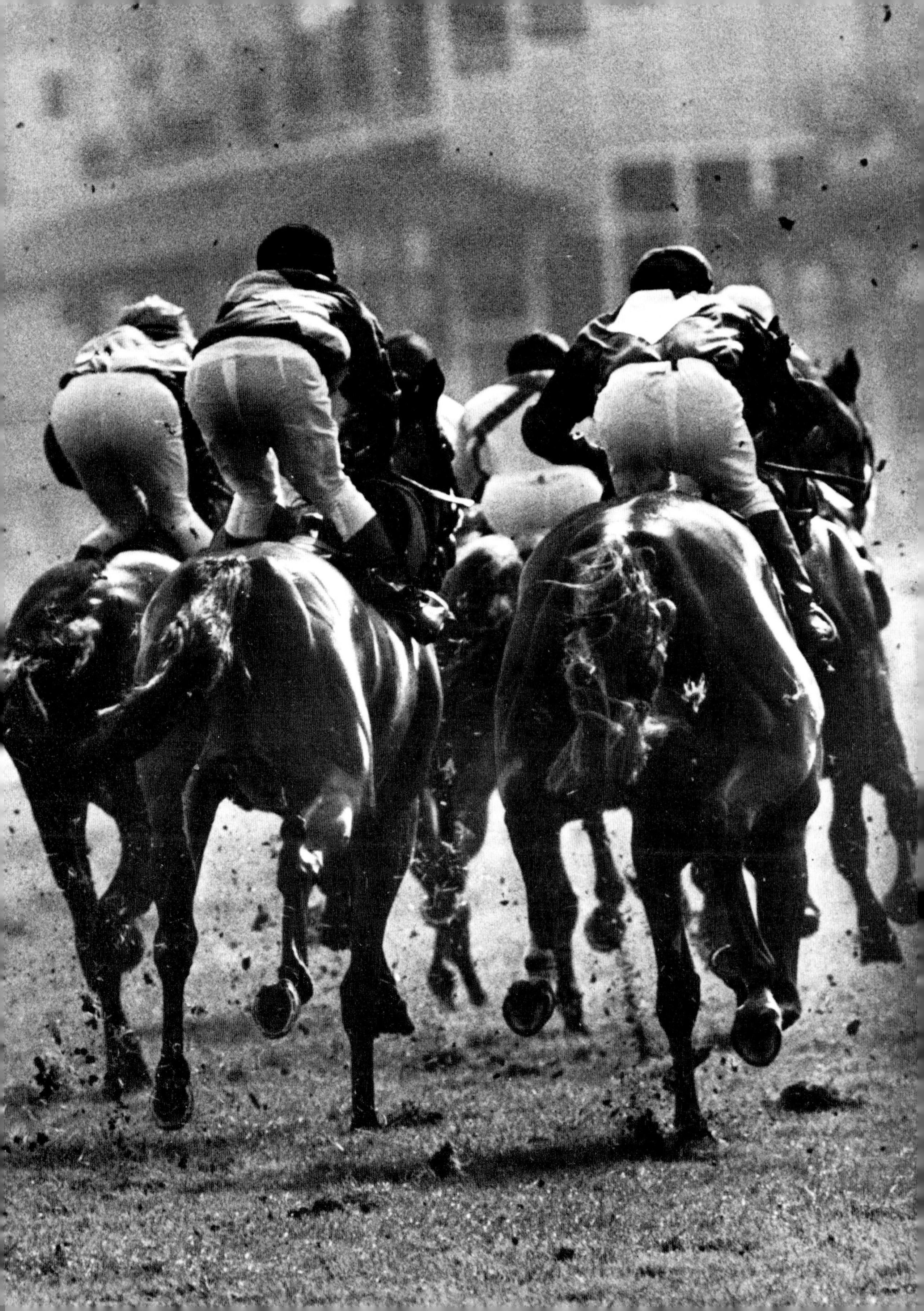

undzwanzig weitere Championate folgten. Natürlich gab es auch Rückfälle und durch Stürze lange Pausen erzwungener Untätigkeit. Unter anderem hätte das Vorstadium einer Tuberkulose dieser glänzenden und in Europa einmaligen Laufbahn 1926 beinahe ein frühes Ende bereitet.

Trotz der gediegenen und sorgfältigen Ausbildung durch erstklassige Trainer aber hätte auch Gordon Richards vielleicht niemals die oberste Sprosse der Karriereleiter erklommen, wenn er nicht ein geborener Jockey gewesen wäre. Er war sicher kein großer Stilist – ansonsten beherrschte er jedoch alles, was man braucht, um erfolgreich Rennen zu reiten. Vor allem eines verstand er: sich den temperamentvollen Launen des Vollbluts anzupassen. Jedes Pferd, auf dem er Seide zu tragen hatte, studierte er so genau wie möglich, um das Maximum des Erreichbaren aus ihm herausholen zu können. Der Aga Khan behauptete einmal, daß Gordon Richards stets den Willen zum Sieg gehabt hätte. In diesem Lob lag die Quintessenz seiner Erfolge – die um so bemerkenswerter ist, als er nie in Konflikt mit den Rennbehörden geriet.

Während Gordon Richards auf den Ritterschlag wartete, dachte der kleine große Mann an alle Niederlagen und Triumphe seines Lebens. Da waren jene zwölf Siege, die er ohne Unterbrechung errungen hatte. Da waren die Erfolge in den klassischen Rennen, von denen er je dreimal die 1000 und die 2000 Guineas, zweimal die Oaks und fünfmal das St. Leger gewann. Da war aber auch jenes sprichwörtliche Pech, das ihm stets den Sieg im Derby vorenthielt. Nachdem er vorher bereits viermal auf placierten Pferden gesessen hatte, wandte ihm Fortuna aber schließlich auch hier ihr Antlitz zu. Vor wenigen Wochen erst hatte er mit ›Pinza‹ seinen stolzesten Erfolg gegen ›Aureole‹ errungen – gegen jenen Hengst, der die Farben seiner Königin trug. Immer noch gellte ihm das Geschrei der Menge in den Ohren, die ihn an jenem Maitag in Epsom mit dem Ruf »come on, Gordon« angefeuert hatte.

Die Türen werden geöffnet. Ein livrierter Kammerherr fordert Gordon Richards auf, ihm zu folgen. Inmitten des festlich gekleideten Hofstaats und unter dem Beifall der vielen geladenen Gäste schreitet Gordon Richards über das schimmernde Parkett dem Thron zu, auf dem seine Königin sitzt – die ihn erhöhen will, um mit dieser Geste gleichsam den ganzen Sport zu ehren. Einen Moment später kniet der Bergarbeitersohn vor der Frau, mit der er die Liebe für das Pferd teilt.

Kurz darauf berührt Elizabeth II. mit dem Schwert die Schulter des Jockeys: »Ich schlage dich zum Ritter, Gordon Richards!«

Dann steht Sir Gordon auf, um seiner Landesherrin die Hand zu küssen. Anschließend stehen beide minutenlang in vertrautem Gespräch.

Später rieten die Zeitungen lange herum, worüber sich Königin und Ritter unterhalten hatten. Die erste Dame des Inselreiches wollte genau wissen, ob ihr Pferd ›Landau‹ in seinem nächsten Rennen eine Chance haben würde. Es war sehr englisch – aber auch sehr sportlich –, in jener feierlichen Stunde über Pferde, den Turf und die glorreiche Ungewißheit sportlichen Glücks zu sprechen.

Als sich Sir Gordon 1954 nach einem Unfall in Sandown vom Rennreiten zurückzog, hatte er nicht nur die Erfolge des genialen Fred Archer übertroffen, sondern an Zahl der Siege und Meisterschaften einen Maßstab gesetzt, der bis heute in Europa unerreicht ist – und mit an Sicherheit grenzender Wahrscheinlichkeit auch unerreicht bleiben wird.

In seiner und Steve Donoghues Zeit gab es selbstverständlich noch andere Jockeys, die aus ihrem Können eine Kunst machten. Jockeys wie Danny Maher, Frank Wootton, Joe Childs, Brownie Carslake, Tommy Weston, Rae Johnstone – der in England, Irland und Frankreich 30 klassische Sieger ritt –, Harry Wragg oder Charlie Smirke. Nach Meinung der Experten brachten sie die Jockeyship auf einen Standard, den man heutzutage vergeblich sucht. Angesichts der Erfolge eines Lester Piggott, um nur ein Beispiel zu nennen, ist das schwer verständlich. Aber wie so oft kommt es auch hier nicht nur auf den Erfolg als solchen an, sondern auch darauf, wie er erreicht wird – meinen jedenfalls die Ästheten.

A propos Lester Piggott: ihm ist es gleich, wie er gewinnt – Hauptsache, er tut es. Und das ist sehr oft der Fall.

Der Eiskalte aus England: Lester Piggott

Am 7. Oktober 1973 übersprang Lester Piggott in seiner an äußeren Gefühlsregungen armen Empfindungsskala einige Stufen. Er lachte. Der sonst stets etwas mürrisch dreinblickende englische Starjockey hatte dafür einen der besten Gründe, den ein Rennreiter haben kann: vor wenigen Minuten – fast auf die Sekunde genau um 16.55 Uhr – hatte er mit ›Rheingold‹ den Prix de l'Arc de Triomphe gewonnen und dem Stoff seiner Träume eine weitere Elle hinzugefügt.

Der als geldgierig verschriene, leicht sprechbehinderte und schwerhörige Piggott dachte in diesem Augenblick sicher nicht daran, daß er eben um mindestens 75 000 DM reicher geworden war. Ihm war nur bewußt, daß er dieses vermaledeite Rennen nun doch einmal als Sieger beendet hatte. Das Rennen, das ihm in seiner einmaligen Erfolgsstatistik noch fehlte. Das ihm bereits im Traum erschienen war – und von dem er glaubte, es sei verhext und er, Lester Piggott, würde es nie gewinnen können. Wie oft hatte er es versucht. Immer war er gescheitert. Er, der Erfolgreiche. Von dem die Mär geht, er brauche sich nur auf ein Pferd zu setzen und es gewinnt.

Vergessen waren jetzt alle Niederlagen im Prix de l'Arc de Triomphe. Vergessen vor allem die von 1970 – die ihn mehr peinigte als seine Magengeschwüre. Damals saß der bleichgesichtige Engländer auf dem ungeschlagenen ›Nijinsky‹, in dem viele schon das Pferd des Jahrhunderts sahen. Was konnte da schon schiefgehen? Man glaubte, daß der Hengst mit seinem fulminanten Speed auch den Arc gewinnen würde. Aufgrund dieser Annahme wurden auf ihn enorme Summen gesetzt. Aber ›Nijinsky‹ gewann nicht. Im entscheidenden Moment kam er an ›Sassafras‹ – dem französischen Derbysieger mit Yves St. Martin im Sattel – nicht vorbei. Nach einem von seinem Jockey vergeigten Rennen war ›Nijinsky‹ einwandfrei geschlagen, der Nimbus der Unbesiegbarkeit erloschen. Am nächsten Tag nagelten die Kritiker Lester Piggott an die Balken ihrer Schlagzeilen.

Auch einem Genie kann solches passieren. Piggott ist eines. Zumindest im Rennsattel. Freilich bringt er dafür Voraussetzungen mit, die in der Gilde der Sattelakrobaten nicht gang und gäbe sind.

Zunächst einmal ist der am 5. November 1935 geborene Reiter gezogen wie ein Jockey. Seine Mutter ist eine geborene Rickaby und gehört mit ihrer Familie zu den englischen Jockey-Dynastien. Sein Vater Keith – früher ein bekannter Trainer – war in jüngeren Jahren einer der furchtlosesten Hindernisreiter. Das konnte auch Großvater Ernest für sich in Anspruch nehmen: er gewann dreimal das schwerste Hindernisrennen des Galoppsports, das Grand National. Die Urahnen Tom, Mornington und Kampton Cannon siegten alle im englischen Derby – das auch Lester gewann. Und zwar achtmal! Schließlich machte der jüngste Sproß des rennreitenden Clans auch in der Wahl seiner Ehefrau keine Ausnahme. Er heiratete Susan Armstrong, die aus einer berühmten und alteingesessenen Trainerfamilie stammt und selbst Rennen geritten und gewonnen hat.

Das alles macht aber noch keinen Reiter. Die Verdienste der Ahnen mögen noch so groß sein – Siege kann man mit ihnen nicht erringen. Wohl aber mit dem, was Generationen von Jockeys und Trainern weiter vererbten: nämlich das Gespür für Pferde und das Talent, sie zu reiten. Beides besitzt Lester Piggott in hohem Maße. Zu diesen Eigenschaften gesellen sich außergewöhnlich gute Nerven und ein Zeitgefühl, das die Pace in jeder Phase des Rennens auf die Sekunde genau beurteilen kann. Der Rest ist Routine, Disziplin und unbeugsames Durchsetzungsvermögen – das Piggotts Gegner mitunter nicht zu Unrecht als Rücksichtslosigkeit gegenüber den Kollegen bezeichnen. In der Tat sctzt der Jockey zur Erlangung eines Vorteils oder zur Wahrung desselben alle ihm zu Gebote stehenden Mittel ein. Aus diesem Grund wird sein Reitstil oft als rüde bezeichnet. Er selbst hält es mit den Pragmatikern und meint, der Zweck heiligt die Mittel.

Trotz des angeborenen Talents hatte es Lester Piggott jedoch von Beginn seiner Laufbahn an sehr schwer. Da er mit 1,71 m für einen Jockey sehr groß ist, mußte er immer gegen den ärgsten Feind aller Rennreiter kämpfen: gegen das Körpergewicht. Bei ganz normaler Lebensweise wäre er mindestens 64 kg schwer. Mit dauerndem Abtrainieren hält er sich jedoch bei rund 53 kg und bringt manchmal für besonders wichtige Rennen sogar 52 kg auf die Waage. Er ist ein Hungerkünstler par excellence. Nicht einmal nach dem größten Erfolg gönnt er sich ein opulentes Mahl, geschweige ein Glas Bier oder Champagner.

Harry Carr – jahrelang der Jockey der Königin und Piggotts bester Freund – sagt von ihm: »Er ist unglaublich hart gegen sich selbst. Ich habe noch nie einen Mann erlebt, der so wenig Flüssigkeit zu sich nimmt. Als wir einmal vom Rennen mit dem Auto nach Hause fuhren, trug er unter seiner Kleidung einen Taucheranzug. Um während der Fahrt zwei oder drei Pfund abzuschwitzen, stellte er außerdem die Heizung auf volle Touren. Ich mußte mir unterwegs ein Glas Limonade besorgen, um die Hitze im Wagen einigermaßen aushalten zu können. Lester wollte keinen Schluck davon.«

Der erfahrene Ex-Jockey aus Yorkshire kennt alle Strapazen, denen sich Piggott unterwirft:

»Selbst an Renntagen habe ich mir nach dem letzten Wiegen oft ein paar Bierchen geleistet. Und wenn wir zwischen einer Nachmittags- und einer Abendveranstaltung im Flugzeug saßen, gab's vielleicht ein halbes Hühnchen und ein paar Gläser Sekt. Lester saß dann neben mir, hatte auf dem Grund seiner Tasse ein paar Tropfen schwarzen Kaffees und kaute auf zwei kaum sichtbaren Stückchen Toast herum, die mit einer hauchdünnen Scheibe Salami belegt waren. Wenn er herübersah und mich schmausen sah, forderte ich ihn oft auf: »Da, nimm Dir doch auch etwas!« Aber Lester ließ sich höchstens zu ein paar Fasern Fleisch oder zu einem winzigen Schluck überreden und blieb bei seinem schwarzen Kaffee.«

Lester Piggott selbst stellt zu diesen Kasteiungen fest: »Gewicht machen ist nicht gerade vergnüglich. Aber es ist bestimmt nicht schlimmer, als ein dicker Mann zu sein. Das ist doch auch nicht schön – oder? Natürlich denke ich manchmal, zum Teufel mit der ganzen Schinderei. Ich weiß auch, daß ich es nicht mehr lange tun kann. Daher denke ich hin und wieder ans Schlußmachen.«

Als Ausgleich für diese Torturen müßte es ihm eigentlich Vergnügen bereiten, sein Geld großzügig auszugeben. Mitnichten. In allen finanziellen Dingen ist Lester Piggott knickrig, man kann ruhig sagen, geizig. Obwohl er mindestens eine knappe Million Mark pro Jahr verdient. Ohne jeden Zweifel ist er scharf aufs Geld. Seine Freunde behaupten, daß er sich in den rosa Spalten der Financial Times ebensogut auskennt wie ein Börsenmakler und über die täglichen Wechselkurse aller bedeutenden Währungen genau Bescheid weiß.

»Zweifellos ist es der Mammon, der den Jockey in Bewegung bringt« – meint ein kritischer Beobachter. »Seine Verehrung für große Scheine grenzt fast an Religion. Aber ebenso berechtigt könnte man behaupten, er wolle durch sein Tun seine Vollwertigkeit beweisen, weil er mit einem Wolfsrachen und einer leichten Taubheit auf die Welt kam!«

Sollte Piggott tatsächlich an Komplexen leiden, müßte er diese längst kompensiert haben. Etwa 3800 Siege, die er bis 1976 in allen Gegenden der rennsportlichen Windrose errang, ein millionenschweres Bankkonto und die Gewißheit, einer der größten Jockeys dieses Jahrhunderts – ja aller Zeiten – zu sein, sollten ihn von eventuellen Minderwertigkeitsgefühlen befreit haben.

In der Bundesrepublik Deutschland wurde Lester Piggott schlagartig bekannt, als er 1957 im Derby nach dem Motto »er kam, sah und siegte« Gestüt Erlenhofs ›Orsini‹ auf den ersten Platz steuerte. Dieses Kunststück – er hatte die Pferde ja vorher weder gesehen noch geritten – wiederholte er 1963 mit ›Fanfar‹ und 1967 mit ›Luciano‹. Spätestens seit dieser

Zeit ist er häufiger Gastreiter in bedeutenden deutschen Galopprennen. Im übrigen ist er auf allen großen Bahnen der Welt zu Hause, mögen sie in Europa, Amerika, Australien oder Asien liegen. Der wortkarge, stets verschlossen wirkende Jockey mit den hellen, kühlen Augen und dem meist abweisend zusammengepreßten Mund steigt in Washington, Melbourne oder Kalkutta mit der gleichen lässigen Selbstverständlichkeit in den Sattel wie in Ascot, Paris oder Mailand. Selbst im Urlaub kann er das Reiten nicht lassen. Auf den Bahamas, in Florida und Kalifornien nimmt er im Winter zusätzliches Geld mit. Und sogar auf dem Nachhauseflug macht er in Hongkong, Sidney oder Singapore halt, um die Reisekasse aufzubessern. Überall begeistert er die Zuschauer. Wenn er noch lächeln könnte – sie würden ihm zu Füßen liegen. Das tun sie in übertragenem Sinne bei dem Franzosen Yves St. Martin – einem Reiter, der seine Rennen im Gegensatz zu Lester Piggott mit samtweicher Hand gewinnt und ein Stilist ohnegleichen ist.

Der Wunderknabe des französischen Turfs: Yves St. Martin

Es gibt Menschen, die auch dem größten Skeptiker auf Anhieb sympathisch, ja liebenswert erscheinen. Yves St. Martin ist dafür ein typisches Beispiel. Der französische Jockey mit dem schwarzen gewellten Haar und dem gallischen Charme in den dunklen Augen ist auch hierzulande gut bekannt. Er war erstaunt, ja amüsiert, als er hörte, daß man ihn bei uns enthusiastisch mit dem superlativen Substantiv »Wunderknabe« tituliert. Aber er freute sich darüber. Mit der Aufrichtigkeit eines auch im Erfolg bescheiden und natürlich gebliebenen Menschen. Der in sympathischem Understatement macht, wenn er von sich behauptet, er sei nicht besser als andere. Dabei ist er zumindest in Frankreich der primus inter pares – der Erste unter Gleichen. Sechs von zehn befragten französischen Trainern – alle ritten früher selbst Rennen – sind allerdings der Meinung, daß Yves St. Martin der größte Jockey aller Zeiten ist. Ungeachtet solcher Kanonen wie Fred Archer, Steve Donoghue, Gordon Richards, Bill Shoemaker und Lester Piggott.

»St. Martin hat ein einmaliges Gefühl für Rennen und Pferde. Er hat eine wunderbare Balance, einen großartigen Rhythmus, eine samtweiche Hand und einen sehr sicheren Instinkt für die Position, die er im Rennen einnehmen muß. In jedem Fall weiß er, wie man das Maximum aus einem Pferd herausholen kann, ohne es zu überfordern. Ernsthaftigkeit und Selbstdisziplin – die man ihm bei jedem Ritt anmerkt – sind seine besonderen Eigenschaften. Schließlich ist er deswegen der beste Jockey, weil er der intelligenteste ist.«

Ohne eine gehörige Portion Talent – die ihm ein gütiges Schicksal in die Wiege legte – aber wäre auch Yves St. Martin nicht das, was er heute ist.

Yves wurde am 8. September 1941 in Agen in Südfrankreich geboren und ist das einzige Kind eines Zivilangestellten der dortigen Gefängnisverwaltung. Die Ärzte waren bei seiner Geburt sehr pessimistisch, denn er wog nur etwas mehr als 1000 Gramm. Im Laufe der Zeit aber entwickelte er sich zu einem zwar kleinen, aber robusten Kind. Mit 13 Jahren war Yves nur 1,27 m groß und wog 36 kg. Zu jener Zeit trat er einem Ringkampf-Club bei, der den griechisch-römischen Stil pflegte und noch nie ein so schmächtiges Kerlchen als Mitglied gehabt hatte.

Mit 14 Jahren bekam er zum ersten Mal Kontakt mit Pferden. Im örtlichen Reitclub erkannte man bald sein Talent, mit ihnen umzugehen. Vor und nach der Schule war er nur im Stall zu finden. Er wäre höchst zufrieden gewesen, wenn er sein Leben lang hätte Pferdepfleger sein können. Die Vorsehung hatte ihn jedoch zu Größerem berufen. Zum Jockey. Jean Cornet – ein begeisterter Rennbahnbesucher und Kollege von Yves' Vater – erkannte das in dem Jungen schlummernde Talent. Er machte deshalb den Vorschlag, man möge doch einmal mit einem Trainer Verbindung aufnehmen. Als man in Agen die Familie Rouilles kennenlernte – deren Sohn Daniel Lehrling bei François Mathet war –, schrieb Vater St. Martin an den bekannten Trainer in Paris.

Yves' Karriere begann, als Mathet eines Tages nicht gerade gut gestimmt von der Morgenarbeit zurückkam und seiner Sekretärin sagte, daß er einen neuen Lehrling brauche. Sofort. Sie solle bitte unter den Bewerbern nachsehen. Zufällig war die Mutter von Daniel Rouilles bei diesem Gespräch anwesend. »Da muß ein Brief von einem Jungen aus Agen sein. Er ist ein Freund von Daniel«, sagte sie.

Mathet fragte: »Wie groß ist er?«

»Oh – er ist sehr zierlich«, meinte Madame Rouilles.

»In Ordnung«, befand Mathet, »er soll sich hier vorstellen.«

Am 15. September 1955 traf Yves St. Martin in Chantilly bei seinem zukünftigen Arbeitgeber ein und wurde angenommen. Michèle Lotte – die Tochter des ersten Futtermeisters von Mathet – sieht ihn noch jetzt, mit seinem abgewetzten Köfferchen in der Hand, schüchtern im Büro stehen.

»Am auffallendsten waren seine wunderschönen dunklen Augen«, erinnert sich Michèle – die heute Madame St. Martin ist.

Yves' Lehrzeit begann nicht sehr verheißungsvoll. Als er nach einem halben Jahr vom Pferd fiel und sich beide Unterarme brach, war er so deprimiert, daß er seine Ausbildung beenden wollte. Nur seinen Freunden ist es zu danken, daß er bei Mathet blieb. Sie sprachen ihm in der Zeit der Zweifel an der eigenen Berufung und in der Phase der Entmutigung zu und stützten sein lädiertes Selbstvertrauen. Am 20. April 1958 führte Yves seinen ersten Ritt in Soissons aus... und fiel! Erst nach weiteren erfolglosen Versuchen in der Provinz gewann er am 26. Juli 1958 mit Madame Volterras ›Royalic‹ in Trembley das erste Rennen. Von diesem Tag an eilte er von Erfolg zu Erfolg. François Mathet kam aus dem Staunen nicht mehr heraus. So virtuos ritt Yves die ihm anvertrauten Pferde.

Bereits 1960 wurde er mit 107 Siegen Frankreichs Champion. Ende des gleichen Jahres avancierte er zum ersten Jockey des renommierten Stalles von François Dupre. Für ein monatliches Salär von 8400 Mark plus 7,5% aller Sieg- und Platzgelder der von ihm gerittenen Pferde. Inzwischen startete er in ungefähr 9500 Rennen und gewann davon mehr als 2000. Die Cravache d'Or – die goldene Binde des erfolgreichsten Jockeys – trug er bis einschließlich 1976 dreizehnmal. Sein bisher erfolgreichstes Jahr war 1974. Damals führte er 609 Ritte aus und passierte 121mal als Erster den Zielpfosten. Dabei betrug die Gewinnsumme der von ihm pilotierten Pferde 12 424 414 Francs. Da Yves inzwischen 10% des zusammengaloppierten Geldes kassiert, verdiente er allein in diesem Falle reichlich 1,2 Millionen Francs – oder umgerechnet etwa 600 000 DM. Hinzu kam sein festes Salär – und da hat sich sein Arbeitgeber, der weltberühmte Kunsthändler Daniel Wildenstein, sicher nicht lumpen lassen – sowie das Reitgeld für jede ausgeführte Verpflichtung. Es ist nicht schwer, auszurechnen, daß die Einkünfte des französischen Weltklassejockeys 1974 ungefähr 1 Million Mark betrugen. Daher kann man mit Recht annehmen, daß Yves St. Martin ein wohlhabender, wenn nicht sogar reicher Mann ist.

Frankreichs Starjockey ritt viele gute Pferde. Unter anderem ›Relko‹, mit dem er das englische Derby gewann, oder ›Match‹, der ihn im Washington D. C. International zum Sieg trug. Von den Stuten vertraten ›Pawneese‹ und ›Allez France‹ Ausnahmeklasse. Mit ›Pawneese‹ gewann er 1976 nicht nur die King George and Queen Elizabeth Stakes, sondern auch die Oaks und das französische Pendant des berühmten englischen Rennens, den Prix de Diane. Das begehrte Double hatte bis zu diesem Zeitpunkt erst eine Stute an sich gebracht: ›Fille de l'Air‹ vor 112 Jahren. Mit ›Allez France‹ schließlich siegte Yves St. Martin unter anderem 1974 im Prix de l'Arc de Triomphe. Yves ritt die bombastische Pariser Herbstprüfung trotz einer Knochenabsplitterung in der Beckengegend. Eigentlich hätte er zu Bett liegen müssen. Um aber seinen Arbeitgeber in einem so bedeutenden Rennen nicht im Stich zu lassen und dem Vertrauen des wettenden Publikums gerecht zu werden, ließ er sich schmerzstillende Spritzen geben und kam seiner Verpflichtung nach. Als er gewann, hieß es wieder einmal, Yves St. Martin ist der Größte.

Sosehr die Erfolgsziffern der europäischen Spitzenjockeys jedoch beeindrucken, Amerika scheint auch in dieser Hinsicht das Land der unbegrenzten Möglichkeiten zu sein. Dort steigen die Jockeys tausendmal und mehr pro Jahr in den Sattel und gewinnen Hunderte von Rennen. Einer von ihnen hat es bis jetzt auf über 7000 Siege gebracht. Sein Name ist Willie Shoemaker, genannt »The Shoe«.

Weltrekord im Sattel: Willie Shoemaker

Beinahe hätte er es nicht geschafft. Was hätte Willie Shoemaker beinahe nicht geschafft? Jockey zu werden? Oder Millionär? Mehr als 7000 Sieger zu reiten? Nichts von alldem! Er hätte es beinahe nicht geschafft, zu leben.

Als er am 19. August 1931 auf einer Farm in der Nähe der texanischen Stadt El Paso geboren wurde, stellte der Arzt neben der Geburtsurkunde auch gleich den Totenschein aus. Er glaubte nämlich nicht, daß das nur reichlich zwei Pfund schwere Würmchen die nächsten Stunden überstehen würde. Eine resolute Großmutter aber packte das winzige Wesen in einen Schuhkarton und schob diesen in die Bratröhre des Ofens. Die bewährte sich als Brutschrank und das Baby blieb am Leben. Groß im körperlichen Sinne wurde es allerdings nie. Im Gegenteil. In einer Zunft, in der pygmäenhafter Wuchs Berufsvoraussetzung ist, gehört Willie Shoemaker mit 1,50 m zu den Kleinsten. Dafür überragt er seine Kollegen in Dingen der Persönlichkeit und Erfolge. Letztere sind in so einmaliger Art allerdings nur in Amerika möglich. Dort werden das ganze Jahr über Rennen gelaufen. Vom 1. Januar bis zum 31. Dezember. Sieben Tage in der Woche. Nachmittags und abends. Das garantiert einem fleißigen und begabten Mann Vollbeschäftigung und füllt ihm round the year den Säckel. Willie Shoemaker nutzte dieses Angebot. 60 Millionen Dollar galoppierten die von ihm gerittenen Pferde zusammen. Dazu gehörten solche Größen wie ›Swaps‹, ›Cicada‹, ›Tom Rolfe‹, ›Round Table‹ – der mit 1 749 869 Dollar gewinnreichste Vollbluthengst aller Zeiten –, ›Buckpasser‹, ›Damaskus‹, ›Fiddle Isle‹ und ›Gallant Man‹. Mit letzterem passierte ihm 1957 allerdings ein fürchterliches Mißgeschick: im Kentucky Derby verwechselte er als nahezu ungefährdet Führender die Ziellinie, was ›Gallant Man‹ das begehrteste aller amerikanischen Rennen kostete.

Bereits mit sieben Jahren ritt Willie Shoemaker Ponys auf einer Farm, die sein Großvater als Manager leitete. Mit sechzehn brach er Jährlinge ein und arbeitete die Rennpferde der Suzy Q-Ranch in der Nähe von Los Angeles.

»Die Arbeit war hart, aber ich liebte sie. Das machte alles viel leichter«, erinnert sich Willie Shoemaker. »Eine bessere Ausbildung als da konnte ich nicht bekommen. Auf der Suzy Q lernte ich 24 Stunden am Tag alles, was es über Pferde zu lernen gibt. Wenn man Erfolg haben will, muß man sich den Dingen so intensiv widmen. Zweifel an mir selbst hatte ich nie. Natürlich ahnte ich nicht, daß ich so erfolgreich werden und derartig viele Rennen gewinnen würde. Aber ich wußte, daß ich auf dem besten Wege war, ein Jockey zu werden – und zwar ein guter, wenn Arbeit und Liebe zur Sache dabei eine Rolle spielen!«

Am 20. April 1949 ritt Willie Shoemaker als Lehrling von Trainer George Reeves seinen ersten Sieger. Insgesamt gewann er in jenem Jahr 219 Rennen und wurde hinter Gordon Glisson Vizemeister der USA. Danach hetzte er von Erfolg zu Erfolg und wurde »The Shoe«. Im Laufe der Zeit überholte er dabei alle Größen des amerikanischen Rennsports.

Eddie Arcaro – der 4779mal siegte – blieb dabei ebenso hinter ihm wie John Longden. Dessen Weltrekord von 6032 Siegen überbot Willie Shoemaker 1970 auf der kalifornischen Rennbahn von Del Mar. Weitere sechs Jahre später ritt er seinen 7000. Sieger. »The Shoe« brauchte dafür 29 207 Rennen, in denen er außerdem noch 4598mal Zweiter und 3605mal Dritter wurde.

Laffit Pincay jr., Sandy Hawley oder Angel Cordero – der 1976 4 709 500 Dollar gewann und von dieser Summe zehn Prozent für sich verbuchen durfte – sind inzwischen per anno erfolgreicher als der Altmeister. Aber noch immer ist der Jockey, der sein Erdendasein in der Bratröhre eines texanischen Farmhausofens begann, das Idol der amerikanischen Turffans.

Hierzulande war das vier Jahrzehnte lang ein Mann, der zu den Wegbereitern deutscher Jockeyship gehörte. Anfangs gaben nämlich Briten oder diesen sprachverwandte Reiter bei uns den Ton an. Aber dann kam Otto Schmidt, genannt »Otto-Otto«.

»Otto-Otto« und die deutschen Jockeys

Fast ausnahmslos englische Jockeys waren es, die im vergangenen Jahrhundert bei den kontinentalen Rennen im Sattel der Pferde saßen. Später gesellten sich Amerikaner und Australier zu ihnen. Daher ist es kein Wunder, daß man in der deutschen Championatsliste von 1870 bis 1914 nur Namen findet, deren Träger entweder Bürger Großbritanniens, der Neuen Welt oder des fünften Kontinents waren. Reiter wie Sopp, Ballantine, Warne, Bullock und Archibald waren um diese Zeit – zumindest hierzulande – die größten unter den kleinen Männern. Allerdings muß hinzugefügt werden, daß es damals für die großen deutschen Ställe ungeschriebenes Gesetz war, einen Ausländer als Jockey zu beschäftigen.

Noch galt der Prophet im eigenen Lande nichts. Erst ab 1915 dominierten die einheimischen Jockeys auf deutschen Bahnen. In diesem Jahr errang der begnadete Julius Rastenberger zusammen mit dem Amerikaner George Archibald das Championat. Vier Jahre später holte es sich einer, der im Verlauf seiner Karriere so erfolgreich und populär werden sollte wie kein anderer deutscher Jockey: Otto Schmidt. Bereits 1916 hatte er als Lehrling für Waldfried das Derby gewonnen. Sein Sieg mit ›Amorino‹ war eine Sensation und ging als besonderes Kapitel in die Geschichte des klassischsten aller klassischen Rennen ein.

Otto Schmidt wurde am 6. Februar 1896 in Gehren bei Luckau geboren. Wie nahezu alle seine deutschen Kollegen war er für seinen künftigen Beruf nicht vorbelastet, im Gegensatz zu den englischen Jockeys, deren Beste oft aus Familien stammen, in denen

Rennreiten oder Trainieren von Vollblütern seit Generationen Tradition ist. Als es galt, für den kleinen Otto Schmidt eine Lehrstelle zu finden, stieß das zunächst auf Schwierigkeiten. Bei der ersten Vorstellung wurde er nämlich von einem damals anerkannten Fachmann nicht angenommen. Der Waldfrieder Trainer Fred Taral aber nahm den schüchternen Jungen, der verlegen und ein bißchen ängstlich zu dessen qualmender Brasil aufschaute. Taral erkannte schnell, daß der am 1. Mai 1912 bei ihm eingetretene Lehrling mehr konnte als den Hof fegen, Post abholen und die Boxen ausmisten. Er förderte ihn so stark, daß er es fertigbrachte, die Besitzer des Gestüts Waldfried zu überzeugen, daß man keinen anderen Stalljockey brauche, als sich im Laufe der Saison 1916 die Notwendigkeit ergab, sich von dem Amerikaner Charlie Korb zu trennen.

»Wir haben ja Otto«, war seine Begründung. Auf die Entgegnung, daß der Junge doch erst einmal beweisen müsse, ob er auch nur annähernd gut genug sei, erster Jockey der Brüder von Weinberg zu sein, tat Fred Taral den berühmtgewordenen Ausspruch: »Das wird ein zweiter Tod Sloan!«

Daher folgte man dem Ratschlag des erfahrenen Trainers, der selbst ein Jockey allerersten internationalen Formats gewesen war und in den USA in einem Jahr mehr als 300 Rennen als Sieger beendet hatte.

Bereits 1915 hatte Otto Schmidt die ersten Rennen geritten. Für sein Debüt pumpte er sich Hosen und Stiefel übrigens vom Schlenderhaner Stalljockey George Archibald. Im Oktober des gleichen Jahres kehrte er dann in Hoppegarten mit ›Omaha‹ zum erstenmal als Sieger zur Waage zurück. Schon in der nächsten Saison hatte er einen triumphalen Erfolg. Es war der schon erwähnte Sieg mit ›Amorino‹ im Derby von 1916. Dabei schlug er die beiden besten Jockeys, die damals in Deutschland ritten: Julius Rastenberger und George Archibald, die auf ›Adresse‹ bzw. ›Antivari‹ saßen. Nie mehr wurde das deutsche Derby seitdem von einem Lehrling gewonnen.

Wieder ein Jahr später hatte er einen weiteren Höhepunkt, als er den dreijährigen ›Pergolese‹ zu elf aufeinanderfolgenden Siegen steuerte. ›Pergolese‹ war das beste deutsche Rennpferd seiner Zeit. In seinem Sattel legte Otto Schmidt die Fundamente zu einer Volkstümlichkeit, die hierzulande kein Jockey vor und nach ihm erreichte.

Seine Beliebtheit war jedoch nicht allein die Folge des außergewöhnlichen Könnens. Die Wurzeln seiner Popularität lagen vielmehr – wie fast immer in solchen Fällen – in seinem sympathischen, warmherzigen Wesen sowie in der Lauterkeit seiner Gesinnung und Berufsauffassung. Der deutsche Rennsport hat manchen Reiter bester internationaler Klasse gekannt, wie etwa Julius Rastenberger, Hans Blume, Ernst Grabsch, Hein Bollow, Gerhard Streit oder Johann Starosta – aber keiner von diesen hat je so uneingeschränkt die Begeisterung, um nicht zu sagen die Liebe der Rennbahnbesucher auf sich vereint wie »Otto-Otto«.

Bemerkenswert an der Laufbahn von Otto Schmidt ist die Tatsache, daß er, im Gegensatz zu vielen anderen namhaften Jockeys, nur sehr selten den Vertragspartner gewechselt hat. Zwei von vier Jahrzehnten im Rennsattel trug er den Waldfrieder Dress. Danach folgten die Engagements bei Graditz, Ebbesloh und Erlenhof.

Als Otto Schmidt Ende 1952 die Rennstiefel an den berühmten Nagel hing, hatte er 14 Championate und 2216 Siege errungen. Da er aber auch als Trainer noch in den Sattel stieg und dabei zweimal gewann, steht die Gesamtzahl seiner Erfolge bei 2218. Das ist für deutsche Verhältnisse eine gigantische Zahl und ein Rekord, der hierzulande wohl nie gebrochen werden wird. Unerreicht bleiben dürften auch die 143 Siege aus dem Jahr 1924. In klassischen Rennen war Otto Schmidt 29mal erfolgreich. Siebenmal gewann er das Derby – 1916 mit ›Amorino‹, 1918 mit ›Marmor‹, 1923 mit ›Augias‹, 1942 mit ›Ticino‹, 1944 mit ›Nordlicht‹, 1950 mit ›Niederländer‹ und 1951 mit ›Neckar‹ –, je fünfmal das Schwarzgoldrennen und den Preis der Diana sowie je sechsmal das Henkel-Rennen und das St. Leger.

Die besten Pferde, die er ritt, waren nach seiner Meinung ›Pergolese‹ und ›Ticino‹. »›Pergolese‹ war sehr feinfühlig und ehrgeizig. Er hat von mir nie einen Schlag bekommen, weil er von selbst alles gab. ›Ticino‹ war das frommste aller guten Pferde und ein Allround-Crack. Er war sowohl über 1200 m als auch über 3000 m zu jeder Zeit da.«

Seine Trainerlaufbahn begann Otto Schmidt bei Mydlinghoven, von wo er 1957 zu Ebbesloh wechselte. Aber auch dort war ihm kein langes Wirken beschieden, denn schon bald machten sich die Zeichen einer schweren Krankheit bemerkbar. Obwohl sich sein Befinden nach einer Operation für kurze Zeit besserte, starb Otto Schmidt im April 1964.

Der größte deutsche Jockey aller Zeiten hatte seine bedeutendsten Erfolge vor und während des Zweiten Weltkrieges. In einer Zeit galoppsportlicher Hausse also, an der alle partizipierten, nicht zuletzt die Reiter von Rennpferden. Die besten von ihnen – die bis zu 100000 Goldmark pro Jahr verdienten – brauchten damals übrigens keinen Vergleich mit der Spitzenklasse des Auslands zu scheuen. Es würde den Rahmen dieser Ausführungen sprengen, über sie und diejenigen, die nach ihnen Schlagzeilen im Rennsattel machten, ausführlich zu berichten. Ihre Steckbriefe aber sollen dem Leser dieses Buches nicht vorenthalten werden.

Julius Rastenberger

Der Berliner war der erste deutsche Rennreiter, der die Vormachtstellung der Ausländer brach und das Jockeychampionat gewann. Seine Karriere begann im Hindernissport, wo er 80 Sieger ritt. Ab 1912 startete er nur noch in Flachrennen und war zum Schluß mit 1148 Erfolgen hinter Otto Schmidt der zweite Jockey, der an Siegen die magische Zahl »1000« überschritt.

Rastenberger – der 11 klassische Rennen gewann, darunter die Derbys von Herold und Athanasius – war ein unruhiger Geist und trug Seide für Waldfried, Graditz, Schlenderhan, Haniel, Erlenhof, Röttgen, Zoppenbroich, Mydlinghoven sowie für den Stall Rothschild in Wien.

Eine Manipulation kostete ihn die Lizenz, die er aber nach vier Jahren – in denen er sich als Führer einer Tanzbärengruppe und als Gastronom versuchte – zurückerhielt. Man sieht, daß es auch im Rennsport alles schon einmal gegeben hat.

Anfang Juli 1943 holte der Tod den 56jährigen Julius Rastenberger aus dem Sattel. Auf dem Rücken der Stute ›Ovation‹ hatte ein Herzschlag seinem Leben ein Ende gesetzt. In einem Nachruf, der die Fähigkeiten des Jockeys würdigte, hieß es:

»Er war ein Meister in der Beurteilung des Tempos, ein Meister im Endkampf, der ein Pferd gewaltig anzupacken verstand, ein Meister in der Erfassung sich bietender Situationen, ein Meister in der Behandlung des ihm anvertrauten Pferdes dank seiner geradezu wunderbar weichen Hand, ein Meister auch in der Beurteilung von Arbeitsleistungen und schlechtweg ein Genie als Taktiker.«

Albert Schlaefke

Wie Julius Rastenberger und Otto Schmidt gehörte auch Albert Schlaefke zu denjenigen, die deutsche Jockeys im deutschen Rennsport »hoffähig« machten. Obwohl es für einen einheimischen Professional damals schwer war, gute Pferde zu reiten und in großen Rennen zu starten, hatte er schon während der ersten zehn Jahre dieses Jahrhunderts schöne Erfolge. 1912 war er hinter dem Australier Frank Bullock und dem Amerikaner George Archibald Dritter der Meisterschaft. 1917 gewann er das Championat mit 68 Siegen. Bereits 1920 machte er mit dem Rennreiten Schluß und wurde ein erfolgreicher Trainer, der unter anderem für das Gestüt Röttgen zu großen und größten Erfolgen kam. Albert Schlaefke starb 1955 im Alter von 77 Jahren. Seine Söhne Arthur Paul und Friedrich Wilhelm setzen die Familientradition als Trainer in Köln bzw. Dortmund fort.

Ernst Grabsch

Ernst Florian Grabsch war ohne jeden Zweifel die schillerndste Figur unter den deutschen Jockeys – als Reiter aber von absoluter Sonderklasse. Er hatte Engagements bei den bedeutendsten Ställen – unter anderem ritt er für Graditz und Schlenderhan – und gewann 12 klassische Rennen. Die Derbys von ›Graf Isolani‹, ›Alchimist‹, ›Nereide‹ und ›Abendfrieden‹ sind in diesem Zusammenhang an erster Stelle zu nennen. Grabsch – der sich während seiner Glanzzeit in seiner Berliner Villa einen livrierten Butler hielt und das Geld mit vollen Händen ausgab – schied durch Selbstmord aus dem Leben, indem er sich erhängte.

Willy Printen

Wie Ernst Grabsch war auch Willy Printen dreimal Champion. Die Jahre der Meisterschaft fielen in die Zeit, in der er für Schlenderhan verpflichtet war. Ohne Zweifel hatte Willy Printen damals den Höhepunkt seiner Laufbahn erreicht. In den Oppenheimschen Farben gewann er dann auch einige seiner bedeutendsten Rennen. Zu diesen zählen neben den 11 klassischen auch die beiden Siege von ›Sturmvogel‹ im Großen Preis von Berlin. Vor allem der von 1935 war ein Triumph besonderer Art. In jenem Rennen schlug der beste Sohn des großen ›Oleander‹ nämlich den französischen Hengst ›Admiral Drake‹, der zuvor unter dem großartigen englischen Jockey Steve Donoghue den Grand Prix de Paris gewonnen hatte.

Willy Printen – der zu den wenigen Jockeys gehörte, die die Klugheit besaßen, mit dem Rennreiten aufzuhören, als die körperliche Verfassung den Anstrengungen dieses harten und kräftezehrenden Berufes nicht mehr gewachsen war – starb 1964 im Alter von 55 Jahren.

Hans Zehmisch

Der 1906 in Leipzig geborene Hans Zehmisch gehörte zu den vielen guten Jockeys, die von dem brillanten Schlenderhaner Trainer George Arnull ausgebildet wurden. Seine Stärken waren Steher-Handicaps, wo ja reiterliches Können in besonderem Maße verlangt wird. Als Jockey von Schlenderhan, Haniel, Graditz und Mydlinghoven – um nur die wichtigsten Stationen seiner Laufbahn zu nennen – ritt Hans Zehmisch eine Reihe von guten Pferden. Die besten von ihnen waren ›Abendfrieden‹ – mit dem er das St. Leger von Berlin und Budapest gewann – und vor allem ›Alba‹. Den Ausnahmehengst steuerte er allerdings nur im Henkel-Rennen von 1930 zum Sieg. In allen anderen Rennen wurde ›Alba‹ von dem Australier Jim Munro geritten. Hans Zehmisch – der dreimal Championjockey war und 1102 Sieger ritt – starb 1964.

Kurt Narr

Kurt Narr war sowohl vor als auch nach dem Zweiten Weltkrieg ein sehr erfolgreicher Reiter und ist einer derjenigen Jockeys, die im Laufe ihrer Karriere mehr als 1000 Sieger ritten. Insgesamt passierte er 1012mal als Erster den Zielpfosten. 1951 verlegte er das Feld seiner Tätigkeit nach Skandinavien und ritt in Dänemark, Norwegen sowie Schweden – wo er die schönsten Erfolge hatte und unter anderem zweimal das Derby und viermal das St. Leger gewann. 1963 trat Kurt Narr in den verdienten Ruhestand.

Gerhard Streit

Mit acht Siegen im Derby ist Gerhard Streit unser erfolgreichster Reiter im bedeutendsten Rennen des Turfs. Einmalig ist in diesem Zusammenhang auch die Viererserie, die er 1938, 1939, 1940 und 1941 mit ›Orgelton‹, ›Wehr Dich‹, ›Schwarzgold‹ und ›Magnat‹ ritt. Hier drängt sich ein Vergleich mit Fred Archer auf. Der legendäre englische Jockey bildete zusammen mit Lord Falmouth und Mathew Dawson als Besitzer bzw. Trainer ein Dreiergespann, das lange Zeit als nahezu unschlagbar galt und die Siege in den großen Rennen förmlich gepachtet hatte. Genauso war es mit Gerhard Streit, Schlenderhan und George Arnull.

Insgesamt gewann Gerhard Streit – der als hervorragender Taktiker galt – 28 klassische Rennen. Aber wie einigen anderen sehr guten Jockeys auch – man denke an Hans Blume oder den zweifachen Champion Walther Held – gelang es dem 1977 Verstorbenen nicht, in den Kreis derer vorzustoßen, die 1000 oder mehr Sieger ritten. In den meisten Fällen war dabei der aussichtslose Kampf gegen das höher und höher steigende Körpergewicht eine unbezwingbare Barriere. Beispiel par excellence dafür ist Hans Blume – ein Mann von hoher Jockeyship –, der unter anderem 1929 den mit 64 kg beladenen ›Oleander‹ zu seinem dritten Sieg im Großen Preis von Baden-Baden steuerte. Bereits zu diesem Zeitpunkt konnte Hans Blume kaum noch unter 60 kg reiten.

Hein Bollow

Neben Otto Schmidt war Hein Bollow wohl der populärste deutsche Jockey. Er gewann 1033 Rennen und siegte viermal im Derby, fünfmal im Henkel-Rennen, viermal im Preis der Diana, zweimal im St. Leger und einmal im Schwarzgoldrennen. Dreizehnmal führte er das Register der erfolgreichsten Rennreiter an. Nur Altmeister Otto Schmidt übertrifft ihn in diesem Bereich der Statistik.

Die ersten festen Engagements hatte Hein Bollow für die Gestüte Erfttal und Mydlinghoven. Danach ritt er für Röttgen, Schlenderhan, Ravensberg und Asta, das bis zuletzt seinen ersten Ruf hatte. Der sehr starke Finishreiter gewann Rennen nicht nur in Deutschland, sondern auch in Belgien, Frankreich, Österreich, der Tschechoslowakei, Schweden und der Schweiz. Außerdem ritt er in Dänemark, Australien und den USA.

Als er im Dezember 1963 seine Laufbahn beendete – die 1936 im Hoppegartener Stall von Pan Horalek begonnen hatte –, war Hein Bollow erst 43 Jahre alt. Große Gewichtsschwierigkeiten und die damit verbundenen physischen und psychischen Anstrengungen werden ihm diesen Entschluß allerdings nicht allzu schwer gemacht haben; denn nun ging für ihn ein langgehegter Wunsch in Erfüllung: endlich einmal nach Herzenslust essen zu dürfen.

Heute zählt Hein Bollow zu den besten deutschen Trainern, was ein Championat, mehrere Vizemeisterschaften und bis einschließlich 1976 799 von ihm trainierte Sieger beweisen. Wie hervorragend Hein Bollow den Beruf des Jockeys und Trainers sowie den gesamten Rennsport zu repräsentieren weiß, kann man übrigens aus der Tatsache ersehen, daß ihm im Februar 1976 das Verdienstkreuz Erster Klasse des Verdienstordens der Bundesrepublik Deutschland verliehen wurde.

Micky Starosta

Eigentlich heißt er Johannes mit Vornamen, aber alle Welt nennt ihn Micky – weil seine Physiognomie der Disneyschen Märchenmaus so ähnlich sein soll. Und eigentlich wollte er auch nicht Jockey werden, sondern Artist bei der damals berühmten Luftakrobatengruppe, den »Drei Codonas«. Aber schließlich siegten bei der Wahl des Berufes doch die Pferde. Daß er mit ihnen ausgezeichnet umgehen konnte, bewies er schon als Lehrling in Hoppegarten, wo er 1930 gleich sein erstes Rennen siegreich beendete. Danach begann eine der glanzvollsten deutschen Jockeykarrieren. In den Farben aller großen Rennställe ritt er nicht nur 1320 Sieger, sondern gewann vor und nach 1945 auch alles, was es hierzulande zu gewinnen gibt. Auch das Derby. Das freilich ist ihm nicht leicht gefallen. Achtzehnmal mußte er Anlauf nehmen, ehe ihm 1965 mit dem Ravensberger ›Waidwerk‹ der große Wurf gelang. Die Tätigkeit für dessen Heimatgestüt war zweifellos die erfolgreichste Epoche in Micky Starostas langer Karriere. Als der mit dem Bundesverdienstkreuz ausgezeichnete Jockey im Alter von 61 Jahren vom aktiven Rennsport zurücktrat, ging im deutschen Turf gleichzeitig eine Ära zu Ende. Mit ihm nahm nämlich der letzte namhafte Vertreter der alten Hoppegartener Garde Abschied vom Rennsattel.

Oskar Langner

Ossi Langner zählte schon zu der Generation, die wie Hein Bollow ihre großen Erfolge ausschließlich in der Nachkriegszeit hatten. Dabei kamen zwei Championate, fünfzehn Siege in klassischen Rennen und 1106 Gesamterfolge zustande. Damit kann man ohne jeden Zweifel das Recht in Anspruch nehmen, zur Creme der deutschen Jockeyzunft gehört zu haben. Die Höhepunkte von Ossi Langners Laufbahn fielen in die sechziger Jahre – obwohl er bereits 1953 mit der Erlenhoferin ›Naxos‹ das begehrte Doppel von Schwarzgoldrennen und Preis der Diana gewonnen hatte. Im gleichen Jahr siegte er mit deren Stallgefährten Niederländer auch zum erstenmal im Großen Preis von Baden-Baden. 1968 tat er das mit ›Luciano‹ in Deutschlands ältestem Grand Prix zum zweiten-, 1971 und 1972 mit ›Cortez‹ bzw. ›Caracol‹ zum dritten- und viertenmal. Ende 1973 wurde Ossi

Langner Trainer. Wobei er ad absurdum führte, daß große Jockeys nicht zwangsläufig auch erfolgreiche Trainer werden müssen – was jedenfalls manches Beispiel lehrt. Er hat Erfolg.

Fritz Drechsler

Mit 1523 Siegen ist Fritz Drechsler hinter Otto Schmidt der Zweite in der Bestenliste unserer Jockeys. Ein Rennen aber sucht man in der Erfolgsstatistik des achtfachen Champions vergeblich: das Derby. Alle anderen Classics gewann er – zwölf an der Zahl; nur in der begehrtesten Prüfung des Galoppsports vermochte er nie zu siegen, obwohl er von 1946 bis 1975 achtundzwanzigmal in ihr ritt. Das ist zwar kein Makel, dürfte in der Welt des Turfs auf einen Spitzenkönner bezogen jedoch einmalig sein. Chancen zum Derbysieg hatte Fritz Drechsler einige Male. Beispielsweise 1970. Aber da saß er auf ›Lombard‹ – während dessen Stallgefährte ›Alpenkönig‹ das Derby gewann. Fritz Drechsler hatte die falsche Wahl getroffen. Dafür galoppierte ›Lombard‹ unter ihm als erstes deutsches Pferd mehr als 1 Million Mark Gewinnsumme zusammen. Genau 1 097 020.

Ende 1975 machte Gentleman-Fritz – wie der Jockey aufgrund seines in jeder Hinsicht stets tadellosen Auftretens genannt wurde – mit dem Rennreiten Schluß. In Iffezheim bei Baden-Baden versucht er nun als Trainer das nachzuholen, was ihm im Sattel nicht gelang: das Derby zu gewinnen.

Peter Alafi

Von den ausländischen Jockeys, die bei uns reiten – das Hauptkontingent stellen die Engländer – ist der Ungar Peter Alafi wohl der beste. 1957 kam er in die Bundesrepublik Deutschland, nachdem er in seiner Heimat bereits knapp 300 Rennen und eine Meisterschaft gewonnen hatte. Bis einschließlich 1977 betrug die Gesamtzahl seiner Siege reichlich 1300. Peter Alafi – der 1968 mit dem Waldfrieder ›Elviro‹ das Derby gewann – war außerdem dreimal deutscher Champion. Dabei stellte er 1975 und 1977 mit je 96 siegreichen Ritten einen neuen Nachkriegsrekord auf bzw. ein.

Joan Pall

Joan Pall ist gebürtiger Rumäne und reitet seit 1955 mit einer deutschen Lizenz. Er gewann mit einer Taktik, die meistens auf Warten ausgerichtet ist, bis Ende 1976 1115 Rennen. Zu diesen zählen auch zehn klassische. Die Höhepunkte in Joan Palls Laufbahn stell-

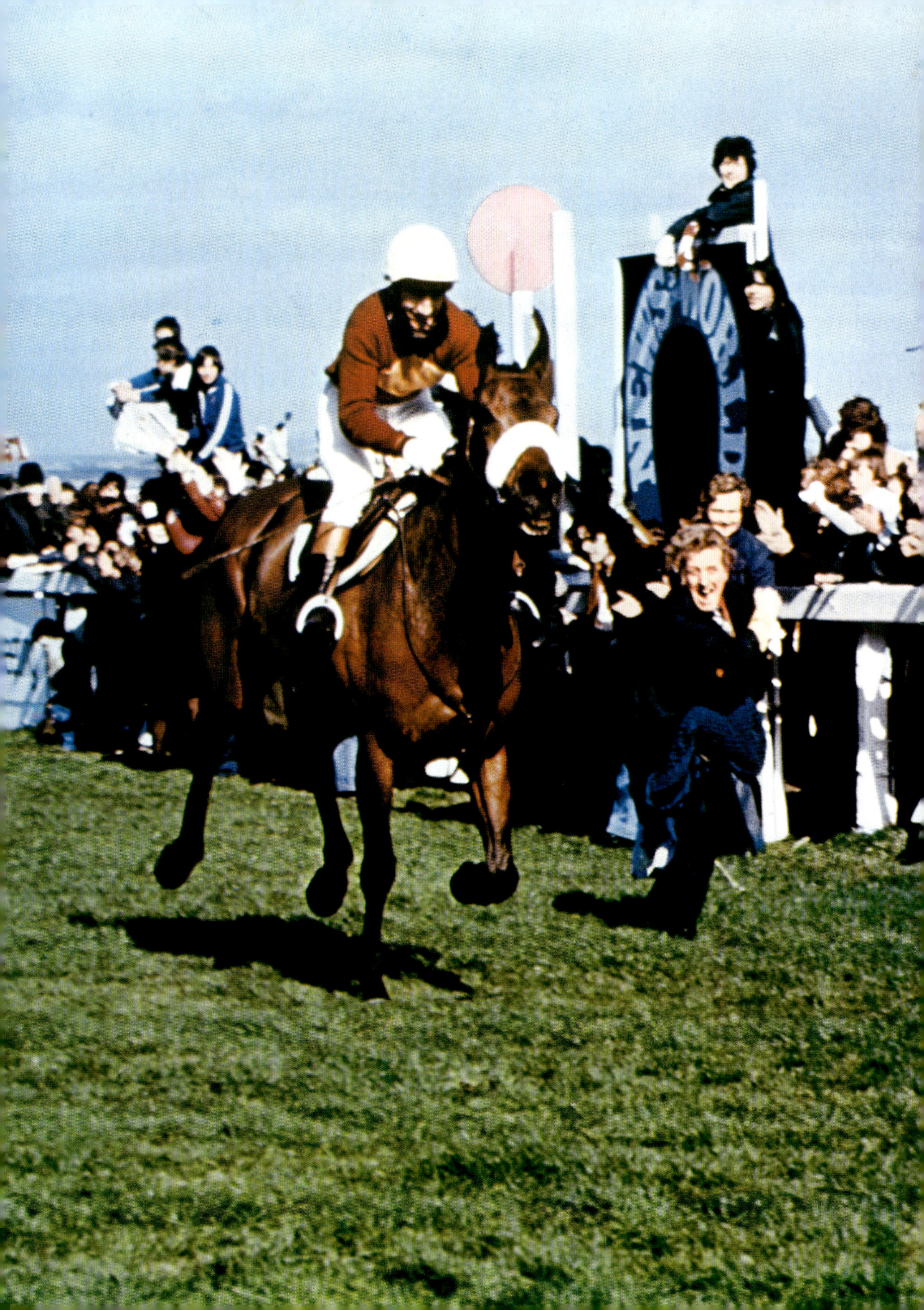

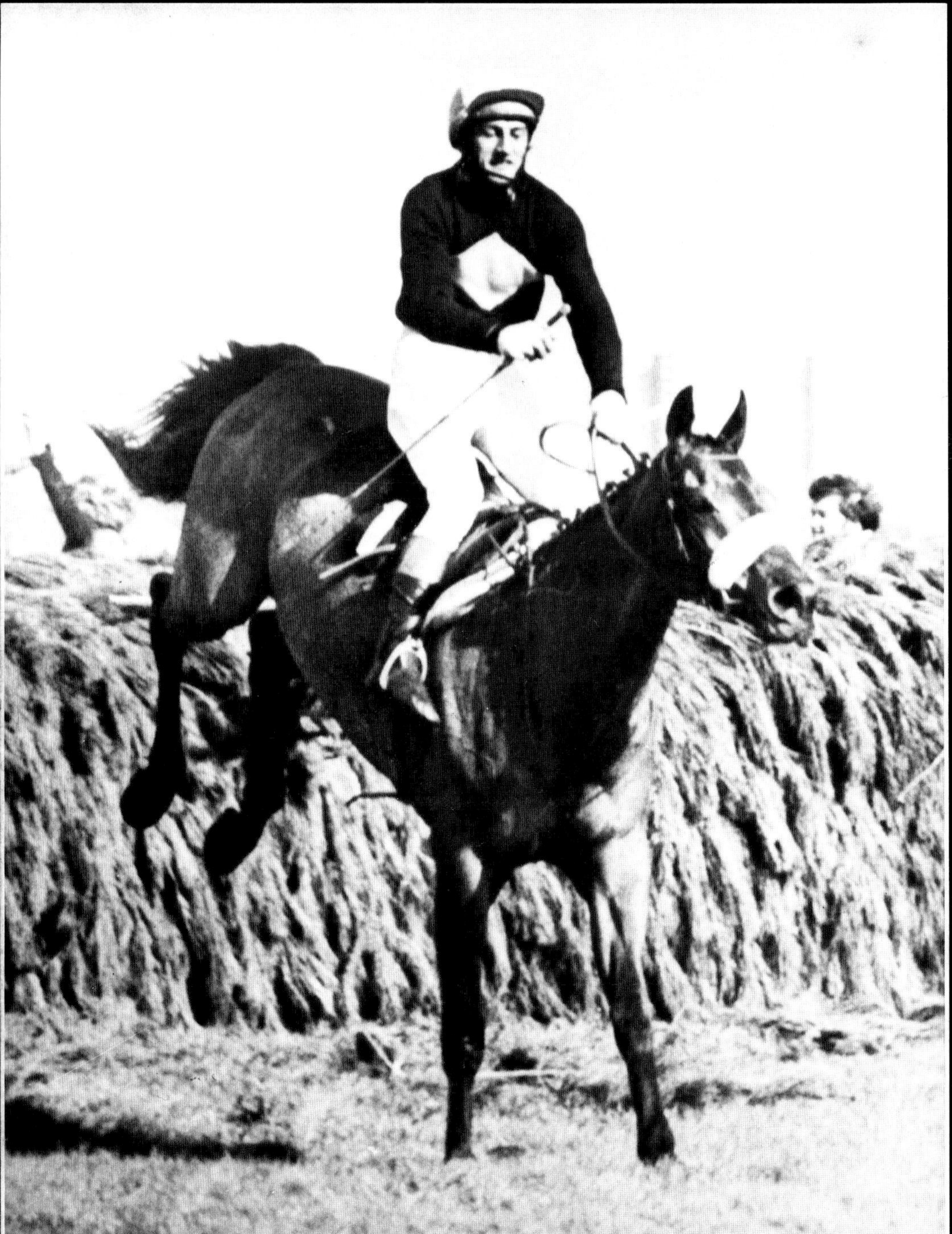

Von allen großen Grand-National-Siegern ist ›Red Rum‹ der größte. Bis 1977 war er bei 5 Starts dreimal Erster – kein anderes Pferd kam in der langen Geschichte des Rennens zu gleichen Meriten – und belegte zweimal den zweiten Platz, wobei er jedesmal unter Höchstgewicht lief

ten sich in massiver Form seit 1973 ein. Von diesem Zeitpunkt an hatte er als Jockey am Stall von Heinz Jentzsch unter dessen ausgezeichnetem Material – man denke nur an die Pferde des Gestüts Schlenderhan – die erste Wahl. Schlagzeilen machte er aber auch durch Ritte für andere Ställe – und bereits früher. Beispielsweise 1964, als er mit Zank das Derby gewann. Zehn Jahre später war er an gleicher Stelle nach einem dramatischen Finish mit ›Marduk‹ erfolgreich.

Peter Remmert

Fast genau 20 Jahre brauchte Peter Remmert, um sich als elftes und vorläufig letztes Mitglied zum Clan derjenigen Jockeys zu gesellen, die auf die eindrucksvolle Bilanz von mehr als 1000 Erfolgen verweisen können. Diese Zahl erreichte Peter Remmert auf der späteren Diana-Siegerin ›Princess Eboli‹ während der Internationalen Badener Woche 1975. Kurz danach gewann er mit ›Marduk‹ nach einem Glanzritt zum zweiten Mal den Großen Preis von Baden-Baden – und verbuchte den ersten Punkt auf dem Weg zum nächsten Jubiläum. Der wurde jedoch jäh unterbrochen, als man ihn im Mai 1976 beschuldigte, auf dem Düsseldorfer Grafenberg die favorisierte Stute ›High Soks‹ bewußt zurückgehalten zu haben, um Hintermännern einen Wettcoup zu ermöglichen. Als Folge davon wurde Peter Remmert die Lizenz auf zunächst zwei Jahre entzogen. Im darauffolgenden Sommer begnadigte man ihn dann, und seit dem 2. September 1977 reitet er wieder Rennen.

Der zweifache Champion und Sieger in sechs klassischen Rennen – der zuletzt auch internationale Spitzenjockeys nicht zu fürchten brauchte – ist nicht der erste, dem solches passierte. Wir wissen es schon. Natürlich ist die Versuchung zur Manipulation in einem Metier, in dem große Geldmengen auf vielerlei Art im Umlauf sind, besonders groß. Aber gerade deswegen sollte ein Jockey gegen Anfechtungen unreeller Art immun sein. Anderenfalls betrügt er nicht nur seinen Stall, sondern auch das Publikum, das durch seine Wetten den Rennsport erst möglich macht. Schließlich schadet er auch sich selbst auf das Empfindlichste. Der Weg zum Jockey ist zu lang und zu hart, um die Schinderei und Entbehrungen von Jahren dadurch zunichte zu machen, indem man einmal die Hand aufhält – in der trügerischen Hoffnung, daß keiner etwas merkt.

Horst Horwart

Horst Horwart war 1964 Champion. Spätestens seit diesem Zeitpunkt ist er bei der »Endabrechnung« unter dem ersten Dutzend der deutschen Jockeys zu finden. Bis Ende 1976 ritt er reichlich 600 Sieger – davon vier klassische.

Erwin Schindler

Der knapp 1,50 m große Österreicher aus dem Burgenland begann seine deutsche Karriere 1967 in München-Riem, wo das Fliegengewicht auch über Hindernisse sehr erfolgreich war. Nachdem er zwischendurch noch in seiner Heimat ritt, gelang ihm 1975 mit dem Wechsel in den Westen der Durchbruch. Bereits 1976 wurde der überaus fleißige Erwin Schindler mit 71 Siegen – für die er 558 Ritte benötigte – Championjockey.

Aller Anfang ist schwer

»Zeigt her Eure Füße, zeigt her Eure Schuh« – so beginnt ein altes Kinderlied. Nach diesem Motto sollen in früheren Jahren die Trainer den Jockeynachwuchs begutachtet haben. Die Größe der Füße und Hände nämlich, so glaubte man damals – und im traditionsgeschwängerten Milieu des Galoppsports möglicherweise heute noch –, sei untrüglicher Beweis dafür, ob ein Knirps noch in die Länge schießen und ins Gewicht kommen würde. Kein Wunder, daß mancher Vater den Filius wieder mit nach Hause nehmen mußte, wenn der im zarten Alter von dreizehn oder vierzehn Jahren schon eine beachtliche Handschuh- oder Schuhnummer hatte.

Wie immer das aber auch gewesen sein mag – heute haben es die Trainer noch schwerer, sich zu entscheiden. Denn die Menschen unserer Zeit sind im Durchschnitt größer und gewichtiger als früher. Nicht zuletzt deswegen ist es schwierig, geeigneten Nachwuchs zu finden.

Wie wird man Jockey? Zunächst einmal sollte festgestellt werden, daß dieser Beruf zwar kein alltäglicher ist, sich in seinem Ausbildungsweg aber nur wenig von anderen unterscheidet. Das heißt, wer die Absicht hat, Rennreiter zu werden, fängt wie in jedem Lehrberuf als Stift an, beginnt als »Auszubildender«, wie es richtig heißen muß. In diesem Fall ist man es dreieinhalb Jahre. Bei gutem Verdienst.

Einem Jockeylehrling muß laut Rennordnung – das ist das Gesetzbuch des Galopprennsports – im ersten Lehrjahr monatlich ein Drittel des Einkommens eines Stallmannes vergütet werden: etwa 400 DM. Im zweiten Lehrjahr bekommt er 600, im dritten 800 und im vierten ungefähr 900 DM pro Monat. Da der Lehrherr – also der Trainer – verpflichtet ist, ihn vom zweiten Lehrjahr an entsprechend dem Fortschritt seiner reiterlichen Ausbildung in mindestens drei Rennen starten zu lassen, kann sich sein Einkommen noch erhöhen. Denn dann bekommt er wie alle Jockeys für jeden ausgeführten Ritt ein Reitgeld – das laut Rennordnung 25, 50, 70 oder 80 DM beträgt – und im Falle des Erfolges einen fünfprozentigen Anteil vom Sieg- bzw. Platzgeld. Diese Regelung kann auch für einen Stift sehr lukrativ sein, wie das Beispiel des Amerikaners Chris McCarron lehrt.

Der junge Mann aus Boston gewann 1974 547 Rennen. Das ist Weltrekord. Kein Jockey war vor ihm innerhalb von 12 Monaten so erfolgreich – geschweige denn ein Auszubildender. Die gewaltige Zahl kam aber sicher auch aufgrund der Gewichtserlaubnis zustande, denn der Achtzehnjährige durfte als Lehrling laut Reglement pro Rennen 2,3 kg weniger reiten als seine erfahreneren Kollegen. Obwohl McCarron mit seinen Siegen runde 250 000 Dollar verdiente, zahlte ihm sein Trainer nach wie vor 360 Dollar Monatsgehalt – was in etwa dem Salär eines deutschen Stifts im vierten Jahr entspricht.

1977 sorgte in den USA dann erneut ein Lehrling für Schlagzeilen: Steve Cauthen. Obwohl der siebzehnjährige Wunderknabe per anno »nur« 477 Rennen gewann, setzte er sich mit dem im Verlauf eines Jahres noch nie zuvor erreichten Betrag von mehr als 6 Millionen Dollar an die Spitze der Gewinnsummen-Statistik und wurde daraufhin als erster Jockey Amerikas zum »Sportler des Jahres« gewählt.

Was muß der angehende Jockey tun? Lernen und nochmals lernen! Durch Arbeit von morgens 5 oder 6 Uhr bis mittags 11 Uhr und von nachmittags 16 bis abends 18.30 Uhr. Dabei wird er am »Objekt« in Reit- und Renntechnik, Fütterungslehre, Pferdepflege und Pferdekunde, in der Behandlung kranker Tiere sowie in der Pflege des Stalles und des Sattelzeugs unterrichtet. Einmal in der Woche drückt er die Bank der Berufsschule, wo ihm unter anderem Staatsbürgerkunde und Fachrechnen beigebracht werden. Nach dreieinhalb Lehrjahren muß er eine theoretische und praktische Prüfung ablegen. Nun darf er sich Rennreiter nennen. Denn erst nach dem 50. Sieg gebührt ihm die Bezeichnung Jockey.

Das ist ein herbes Los. Um ihr Gewicht niedrig zu halten – 55 kg sind schon ungünstig –, führen die meisten der Sattelakrobaten nämlich ein Dasein wie Asketen. Die Waage bestimmt ihr Leben. Für jedes Pfund, das sie zuviel anzeigt, müssen sie büßen. Getrunken wird mit zusammengebissenen Zähnen, der knurrende Magen selten richtig – oft gar nicht – gefüllt. Hungerkünstler sind sie. Denn das Gewicht ist ihr Feind und die Sauna ihre Folterkammer.

Ein Jockey muß in einem Minimum von Körpergewicht ein Maximum an Kraft unterbringen. Allerdings ist es allein damit noch nicht getan. Denn zum erfolgreichen Rennreiten braucht man nicht nur starke Hände und Arme, muskulöse Beine und einen kräftigen Rücken, sondern auch einen behenden Geist. Es ist ja beileibe nicht so, daß die Jockeys den Pferden nur als Gewichte oder Steuermänner mit ins Rennen gegeben werden. Jockey zu sein heißt mehr.

Der Engländer John Hislop – Journalist, Rennreiter und Züchter – sagt dazu folgendes:

»Wer in diesem Beruf Vollkommenheit erreichen will, der muß zunächst reiten können, bevor er seine Aufmerksamkeit auf das lenkt, was man allgemein mit Jockeyship bezeichnet. In diesem Sinne wird nicht zu Unrecht gesagt, daß manchmal aus einem Reiter ein Jockey werden kann, nicht aber umgekehrt aus einem Jockey ein Reiter. Das heißt, daß es außerordentlich schwer ist, einen einmal eingeschlagenen Weg des Reitens zu verlassen, und daß ein noch so guter Jockey nie die höchste Stufe erreichen wird, wenn er nicht auch ein guter Reiter ist.

Reitfertigkeit ist die Fähigkeit, ein Pferd vom Sattel aus zu beherrschen – nicht herunterzufallen, es in die gewünschte Richtung zu führen, im Gleichgewicht und in der richtigen Bahn zu halten, sein Tempo zu regulieren, es anzuhalten und dafür zu sorgen, daß es seine Arbeit tut. Vor allem ihm aber so zu helfen, daß es mit dem Herzen bei der Sache ist. Das erfordert sicheren Sitz, eine gute Hand, körperliche Eignung, Feingefühl, Vertrauen, Verständnis für Pferde und das Wissen, wie man sich deren verschiedenen Verhaltensweisen gegenüber einstellen muß.

Jockeyship ist die Kunst des Rennreitens – schnelles Starten, das Bestimmen der Taktik, die Berurteilung der Pace und der Fähigkeiten des Pferdes, Erfassen des Renngeschehens und dementsprechendes Handeln, Entschlußkraft, Geschick und Finishreiten.«

Zusammenfassend kann wohl gesagt werden, daß Rennreiten Schwerstarbeit im Sattel ist. Balanceakte werden dabei zusätzlich geboten. Dank James Forman Sloan.

6. Buch

Der Sport zwischen den Flaggen

Über Stock und über Stein

Als »Sport zwischen den Flaggen« bezeichnet man Rennen, die über Sprünge geritten werden. Das Geläuf und die Hindernisse sind dabei links und rechts mit Fähnchen oder diesen nachgebildeten Markierungen begrenzt, die dem Reiter sowohl den Streckenverlauf als auch die Einsprungseite von Gräben und Wällen signalisieren.

Der Ursprung dieser Rennen ist dunkel. Gewiß ist nur, daß eines ihrer Vorfahren das »hunting match« war, das hinter Hunden ausgetragen wurde, die einen Hirsch oder Rehbock hetzten. Dabei ging es über Stock und Stein, durch Dick und Dünn. Die ersten Aufzeichnungen von dieser Art des Waidwerks – die in England und Frankreich auch in unseren Tagen noch gepflegt wird –, stammen aus der Zeit James I., der ja bekanntlich ein großer Jäger vor dem Herrn war.

Hindernisprüfungen heißen noch heute Jagdrennen, wenn sie über feste bzw. natürliche Sprünge führen. Auch der Ausdruck »Steeplechase« wird für sie angewandt. Diese Bezeichnung ist allerdings nicht aus einer Form der Jagdausübung herzuleiten. Denn die ursprüngliche Steeplechase war bereits die Weiterentwicklung des »hunting match« in Richtung eines rennsportlichen Wettbewerbs. In ihr ritt man meilenweit querbeet auf ein vom Start aus zu sehendes Ziel zu. Und das war meistens ein Kirchturm – der im englischen »steeple« heißt. Nur der kürzeste Weg führte hier zum Erfolg. Da der aber gleichzeitig auch die schwierigsten Geländeformationen aufwies, wurde bei den »Kirchturmjagden« von Reitern und Pferden eine gehörige Portion Mut verlangt. Die erste bekannte Steeplechase trugen 1752 Mr. O'Callaghan und Mr. Blake in Irland aus. Die Gentlemen starteten am Gotteshaus von Buttevant und hatten als Ziel die Kirche der Heiligen Maria in Doneraile ausersehen.

Das Tempo derartiger Matches war zunächst noch langsam. In den sechziger Jahren des 18. Jh. aber erhöhte es sich dann – was vor allem an den Hunden lag, die durch die Veredlung mit Greyhounds leichter und schneller geworden waren. Auch in diesem Bereich wurde traditionelles Tun also von fortschrittlichem Handeln abgelöst. Als Folge davon brauchte man natürlich auch geschwindere Pferde. Daher verwendete man bei den Steeplechases fortan nur noch solche, die hoch im Blut standen – während früher Halbblüter benutzt wurden, also Kreuzungsprodukte zwischen dem damaligen Rennpferd und den leichteren Schlägen der Landrasse.

Eines Tages gingen die Hunde dann überhaupt nicht mehr mit über die Strecke. Jetzt schlug die Geburtsstunde der reinen Querfeldein-Rennen, von denen das erste 1790 über die Distanz von 12 800 m ausgetragen wurde. Bald kam diese Form der reitsportlichen Betätigung in Mode. Da sich unter den Teilnehmern solcher Steeplechases aber nicht selten unerfahrene Reiter befanden, wurden sie von einem Kenner der örtlichen Verhältnisse angeführt. Er ritt etwa 50 Meter vor dem Feld und winkte mit einem Taschentuch, wenn Hindernisse zu springen waren.

Im November 1804 fand schließlich die erste Steeplechase statt, bei der Rennfarben getragen wurden. Die Träger der bunten Blusen – es waren nur drei – sind wahrscheinlich Profis gewesen. Von diesem Zeitpunkt an spielten sie im Hindernissport nämlich eine immer größere Rolle und lösten den Gentleman-Reiter ab, der seine Pferde früher selbst über die schweren und meistens auch gefährlichen Geländestrecken gesteuert hatte.

Dick Christian war der erste unter den berufsmäßigen Querbeetreitern, der es zu Berühmtheit brachte. Schon mit zwölf Jahren hatte er auf dem Rücken von Flachrennpferden gesessen. Später wurde er Hindernisjockey und danach Farmer. Aber auch während er diesem Broterwerb nachging, ritt und trainierte er Pferde; denn der Rennsport ließ ihn nicht mehr los. Nach einem erneuten Abstecher auf der Flachbahn verschrieb er sich schließlich endgültig dem Metier der Steeplechases. Man sagt, daß er dabei im Verlauf eines halben Jahrhunderts die Tiefen jeden Grabens und Baches von Leicestershire – wo er meistens in den Sattel stieg – ausgelotet habe. Der Vater von 21 Kindern muß ohne Zweifel ein überaus furchtloser Mann gewesen sein. »Wenn ich seinen Mut hätte, würde ich alles geben, was ich auf Erden besitze« – sagte ein anderer, ebenfalls berühmter und erfolgreicher Hindernisreiter jener Zeit von Dick Christian. Es war Captain Becher, dessen Name untrennbar mit der berüchtigsten Steeplechase der Welt verbunden ist: mit der Grand National. Der Captain war es nämlich, der durch zwei »kapitale« Stürze bei der Namensgebung ihres spektakulärsten Sprunges Pate stand, der seitdem Becher's Brook heißt.

Die Grand National wurde 1837 zum ersten Mal gelaufen. Es hatte allerdings lange gedauert, bis Rennbahnen mit Hindernissen bestückt wurden, die die Natur ersetzen sollten. Daß es soweit kam, war vor allem Männern zu verdanken, die über gesunden Geschäftssinn und genügend Gespür für das Spektakel derartiger Veranstaltungen verfügten.

Der Funken von St. Albans

Die Idee, auf einer Flachrennbahn Gräben, Wälle und Gatter zu errichten, war alt – fand aber lange Zeit keinen Anklang. Bereits 1794 erlebten die Zuschauer auf dem Turf von Newmarket ein Match, das über 1600 m und vier 1,52 m hohe Sprünge führte. 1810 wurde auf der Bahn von Bedford ein 4800 m langes Rennen über acht künstliche Hindernisse ausgetragen, die eine Höhe von knapp 1,40 m hatten – und 1830 begann Thomas Coleman in St. Albans dann ähnliche Prüfungen zu veranstalten.

Coleman war zunächst Wirt einer Kneipe und später Inhaber des in Rennsportkreisen bestens bekannten Turf Hotels. Er hatte aber von Jugend an mit Pferden zu tun gehabt und trainierte auch während seiner gastronomischen Tätigkeit Vollblüter für so bekannte Besitzer wie Lord George Bentinck. Einen Namen machte sich der findige Mann jedoch vor allem durch seine Steeplechase-Meetings und deren neuartige Strecken-Designs. Während andere Veranstalter das Feld geradeaus in die Gegend schickten, konzipierte Thomas Coleman als erster einen Rundkurs, der in der Nähe des Turf Hotels von St. Albans begann und dort auch wieder endete. Er war durch Flaggen markiert und wurde bis zum Start geheimgehalten.

Schon 1832 war die Steeplechase von St. Albans etabliert und eine der bedeutendsten des Landes. In jenem Jahr wurden in England insgesamt 3 Meetings dieser Art durchgeführt. Danach beutelte die englischen Grafschaften ein wahres Steeplechase-Fieber. Mit dem Erfolg, daß es 1842 bereits 66 solcher Veranstaltungen gab. Die wichtigsten waren die von Cheltenham, Vale of Aylesbury – und Aintree. Auch dort war mit William Lynn ein ehemaliger Kneipenwirt Urheber der ersten Jagdrennen. Bevor sie jedoch in Liverpools Vorort Aintree organisiert wurden, hatte Lynn seine Aktivitäten schon auf der einige Meilen von diesem Platz entfernten Rennbahn von Maghull entfaltet. Deren Kurs war 1837 und 1838 auch der Schauplatz der ersten Grand Nationals. Allerdings hieß das Rennen damals noch gar nicht so, sondern wurde Grand Liverpool Steeplechase genannt. Kurz danach machte William Lynn – der jetzt schon Besitzer des Waterloo Hotels in Aintree war – Pleite, weil ihn seine rennsportlichen Unternehmungen zu viel Geld gekostet hatten. Jedenfalls behauptete er das. Als am 26. Februar 1839 Aintree vor großer Publikumskulisse zum ersten Mal Austragungsort der von ihm ins Leben gerufenen Steeplechase war, hatte daher ein Syndikat das Patronat des Meetings übernommen. Über die Einhaltung der Regeln und die korrekte Durchführung des Rennens wachte eine Kommission, der die Earls of Derby und Sefton sowie die Lords George Bentinck und Robert Grosvenor angehörten. 17 Reiter stellten sich an jenem Tag dem Starter. In zwei Runden mußten sie 6400 m und 29 Sprünge bewältigen, wobei sie zum Teil über zerfurchtes Ackerland galoppierten. Unter den Teilnehmern befand sich auch der schon zitierte Captain Becher. Damals genoß er bereits seit vielen Jahren den Ruf, einer der besten der professionellen englischen Steeplechase-Reiter zu sein. Zuvor hatte er in der Armee des Herzogs von Wellington gedient und sich später in Norfolk als Vollblutzüchter und Roßhändler betätigt. Bechers berühmtestes Pferd war ›Vivian‹ – dieses Mal aber saß er im Sattel von ›Conrad‹, mit dem er in jeder der beiden Runden an der gleichen Stelle kopfüber ging. Beim zweiten Mal blieb er in dem Graben – der ihm zum Verhängnis wurde – hocken, während das Feld über ihn hinwegbrauste. Seit diesem Tag trägt der Sprung den Namen Becher's Brook. An seinem Fuße begruben im Laufe der Zeit wie bei kaum einem anderen Hindernis der Grand National unzählige Reiter ihre Hoffnungen auf den Sieg oder eine gute Placierung. 1843 wurde das Rennen in Liverpool and National Steeplechase umbenannt und auf Initiative von Edward William Topham ein Handicap. 1847 erhielt es schließlich seinen bis heute gebräuchlichen Namen – Grand National Steeplechase. Spätestens seit dieser Zeit wird es vom Ondit der Tierquälerei begleitet. Mehr noch: seine Kritiker sehen in ihm lizensierten und legitimierten Mord am Tier!

Die Grand National: Fama und Fakten

Opposition gegen die Steeplechases – und besonders gegen die Grand National – gab es seit eh und je. Schon 1829 schrieb der britische Hippologe John Lawrence, daß er die Pferde bedaure, die in diesen Rennen starten und dort zwecklosen und unnützen Gefahren ausgesetzt werden – denen sie nicht immer entschlüpfen und durch die viele von ihnen fortan ein Leben als Krüppel fristen müßten. Nichtsdestotrotz ist die Zahl der Steepler Legion, die solche Rennen mehrmals bestritten haben und sich bis ins hohe Alter bester Gesundheit erfreuen. In unseren Tagen gingen viele dieser Veteranen noch lange Zeit im Jagdfeld und trugen ihre Besitzer hinter der Meute, die den Fuchs hetzte. Trotzdem ist John Lawrence' Ansicht auch der Tenor heutiger Meinungen, denen es jedoch meist an Sachlichkeit und fast immer auch an Sachkenntnis mangelt. Aber auf der Tastatur der Emotionen läßt es sich natürlich leichter klimpern.

In Aintree bekommen die Pferde mit Sicherheit kein süßes Brot zu schmecken. Daher denkt kein ernsthafter Kommentator auch nur im Traum daran, das härteste Rennen der Welt verniedlichen zu wollen. Aber es stimmt beispielsweise nicht, daß – wie immer wieder geschrieben wird – in der Grand National Hunderte von Pferden tödlich verunglückt sind. Bis einschließlich 1977 zählte man in ihr 3580 Starter. Wie viele von ihnen das Rennen mit dem Leben bezahlen mußten, ist genau leider nicht anzugeben. Fest steht nur, daß es nicht mehr als 75 waren. 75 von 3580: das ist ein Prozentsatz von 2,1. Bei den schwersten kontinentalen Steeplechases ist die Ausfallquote nicht geringer. Und so fragt man sich, warum Unglücksfälle von Pferden und Reitern immer nur dann in spektakulärer Aufmachung präsentiert werden, wenn sie in der Grand National passieren? Es ist bedauerlich, wenn Pferde in Aintree zu Tode fallen oder aufgrund schwerer Verletzungen erschossen werden müssen. Aber das kann man doch nicht bedauerlicher finden als Vorkommnisse, die sich in oft gleicher Art – aber stets mit gleicher Konsequenz – auch bei Flachrennen, Springen im Parcours oder Jagden ereignen. Jahr für Jahr sterben dabei nämlich Dutzende von Pferden. Kaum jemand spricht davon. Wahrscheinlich deshalb, weil die Grand National dafür als Todesursache nicht anzuführen ist.

Spätestens an dieser Stelle ist dann das Argument fällig, daß die Pferde hier wie dort zu Leistungen gezwungen werden, die nicht artgemäß sind oder die sie nicht erbringen wollen. Das ist Nonsens. Denn die Wirklichkeit sieht anders aus. Pferde springen gern – vorausgesetzt, sie sind genügend veranlagt, gesund und sorgfältig vorbereitet. Jeder Hindernis-Jockey, Spring- oder Military-Reiter wird bestätigen, daß Steepler und Parcourscracks oft so passioniert sind, daß sie vor den Sprüngen kaum gehalten werden können. Viele von ihnen sind außerdem solche Akrobaten, daß sie Patzer artistisch ausbalancieren.

Wie erklären sich diejenigen, die von Zwang sprechen, denn die Tatsache, daß reiterlose Pferde im Grand National-Feld mitlaufen und die Hindernisse ohne zu zögern springen? Ohne menschliche Einwirkung. Oft ohne Anlehnung an die Artgenossen. Mitunter allein in

Front galoppierend. Der Einwand, sie wären im eingezäunten, geschlossenen Kurs gefangen, ist als früher oft zitierte Antwort nicht mehr beweiskräftig. Denn schon seit Jahren gibt es Öffnungen im Geläuf, damit reiterlose Pferde die Bahn verlassen können. Sie tun es nur selten. Meistens laufen und springen sie weiter.

Nun kann man entgegnen, daß die Pferde durch den galoppierenden Pulk, die Anstrengungen und Stürze nervlich so aufgeputscht wurden, daß sie in Panik geraten sind und nur dem Fluchttrieb folgen, der sie vorwärts treibt. Daß sie Lücken in der Bahnbegrenzung also gar nicht wahrnehmen. Aber in Panik geratene Pferde stürmen blindlings nach vorn und prallen – wie oft beobachtet – gegen alles, was sich ihnen in den Weg stellt. Von Springen oder Ausweichen ist dann keine Rede mehr. Warum tun sie es, obwohl reiterlos und ohne angebliche Zwangseinwirkung, bei der Grand National?

Grand National-Pferde sind im Gegensatz zu einer leider weit verbreiteten Meinung keine Schlachtopfer auf dem Altar der Sensationsgier. Kein Mensch zieht doch mit großen Kosten und hohem Aufwand ein Pferd auf – oder kauft es sich für viel Geld –, um es sich dann bewußt den Hals brechen zu lassen. Grand National-Cracks sind vielmehr fittrainierte Spezialisten, die in England und Irland im Hinblick auf ihre künftige Verwendung nach bewährten Kombinationen gezüchtet werden. Der Hengst ›Vulgan‹ beispielsweise brachte als neunfacher Champion der Steplerväter neben vielen anderen erfolgreichen Hindernispferden auch fünf Gewinner der Grand National.

Aintree-Aspiranten bekommen grundsätzlich Zeit zur Reife. Dreijährig stehen sie noch auf der Koppel. Andere Vollblüter absolvieren in diesem Alter schon ihre zweite Saison und kämpfen auf der Flachbahn um klassische Ehren. Außerdem werden Steepler ihren Prüfungen behutsam zugeführt, vor allem denjenigen, die mit schweren Sprüngen gespickt sind. Ihr Ausbildungsprogramm führt von leichten Jagden über schwierigere Kurse bis zu »dicken« Rennen. Dabei springen die meisten von ihnen schon vor einem Start in der Grand National deren schwerste Hindernisse. Denn Becher's und Valentine's Brook, Canal Turn, Chair und Water Jump müssen auch in der Great Sefton Steeplechase überwunden werden. Daß es dabei weniger Stürze gibt und die Ausfälle geringer sind als bei der großen Schwester, liegt erstens an den kleineren Feldern und zweitens an der kürzeren Distanz. Die Great Sefton ist nämlich nur 4600 m lang – die Grand National dagegen mehr als 7200 m. Bei letzterer müssen mit Ausnahme von Wassergraben und Chair außerdem alle 16 Hindernisse zweimal gesprungen werden. Das ist in Verbindung mit der langen, kräfteraubenden Strecke ein Grund, warum die Ausfälle in ihr so hoch sind. Die große Zahl der startenden Pferde ist ein weiterer. In den letzten 50 Jahren zählte man pro Rennen durchschnittlich 37 Teilnehmer. Durch derartig starke Felder kommt es vor und nach den Sprüngen – vor allem in der Anfangsphase der Prüfung – zu Ballungen, Rempeleien, Behinderungen und als Folge davon zu Stürzen.

Die Hindernisse der Grand National werden oft als mörderisch bezeichnet. Sie sind gewaltig und respekteinflößend – zugegeben. Aber mörderisch? Sie sind auch nicht durchgehend fest, sondern bestehen zum größten Teil aus einer mit Tannenzweigen gestopften Hecke, die beim An- oder Aufprall bis weit hinab elastisch nachgibt. Außerdem sind die meisten Sprünge heutzutage so lose gestopft, daß der eine oder andere von ihnen in der zweiten Runde große Lücken aufweist, wodurch die ursprüngliche Höhe drastisch herabgesetzt wird. Das gilt auch für Becher's Brook.

Das Hindernis ist 1,50 m hoch und 1 m breit. Es hat – was interessieren dürfte – eine Absprungmarkierung. Hinter ihm liegt ein knapp 1,70 m breiter, trockener Graben. Schwierig ist der Sprung vor allem deshalb, weil seine Landestelle etwa 60 cm – und nicht wie behauptet wird, 2 m – tiefer liegt als seine Einsprungseite. Dadurch kann die Flugbahn der Pferde sehr steil werden. Und vor allem deswegen passieren bei Becher's Brook die meisten Stürze. Das schwierigste Hindernis des Kurses ist es dennoch nicht. Das ist ein open ditch, der seiner Form wegen »chair« genannt wird – was auf deutsch Stuhl heißt. Hier folgt nach einem über 1,80 m breiten Graben eine Weißdornhecke, die etwa 1,60 m hoch und 1,15 m tief ist. Was den »Stuhl« aber reell schwer macht, ist neben seiner Konstruktion und seinen Abmessungen die Tatsache, daß er nicht so breit angeritten werden kann wie die anderen Aintree-Sprünge. Hier wird es eng – oder anders ausgedrückt: die Masse des Feldes wird vor dem »Stuhl« noch mehr zusammengedrängt. Genaues Taxieren – was an dieser Stelle unbedingt erforderlich ist – sowie gutes Abkommen werden dadurch erschwert. Die Höhe der Hindernisse beträgt im Durchschnitt 1,40 m, die maximale Breite – gemessen am Wassergraben – knapp 4,90 m. Im Vergleich dazu ist der Wassersprung der Bahn von Paris-Auteuil 5,40 m breit. Auch die Maße des großen Taxus-Grabens und des Irischen Walls der Pardubitzer Steeplechase in der CSSR – der schwersten ihrer Art auf dem Kontinent – finden in Aintree keine Parallelen. Außerdem geht es bei der Pardubitzer zum Teil noch heute über Sturzäcker.

Nichtsdestotrotz ist die Grand National ein Rennen mit hoher Ausfallquote. Aus diesem Grund ist im Laufe der Jahre immer wieder versucht worden, sie zu humanisieren. Seit 1931 dürfen in ihr nur Pferde starten, die mindestens sechsjährig sind. 1961 wurden die Hindernisse auf der Absprungseite dann »einladender« gemacht und das zu tragende Höchstgewicht von 79 kg auf 76 kg herabgesetzt. 1973 schließlich änderte man das Reglement erneut zugunsten eines weniger hohen Verschleißes an Pferden. Jetzt dürfen nur noch solche Steepler an der Prüfung teilnehmen, die ein Hindernisrennen von mindestens 1000 Pfund Siegdotierung gewonnen haben – vorher genügten 650 Pfund – oder in der Vergangenheit wenigstens einen vierten Platz in der Grand National belegten. Obwohl ein gesundes, talentiertes, passioniertes, erfahrenes, ausreichend trainiertes und von einem genügend erprobten Reiter unterstütztes Pferd den Anforderungen des Rennens durchaus gewachsen ist, sollte man die Qualifikationen aber noch anspruchsvoller machen und die Zahl der Starter auf maximal 25 begrenzen. Ob die Grand National dann nicht mehr an den Pranger der Schlagzeilen gestellt würde, ist allerdings fraglich. Denn zwischen Gegnern und Befürwortern der Steeplechase scheinen Kompromisse nicht möglich zu sein.

ABC des Turfs

Jede Zunft hat ihren spezifischen, mehr oder weniger großen Sprachschatz. Über einen der umfangreichsten verfügt ohne jeden Zweifel die der Roßkundigen. Und wie überall werden auch hier oft Bezeichnungen verwendet, die für den Laien ein Buch mit sieben Siegeln sind – oder ihn gar zu einer Interpretation verleiten, die völlig falsch ist. So ist zum Beispiel ein »trokken« aussehendes Pferd keine abgemagerte Schindmähre ohne Saft und Kraft, sondern ein in seinen einzelnen Muskelpartien und im äußeren Erscheinungsbild gut modelliertes, wie gemeißelt aussehendes Individuum. Das »ABC des Turfs« erklärt daher nachstehend einige der gebräuchlichsten Ausdrücke des Rennsports – sofern sie nicht zuvor schon gedeutet worden sind. Anspruch auf Vollständigkeit wird dabei allerdings nicht erhoben.

A

a.: steht meistens im Rennprogramm und bedeutet Abkürzung für alt. Bei Rennpferden wird das Alter nur bis zum 6. Lebensjahr angegeben – danach werden sie als alt bezeichnet.
abfohlen: die Geburt des Fohlens. Die Stute bekommt oder wirft ein Fohlen.
absetzen: das Fohlen von der Mutter entwöhnen.
a. d.: Abkürzung für »aus der«. Danach folgt der Name der Mutter. Beispiel: ›Windwurf‹ stammt von ›Kaiseradler‹ a. d. ›Wiesenweihe‹.
Altersgewichtsrennen: Galopprennen, in denen die Pferde ihrem Alter entsprechend mehr oder weniger Gewicht tragen. Treffen in einem solchen Rennen Dreijährige auf Vier- oder Fünfjährige, dann tragen sie weniger als die älteren Konkurrenten.
Amateurrennen: Galopprennen, in denen die Reiter Amateure und keine Professionals sind – also keine Jockeys.
Amazone: Bezeichnung für eine Rennreiterin. Seit Mitte 1975 gibt es in der Bundesrepublik Deutschland weibliche Berufsrennreiterinnen, die eine abgeschlossene Ausbildung absolviert haben. Sie dürfen in allen Rennen starten – nicht nur in Amazonenrennen.
Aufgalopp: halbschneller Galopp der Pferde vor dem Rennen an den Tribünen vorbei zum Start.
Aufgewichtsrennen: Galopprennen, in denen das zu tragende Gewicht von Alter, Geschlecht und den bisher erzielten Gewinnen des Pferdes bestimmt wird.
aufkantern: Aufgalopp.
aufpullen: rennsportlicher Ausdruck für das Durchparieren aus dem Galopp vom Canter, Trab oder Schritt. Auch das Verhalten oder Zurückhalten des Pferdes im Rennen wird so bezeichnet.
Ausgleichsrennen: Galopprennen, bei denen die Pferde aufgrund der bisher gezeigten Leistungen vom Ausgleicher oder Handicapper ein bestimmtes Gewicht zugeteilt bekommen. In Flachrennen gibt es die Ausgleiche I, II, III und IV – I für die sehr gute, II für die gute, III für die durchschnittliche und IV für die geringere Klasse der Pferde. In Hindernisrennen gibt es die Ausgleiche G, M und U – G für die gute, M für die mittlere und U für die untere Klasse. Der Sinn des Ausgleichens nach Gewichten ist, daß alle Pferde eines Rennens zumindest theoretisch die gleichen Siegchancen haben sollen. Beim Ausgleichen nach Klassen will man vermeiden, daß gute oder sehr gute Pferde auf allzu schwache Konkurrenten stoßen.
Ausländer: ein Pferd, das im Ausland geboren wurde – auch wenn seine Mutter Inländerin war. Wird es jedoch im Fohlenalter importiert, entfällt die Bezeichnung »Ausländer«.
Außenseiter: Teilnehmer eines Rennens, der wenig Gewinnaussichten hat.

B

Behinderung: wenn ein Pferd von einem Konkurrenten durch Kreuzen oder andere nicht erlaubte Mittel daran gehindert wird, Boden gutzumachen und nach vorn zu galoppieren.
bei Fuß: Führen des Fohlens durch die Stute, solange es saugt.
Beschäler: Zuchthengst.
Blaues Band: andere Bezeichnung für das Derby, weil der Sieger oder die Siegerin dieses Rennens einen Eichenkranz mit blauer Schleife erhält.
Blender: ein durch sein Äußeres bestechendes Pferd, das jedoch in seiner Leistung nicht das hält, was es verspricht.
Blesse: mehr oder weniger stark ausgeprägtes, durchgehendes weißes Abzeichen auf der Vorderseite des Pferdekopfes.
Blinkers: Scheuklappen für schreckhafte Vollblüter. Sie bestehen aus einer Kapuze, die es dem Pferd nicht gestattet, seitwärts zu blicken. Blinkers sollen das Ausbrechen verhindern, wenn zum Beispiel der eigene Jockey oder der des Nebenpferdes die Peitsche schwingt.
Buchmacher: Person, die gewerbsmäßig Wetten auf Pferde annimmt.
bunt: Bezeichnung für ein Pferd mit vielen weißen Abzeichen: Blesse, vier weißgefesselte Beine etc.

C

canter: englische Bezeichnung für einen ruhigen, verhaltenen Galopp.
classics: englische Bezeichnung für die fünf bedeutendsten Dreijährigen-Rennen. In England sind es die 1000 und 2000 Guineas, die Oaks, das Derby und das St. Leger.
crack: ausgezeichnetes Pferd, Sieger großer Rennen.

D

decken: Zeugungsakt beim Pferd. Auch Belegen genannt.
Deckhengst: Zuchthengst. Anderer Ausdruck: Beschäler.
Direktorium für Vollblutzucht und Rennen: oberste deutsche Behörde für die Vollblutzucht und den Galopprennsport.

E

einbrechen: ein junges Pferd an Sattel und Reiter gewöhnen, es anreiten. Das Einbrechen verläuft übrigens nicht im mindesten so rauh, wie die Bezeichnung auszudrücken scheint.
Einlaufbogen: der letzte Bogen eines Rennens vor der Zielgeraden.
Equiden: pferdeartige Tiere. Von equus, dem lateinischen Gattungsnamen für Pferd.
erklärtes Pferd: läßt ein Besitzer zwei oder mehr Pferde in einem Rennen laufen, dann kann er vorher »erklären«, mit welchem Pferd er gewinnen will. Das andere oder die anderen Pferde müssen dann gegen den Stallgefährten nicht um den ersten, wohl aber um die übrigen Plätze ausgeritten werden.
Erlaubnis: die Vergünstigung, weniger als das vorgeschriebene Gewicht zu tragen. Vor allem die Auszubildenden bekommen gegenüber den erfahreneren Kollegen »Erlaubnis«, wenn sie noch keine 50 Siege errungen haben. Gewichtserlaubnisse staffeln sich von 5 kg bis zu 1 kg – je nach der Anzahl der schon gerittenen Sieger.
Eventualquote: die Quote, die der Totalisator für ein geschlagenes Pferd im Fall von dessem Sieg gezahlt hätte.
Exterieur: das Äußere des Pferdes, seine Körperform.
Extremitäten: die Gliedmaßen des Pferdes.

F

Favorit: das Pferd, das seiner Form und seinem Können entsprechend die größten Chancen zum Sieg hat.
Fegentri: Abkürzung für den internationalen Verband der Amateurrennreiter.
Fehlstart: regelwidriger Start.
Feld: alle Teilnehmer eines Rennens.
Finish: Endphase eines Rennens.
Fissur: Knochenriß.
Flachrennen: Galopprennen zwischen 1000 und 4200 m auf mehr oder weniger ebener Strecke, die nicht mit Hindernissen bestückt ist.
Flieger: ein Rennpferd, das über eine kurze Distanz große Schnelligkeit entwickelt.
Form: die gezeigten Leistungen eines Pferdes in den letzten Rennen.
Führpferd: ein Pferd, das an der Spitze des Feldes galoppiert und für einen oder mehrere Stallgefährten das Tempo macht.
Führring: kleiner abgegrenzter Platz, auf dem die Pferde vor dem Rennen dem Publikum vorgestellt werden. Hier sitzen die Jockeys auch auf – oder rennsportlich ausgedrückt: hier werden sie in den Sattel »geworfen«.
furlong: englisches Längenmaß. 1 furlong = 201 m.

G

GAG: Generalausgleich oder Generalausgleichsgewicht. Theoretisches Gewicht, das von den vom Direktorium für Vollblutzucht und Rennen beauftragten Handicappern am Ende jeder Rennsaison für jedes in der Bundesrepublik Deutschland gelaufene Pferd festgelegt wird. Grundgedanke des GAG ist, daß unter diesen Gewichten alle Pferde miteinander konkurrieren könnten. Bezogen auf eine Distanz von 1600 m in Flachrennen und 3600 m in Hindernisrennen ist 1 kg GAG theoretisch etwa mit einer Pferdelänge gleichzusetzen. 1977 wies die Skala des GAG mit ›Windwurfs‹ 105 kg die höchste und mit ›Lyras‹ 45 kg die niedrigste Marke für Flachrennpferde auf.
Galopp: schnellste Gangart des Pferdes, bestehend aus drei Hufschlägen. Man unterscheidet Rechts- und Linksgalopp – je nachdem, welches der beiden Vorderbeine vorgreift.
Geläuf: Boden einer Rennbahn. In der Bundesrepublik Deutschland und den übrigen europäischen Ländern besteht er aus Rasen – in den USA und in Kanada jedoch fast immer aus einem Sand-Lehm-Gemisch.
Gestüt: im Rennsport Zucht- und Aufzuchtstätte für Vollblüter.
Gewicht: die im Rennen von den Pferden zu tragende Last. Sie setzt sich zusammen aus dem Eigengewicht des Jockeys, seiner Kleidung, dem Sattel, der Sattel- und Nummerndecke – und unter Umständen auch Blei, wenn nämlich die vorgeschriebene Marke mit Körperpfunden und Reitutensilien nicht erreicht wird.
Gewichtsdecke: Decke, in der Taschen für mitzuführendes Blei angebracht sind.
groom: englische Bezeichnung für Pferdepfleger.
guinea: alte britische Währungseinheit. 1 Guinea = 21 Schillinge.

H

H.: Abkürzung für Hengst.
Handicap: siehe Ausgleichsrennen.
Hindernisrennen: Rennen, bei denen über natürliche oder künstliche Hindernisse gesprungen wird. Man unterscheidet Hürden- und Jagdrennen. Erstere führen auf der Flachbahn über transportable Reisighürden und sind zwischen 2400 und 4000 m lang. Letztere werden über feste Hindernisse, wie mit Hecken bepflanzte Wälle oder Gräben, geritten und haben eine Min-

destdistanz von 3000 m. Jagdrennen werden auch Steeplechases genannt.
Hippodrom: Pferderennbahn.
Hippologie: altgriechisches Wort für Pferdekunde. Die Lehre vom Pferd.
horseman: englische Bezeichnung für einen im Umgang mit Pferden versierten Fachmann.

I

Inländer: nach der Rennordnung ist ein Vollblüter Inländer, der in Deutschland geboren oder im Geburtsjahr importiert wurde und anschließend zwölf Monate ununterbrochen im Land geblieben ist.
Interieur: innere Eigenschaften des Pferdes.
Intervalltraining: Training, das aus einem mehrmals wiederholten und planmäßigen Wechsel zwischen Leistungs- und Erholungsphasen besteht.
Inzucht: Paarung von Pferden, die miteinander verwandt sind. Inzest ist die Paarung zwischen Vater und Tochter, Mutter und Sohn, Bruder und Schwester.

J

j.: Abkürzung für »jährig«. Zum Beispiel 2j.: zweijährig.
Jährling: ein Pferd zwischen dem 1. 1. und 31. 12. des auf sein Geburtsjahr folgenden Jahres.
Jockey: Berufsrennreiter, der eine dreieinhalbjährige Lehre als Pferdewirt absolviert und mindestens 50mal gesiegt hat.

K

Klasse-A-Rennen: Galopprennen, bei denen der Gesamtpreis 3000 DM in Flachrennen oder 3500 DM in Hindernisrennen übersteigt. Alle unter diesem Geldpreis liegenden Rennen sind Klasse-B-Rennen.
klassische Rennen: Rennen für dreijährige Pferde, bei denen Hengste das gleiche Gewicht und Stuten – falls sie in ihnen auf männliche Konkurrenz treffen – 2 kg weniger tragen. Die deutschen klassischen Rennen sind in der Reihenfolge ihrer Austragung das Schwarzgoldrennen, das Henckelrennen, der Preis der Diana, das Derby und das St. Leger. Im Schwarzgoldrennen und im Preis der Diana sind nur Stuten startberechtigt.

L

legen: kastrieren.
Linkskurs: Galopprennbahn, auf der die Pferde linksherum laufen. In der Bundesrepublik Deutschland ist das selten und nur in Frankfurt, Baden-Baden und München der Fall.
Lot: eine Anzahl von Pferden, die gemeinsam trainiert wird.

M

maiden: Ausdruck dafür, daß ein Pferd noch kein Rennen gewonnen hat.
Meile: englisches Längenmaß. 1 Meile = 1609 m.
Morgenarbeit: das morgendliche Training.

N

Nachwuchsrennen: Galopprennen, in dem alle Reiter Auszubildende sind.
Niederbruch: Riß oder Abriß einer Sehne der Extremitäten.

O

ohne Wetten: im Programmheft o.W. geschrieben. Ohne Wetten laufen Pferde, die in ihrer Form zu ungleichmäßig sind. Mit dieser Maßnahme sollen die Wetter vor »Überraschungen« geschützt werden.

P

pace: Tempo.
pacemacher: siehe Führpferd.
Pedigree: Ahnentafel, Stammbaum.

	Produkt	
1. Generation	Mutter	Vater
2. Generation	Groß- mutter / Groß- vater	Groß- mutter / Groß- vater
3. Generation	Urgroßmutter / Urgroßvater / Urgroßmutter / Urgroßvater	Urgroßmutter / Urgroßvater / Urgroßmutter / Urgroßvater

pullen: Bezeichnung für den ungestümen Vorwärtsdrang des Rennpferdes bei gleichzeitigem Widerstand gegen die bremsende bzw. zurückhaltende Hand des Reiters.

Q

Quote: der Geldbetrag, der an den erfolgreichen Wetter ausgezahlt wird. Die Quote errechnet sich stets auf der Grundlage von 10 DM Einsatz. Hat man nur für 2.50 DM gewettet, erhält man also nur ein Viertel der Quote, für 5 DM die Hälfte usw.

R

rails: seitliche Begrenzung des Geläufs, die meistens aus einer waagerecht montierten Latte oder leichten Planke besteht.
rechter Bruder, rechte Schwester: vom selben Hengst und derselben Stute stammende Pferde. Ist nur ein Elternteil derselbe, spricht man von Halbbruder oder -schwester.
Rennbahn: Prüfungsplatz für Galopprennen. Eine Rennbahn muß laut Rennordnung enthalten: das Geläuf, einen Waageraum mit abgesperrtem Vorplatz, einen Umkleideraum für die Reiter sowie auf den Zu-

schauerplätzen einen abgeteilten Führring und daneben einen Sattelplatz, ferner besondere Plätze für den Richter und die Rennleitung, von denen aus das Geläuf ungestört übersehen werden kann.

Rennleitung: eine Gruppe von drei Personen, die mit Hilfe des Rennbahnfernsehens jedes Rennen hinsichtlich seiner Korrektheit überprüft.

Rennordnung: Regelbuch des Rennsports.

Rennquintett: deutsche Pferdewette. Die Spielformel lautet »3 + 4 aus 18« und bietet für 1 DM zwei Chancen pro Spiel: je eine im Pferdetoto und Pferdelotto. Dabei sind die ersten 3 Pferde aus dem Feld der 18 Teilnehmer in der Reihenfolge ihres Einlaufs im Pferdetoto und die Lottonummern der ersten 4 Pferde in beliebiger Reihenfolge im Pferdelotto zu tippen.

Rennverein: Verein, der Pferderennen veranstaltet. Die wichtigsten deutschen Rennvereine sind:

Internationaler Club e. V.
Lichtentaler Allee 8
7570 Baden-Baden
Rennbahn: Rennbahnstraße,
7551 Iffezheim

Bremer Rennverein 1857 e. V.
Vahrer Straße 219
2800 Bremen 44
Rennbahn: gleiche Adresse

Dortmunder Rennverein e. V.
Postfach 452
4600 Dortmund
Rennbahn: Rennweg, Dortmund-Wambel

Düsseldorfer Reiter- und Rennverein e. V.
Wagnerstraße 26
4000 Düsseldorf 1
Rennbahn: Rennbahnstraße,
Düsseldorf-Grafenberg

Renn-Klub Frankfurt am Main e. V.
Postfach 730 203
6000 Frankfurt/M. 73
Rennbahn: Frankfurt-Niederrad

Gelsenkirchen-Horster Rennverein e. V.
An der Rennbahn 10
4650 Gelsenkirchen-Horst
Rennbahn: gleiche Adresse

Hamburger Renn-Club e. V.
Rennbahnstraße 96
2000 Hamburg 74
Rennbahn: Hamburg-Horn, gleiche Adresse

Harzburger Rennverein e. V.
Hopfenstraße 7
3388 Bad Harzburg 1

Pfälzischer Rennverein
Haßloch e. V. Postfach 345
6733 Haßloch/Pfalz

Hannoverscher Rennverein e. V.
Theodor-Heuss-Straße 41
3012 Langenhagen
Rennbahn: gleiche Adresse

Kölner Renn-Verein e. V.
Rennbahnstraße 152
5000 Köln 60
Rennbahn: Köln-Weidenpesch, gleiche Adresse

Krefelder Rennverein e. V.
Rheinstraße 39
4150 Krefeld
Rennbahn: Im Stadtwald Krefeld

Mülheimer Rennverein Raffelberg e. V.
Akazienallee 82
4330 Mülheim/Ruhr
Rennbahn: gleiche Adresse

Münchener Rennverein e. V.
Perusastraße 1/IV
8000 München 2
Rennbahn: München-Riem, Graf-Lehndorff-Straße

Neusser Reiter- und Rennverein 1875 e. V.
Hammer Landstraße
4040 Neuss
Rennbahn: gleiche Adresse

S

Selektion: Auswahl der zur Zucht geeigneten Individuen.
speed: Endgeschwindigkeit eines Rennpferdes.
stallion: englische Bezeichnung für einen Deckhengst.
stamina: Ausdauer, Steh- und Durchhaltevermögen.
Steher: ein Pferd, das auf längeren Distanzen seine besten Leistungen bringt. Gegensatz zu Flieger.
steward: Aufsichtsperson bei Rennen.
Stockmaß: im Gegensatz zum Bandmaß starre Meßlatte für das genaue Feststellen der Widerristhöhe des Pferdes.
St.: Abkürzung für Stute.
Stutenerlaubnis: die 2 kg, die jede Stute in allen Altersgewichtsrennen auf der Flachbahn weniger trägt als ein Hengst.

T

Tierce: französische Pferdewette.
Totalisator, Toto: Wettannahmestelle auf der Rennbahn. Hier werden die Wetten auch ausgewertet und die Quoten errechnet.
totes Rennen: Einlauf von zwei oder mehreren Pferden als Sieger bzw. Placierte, ohne daß zwischen ihnen ein Abstand festzustellen ist.

V

Verkaufsrennen: Galopprennen, bei dem der Sieger nach dem Rennen öffentlich versteigert wird.
Vollblüter: ein Pferd, dessen Vorfahren ohne fremde Blutzuführung ausnahmslos untereinander gepaart wurden und das seine Ahnen mütterlicher- wie väterlicherseits in lückenloser Kette von denjenigen Individuen herleiten kann, die im 1793 erstmals erschienenen Allgemeinen Englischen Gestütsbuch verzeichnet sind.
Vorwette: Wetten, die außerhalb der Bahn bei den offiziellen Annahmestellen der Rennvereine getätigt wurden und auf dem Rennplatz über Lautsprecher bekanntgegeben werden.

Literatur- und Quellenverzeichnis

W

Wette: die Voraussage bestimmter Placierungen von Teilnehmern eines Rennens bei gleichzeitiger Einzahlung unterschiedlich hoher Geldbeträge am Totalisator oder beim Buchmacher. Der Mindesteinsatz einer Wette beträgt auf deutschen Bahnen 2.50 DM. Es gibt die Sieg-, Platz-, Einlauf- und Dreierwette. Bei der Siegwette muß man den Sieger voraussagen. Bei der Platzwette haben alle gewonnen, deren getipptes Pferd unter den ersten drei ins Ziel kommt – sofern sieben und mehr Pferde am Start sind. Wenn nur vier, fünf oder sechs laufen, dann muß das »auf Platz« gesetzte Pferd erstes oder zweites im Ziel sein. Bei der Einlaufwette müssen die Wetter sagen, wer in der richtigen Reihenfolge 1. und 2. wird – und bei der Dreierwette muß schließlich auch noch der 3. richtig vorausbestimmt werden.

Winterfavorit: der Zweijährige mit den besten Rennleistungen, der als aussichtsreichster Kandidat für das im folgenden Jahr stattfindende Derby gilt.

X

xx: steht mitunter hinter einem Pferdenamen und bedeutet hierzulande, daß das Pferd ein Vollblüter ist.

Z

Zuchtrennen: Galopprennen, in denen alle Pferde eines Jahrgangs – abgesehen von der Stutenerlaubnis – das gleiche Gewicht tragen.

Zurückwiegen: das Überprüfen des Gewichtes nach dem Rennen.

zweiter Ruf: Ausdruck für die Möglichkeit eines Jockeys, einem anderen Stall zur Verfügung zu stehen, wenn er für den eigenen nicht zu reiten braucht.

Apperley, C. J.: The Chase, the Road and the Turf, London 1837

Apperley, C. J.: Das Rennpferd, Köln und Aachen 1838

Batchelor, Denzil: The Turf of Old, London 1951

Beaulieu, F. Chales de: Vollblut, München 1960

Beaulieu, F. Chales de: Der klassische Sport, Berlin 1942

Biel, Gottlieb Baron von: Einiges über edle Pferde, Dresden 1830

Bruns, Ursula: König Vollblut, Rüschlikon-Zürich 1966

Chifney, Sam: Genius genuine, London 1804

Cook, T. A.: A History of the English Turf, London 1901

Cook, T. A.: Eclipse & O'Kelly, London 1907

Dechamps, Bruno J. G.: Über Pferde, Berlin 1957

Deutscher Sportverlag: Album des deutschen Rennsports, Köln 1952 und 1959

Direktorium für Vollblutzucht und Rennen: Freizeit für Kumpel und Könige, Köln 1972

Direktorium für Vollblutzucht und Rennen: Die Vollblutzucht der Welt, Dorheim 1970

Direktorium für Vollblutzucht und Rennen: Jahresberichte, Köln 1975 und 1976

Düsterdieck, Carl: 100 Jahre Derby

Graham/Curling: The Grand National, Bruges 1972

Hislop, John: Theorie und Praxis des Rennreitens, Köln 1975

Humphris, E. M.: The Life of Fred Archer, London 1923

Lambton, George: Men and Horses I have known, London 1963

Lawrence, John: The History and Delineation of the Horse, London 1809

Lehndorff, Georg Graf von: Handbuch für Pferdezüchter, Berlin 1881

Lehndorff, Siegfried Graf von: Ein Leben mit Pferden, Hannover 1956

Longrigg, Roger: The History of Horse Racing, London 1972

McKay, Stewart: Staying Power of the Racehorse, London 1933

Mortimer, Roger: Twenty Great Horses, London 1967

Mortimer, Roger: The History of the Derby Stakes, London 1973

Natan, Alex: Sport aus Leidenschaft, Zürich 1956

Nissen, Jasper: Großes Reiter- und Pferdelexikon, Gütersloh/Berlin 1976

Portland, Herzog von: Memories of Racing and Hunting, London 1935

Rauch, Dr. Anton: Gestüt Waldfried, Pähl 1956

Robertson, William H. P.: The History of Thoroughbred Racing in America, New York 1964

Shoemaker/Smith: The Shoe

Sternfeld, Dr. Richard: Festa, Berlin 1926

Taunton, Thomas Henry: Portraits of Celebrated Race Horses, London 1887

Tesio, Federico: Rennpferde, Stuttgart 1965

Wentworth, Lady: Thoroughbred Racing Stock, London 1960

Wildrake: English Race Horses, London 1844

Willett, Peter: The Thoroughbred, London 1970

Zeitungen, Zeitschriften und Magazine

Verschiedene Jahrgänge und Nummern von:
Horse & Hound, London
Reiter Revue, Mönchengladbach
Sport-Welt, Köln
Schweizer Kavallerist, Pfäffikon
The British Racehorse, London
Vollblut, Köln